Linguistische Arbeiten 495

Herausgegeben von Peter Blumenthal, Klaus von Heusinger,
Ingo Plag, Beatrice Primus und Richard Wiese

Stefanie Haberzettl

Der Erwerb der Verbstellungsregeln in der Zweitsprache Deutsch durch Kinder mit russischer und türkischer Muttersprache

Max Niemeyer Verlag
Tübingen 2005

Dissertation Universität Potsdam 2001

Bibliografische Information der Deutschen Bibliothek

Die Deutsche Bibliothek verzeichnet diese Publikation in der Deutschen Nationalbibliografie; detaillierte bibliografische Daten sind im Internet über *http://dnb.ddb.de* abrufbar.

ISBN 3-484-30495-2   ISSN 0344-6727

Inhaltsverzeichnis

1. Einleitung und Übersicht

I: Jetzt kommt der Eu[1]. Warum bist du denn so schlecht gelaunt heute?
Eu9:   *Was?*
I: Warum bist du denn so schlecht gelaunt heute?
Eu9:   *Hm, was ist des?*
I: Schlecht gelaunt?
Eu9:   *Ja, was ist das?*
I: Ja, wenn man keine Lust hat, was zu machen. Wenn man zu nichts Lust hat.
Eu9:   *Kein Bock.*
(aus einem Gespräch mit dem Lerner Eu, 7 Jahre alt, seit 9 Monaten in Deutschland)

Solange darüber geklagt wird, dass die Deutschkenntnisse der hier lebenden türkischen Kinder und Jugendlichen verglichen mit denen ihrer älteren Geschwister oder sogar ihrer Eltern wieder zurückzugehen scheinen,[2] solange mit Besorgnis registriert wird, dass die Kinder aus Aussiedlerfamilien schwer Kontakt zu den Kindern der in den alten oder neuen Ländern der Bundesrepublik „alteingesessenen" deutschen Familien finden, solange darf auch auf den Gemeinplatz verwiesen werden, dass mit Sicherheit nicht die einzige, aber doch – neben Offenheit, Neugierde und dem Vertrauen, keinen Angriffen ausgesetzt zu sein – die wichtigste Bedingung der Annäherung eine gemeinsame Sprache ist. Ein Gemeinplatz ist es auch, dass Kinder, egal in welche Lebenssituation sie aufgrund elterlicher Entscheidungen auch geraten, sich integrieren, d.h. sich so wenig wie möglich von den anderen Kindern unterscheiden wollen. Genau so zu sprechen wie die anderen ist ihr Ziel, und wenn zur Motivation eine entsprechend gute Erwerbssituation kommt, können sie dieses Ziel auch erreichen oder ihm doch sehr nahe kommen. Das obige Zitat illustriert, wie der Lerner Eu nach nur 9 Monaten Sprachkontakt in seiner neuen Heimat Augsburg sich die Umgangssprache seiner Umgebung angeeignet hat,[3] im sich mit Eu befassenden Abschnitt 4.5 dieser Arbeit finden sich außerdem einige Beispiele zu seinem Einstand als Dialektsprecher des Bairisch-Schwäbischen und vor allem die Dokumentation eines Teilaspekts seines beeindruckend schnellen Grammatikerwerbs. Aber nicht alle Lerner können wie Eu von optima-

---

[1] Die Namen der für diese Arbeit untersuchten Kinder sind verschlüsselt.

[2] Gemäß der Auswertungsergebnisse der Sprachstandserhebung in allen ersten Klassen der Weddinger Grundschulen des Bezirks Mitte von Berlin im Schuljahr 2000/01 der Senatsverwaltung für Schule, Jugend und Sport vom 2. März 2001 bedürfen „41,8% von 1411 Erstklässlern [darunter 1366 nicht-deutscher, größtenteils türkischer Herkunftssprache, S.H.] einer intensiven Förderung (DaZ)", da ihre Leistungen deutlich unter dem Durchschnitt lagen. Vgl. auch „Sprachlos bunt. Das Deutsch vieler Einwandererkinder ist schlechter denn je." in *Die Zeit* Nr. 21, 17. Mai 2001.

[3] Das Zitat zeigt auch, dass die Datenerhebung für die Kinder wohl nicht immer der reinste Spaß gewesen sein dürfte. Umso mehr gebührt den Kindern, ohne deren Mitwirkung diese Arbeit nicht entstanden wäre, großer Dank. Vor allem aber möchte ich mich bei Heide Wegener bedanken, die mir für meine Arbeit ihr Korpus zur Verfügung gestellt hat, und die meine Neugierde für das Thema Spracherwerb überhaupt erst geweckt hat, indem sie mich an der Erhebung der Daten beteiligte.

len Lernbedingungen mit extrem viel Input durch den Kontakt mit Muttersprachlern profitieren. Ihnen muss Hilfe zukommen. Dafür sind vor allem entsprechende politische Entscheidungen vonnöten, auf dass genug – und das heißt mehr! – finanzielle Mittel für Sprachunterricht verfügbar gemacht werden. Dafür ist aber auch der Sprachunterricht als solcher verantwortlich, denn von dessen Planung und Durchführung hängt der Lernerfolg der Schüler schließlich ab. Wenn auch bisweilen die Meinung vertreten wird, dies sei ein Trugschluss und Unterricht nütze ohnehin nichts, so sollte doch zunächst bedacht werden, dass allzu oft die Progression bei der Stoffvermittlung im L2-Unterricht nicht sinnvoll aufgebaut ist und so tatsächlich das Lernen mehr behindert denn gefördert wird (vgl. dazu die eine sehr breite empirische Basis untersuchende Studie von Diehl et al. 2000 zu Lernerleistungen in der Fremdsprache Deutsch). Deshalb ist es wichtig, so viel Wissen als möglich über die vom Lerner „selbstgemachte Progression" im ungesteuerten L2-Erwerb zusammenzutragen, um daraus Schlüsse für Didaktik und Methodik des L2-Unterrichts zu ziehen.

Letzteres strebt die vorliegende Arbeit nicht an; sie ist nicht anwendungsorientiert im engeren Sinne, sondern sieht sich als weiterer Mosaikstein für das trotz jahrzehntelanger Forschung noch lange nicht weit gediehene Bild, das wir vom Spracherwerb haben. Sie versteht sich weiterhin zunächst einmal als eine deskriptive Studie. Die empirischen Beobachtungen sind das Fundament für die Generierung von Hypothesen, nicht für eine Hypothesenüberprüfung. Letzteres verbietet sich aufgrund der Natur der Daten: Es handelt sich um vier Longitudinaluntersuchungen zum sog. natürlichen Erwerb der deutschen Verbstellungsregeln durch Kinder mit den Erstsprachen Türkisch bzw. Russisch, die zwar eine Reihe von generalisierenden Aussagen zulassen, aber als Fallstudien eben nur für sich quantifizierbar sind. Dies bedeutet nicht, dass ihre Ergebnisse nicht in Bezug zu gegenwärtig diskutierten Erwerbsmodellen gesetzt würden.

Nach einem allgemein diskutierenden Überblick in Kapitel 2 zu verschiedenen theoretischen Ansätzen der aktuellen Forschung zum Erwerb der Syntax einer Zweitsprache (UG-orientierter Ansatz, funktionalistischer Ansatz, Processability-Ansatz) und den jeweils in ihnen angelegten Herangehensweisen an den Syntaxerwerb, ihren Leistungen und ihren blinden Flecken, folgt Kapitel 3 zu dem Lerngegenstand, der in dieser Arbeit im Zentrum des Interesses steht. Die Regularitäten der deutschen Verbstellung werden oberflächensyntaktisch vorgestellt und in einem Einschub zur Inputsituation, wie sie für die hier untersuchten Lerner angenommen werden kann, wird der Frage nachgegangen, wie zugänglich diese Regularitäten jeweils sind. Es werden außerdem verschiedene Vorschläge aus der UG-orientierten Grammatik vorgestellt, wie die deutsche Satzstruktur zu konzipieren ist. Dabei geht es jedoch nicht um einen exhaustiven Ausflug in die Syntaxtheorie, sondern nur um die Vorbereitung des Terrains für Kapitel 5, in dem die empirischen Daten mit den Ergebnissen bereits vorliegender L2-Studien zum Syntaxerwerb des Deutschen verglichen werden. Dabei soll geprüft werden, ob deren Hypothesen bzw. welche der Hypothesen durch die von mir ausgewerteten Daten gestützt werden, oder ob sich neue Hypothesen ergeben. Da die meisten Vorschläge dazu, wie L2-Syntaxerwerb funktionieren könnte, aus der generativ geprägten Forschung stammen, kann auf eine Darstellung der deutschen Satzstruktur im Rahmen des Prinzipien- und Parameter-Modells nicht verzichtet werden, damit die später referierten Argumentationen leichter nachvollzogen werden können.

Vor dem Evaluierungskapitel 5 jedoch werden in Kapitel 4 die Erwerbsverläufe der hier untersuchten Lerner so weit wie möglich theorieneutral dargestellt, d.h. ohne sie bereits durch eine bestimmte interpretierende Brille zu betrachten. Die Benutzung oberflächensyntaktischer Termini bei der Repräsentation der beobachteten Äußerungsstrukturen passt dabei außerdem zu der hier vertretenen erwerbstheoretischen Grundannahme, dass es nämlich möglich ist, die Syntax einer L2 aus den der Wahrnehmung im Input unmittelbar zugänglichen Oberflächenstrukturen zu erschließen, ohne dass die Vermittlung durch ein angeborenes spezifisch grammatisches Wissen nötig wäre.

2. Syntaxerwerbstheorien

Der Löwenanteil der aktuellen Untersuchungen zum Syntaxerwerb stellt sich in den Rahmen generativer Theorien,[1] d.h. es geht im Wesentlichen darum, festzustellen, in welcher Art und Weise und zu welchem Zeitpunkt des Erwerbs der Einfluss der Universalgrammatik (UG) bemerkbar wird. Deren psychische Realität wird vorausgesetzt und die Spracherwerbsuntersuchungen dienen gerade dazu, ihre Existenz zu belegen. Dies gilt auch für den Großteil der generativen Studien zum Erwerb einer L2, nur dass hier die Frage, ob die UG den Erwerbsprozess bestimmt, als noch nicht beantwortet gilt. Gegebenenfalls besteht das Ergebnis einer solchen Studie dann in der Feststellung, die UG wirke im L2-Erwerb eben nicht mehr. Dies führt dann aber nicht zu einer generellen Ablehnung des UG-Konzepts (vgl. Abschnitt 2.1).

Im Gegensatz dazu will der funktionalistische Ansatz ohne die Annahme von angeborenen sprachspezifischen kognitiven Fähigkeiten auskommen und bindet (lerner)sprachliche Strukturen an allgemeine konzeptuelle Strukturierungen (vgl. Abschnitt 2.2).

Der verarbeitungsorientierte Ansatz postuliert zwar auch kein sprachspezifisches kognitives Modul, bezieht sich aber auf ein sprachspezifisches Produktionsmodell und argumentiert im Vergleich zum Funktionalismus stärker sprachimmanent, was in der Natur der untersuchten Erwerbsgegenstände liegt (z.B. Kongruenzmarkierung; vgl. unten in Abschnitt 2.3).

Funktionalismus und Verarbeitungsansatz gemeinsam ist, dass sie L1- und L2-Erwerb im Prinzip nicht als zwei verschiedene Phänomene ansehen, was in generativen Erwerbsstudien eben teilweise angenommen wird. Unterschiede zwischen L1- und L2-Erwerb ergeben sich natürlich daraus, dass die sich entwickelnden kognitiven Fähigkeiten im Kindesalter nicht mit denen des Erwachsenenalters gleichgesetzt werden dürfen. Doch wird der Spracherwerb immer als das Produkt ein- und derselben kognitiven Apparatur betrachtet, während der Unterschied „L1 mit UG" versus „L2 ohne UG", wie er von generativ ausgerichteten Forschern (wenn auch nicht von allen) gezogen wird, ja ein kategorischer ist.

Nach dieser groben Charakterisierung werden die verschiedenen Hypothesen zum Spracherwerb in den folgenden Abschnitten genauer dargestellt und kritisch beleuchtet.[2] Im Anschluss daran erfolgt dann die Standortbestimmung der vorliegenden Arbeit.

---

[1] Der Begriff „generativ" wird hier und im Folgenden im Sinne von „UG-orientiert" verwendet.

[2] Da im Rahmen der konnektionistischen Spracherwerbstheorie (vgl. z.B. Elman et al. 1996) noch kaum spezifische Vorschläge zum Syntaxerwerb vorliegen, aus denen sich Hypothesen in Bezug auf das in der vorliegendenen Arbeit gestellte Thema herleiten ließen, beziehe ich den Konnektionismus nicht in dieses Theoriekapitel ein. Damit ist keinerlei Aussage über Sinn und Nutzen dieses Paradigmas gemacht.

2.1 Der UG-Ansatz

2.1.1 Platons Problem als UG-Gründungsmythos

Das Konzept einer Universalgrammatik, eines angeborenen grammatischen Wissens, ergibt sich notwendig aus der Annahme, allein durch induktives Lernen könne Sprache (im Sinne von Grammatik und, nochmals präzisiert, I-Sprache[3]) nicht erworben werden. Dem Kind stehe einfach nicht genug Input zur Verfügung (*poverty of stimulus*), und der sei überdies nicht gut genug, da voll von performanzbedingten Fehlern und Äußerungsabbrüchen (*noisy input*). Da das Kind aber trotzdem mühelos und schnell zur vollen Kompetenz seiner Muttersprache gelange (*Plato's problem*), sei eine angeborene Erwerbshilfe in Form spezifisch sprachlichen Wissens conditio sine qua non. Auch der L2-Erwerb gilt als Evidenz für UG:

Entweder wird (wie für den L1-Erwerb) auf das „mismatch between the input that L2 learners receive and their ultimate attainment" abgehoben (White 1989: 37, vgl. auch White 2003: 22–39 zu „UG and the logical problem of L2 acquisition"). Es wird dann im Einzelnen gezeigt, dass bestimmte Phänomene der L2-Lernervarietät auf UG-Wissen hindeuten und die Unterschiede zwischen L2- und L1-Varietäten nicht mit einem etwaigen Mangel an diesem Wissen zu erklären seien. Die Tatsache, „that nonnative-speaker linguistic knowledge may not be identical to native-speaker linguistic knowledge does not entail that the two are epistemologically distinct" (Schwartz 1999: 646), vielmehr handele es sich epistemologisch um einen Unterschied wie den zwischen Englisch und Haussa (vgl. z.B. auch Felix 1988, 1991, White 1989: 38ff., 45, 174; 1992, White/Genesee 1996, White/Juffs 1998, Schwartz/Sprouse 1994, 1996).

Oder die Unterschiede zwischen L1- und L2-Erwerb geben in der Argumentation den Ausschlag, und man sieht den Beweis für die Existenz einer UG u.a. gerade darin, dass L2-Lerner gemeinhin eben nicht ein dem L1-Lerner ebenbürtiges „ultimate attainment" erlangen (Evidenzen dazu referiert z.B. Long 1988, 1990), ergo sei die UG im L2-Erwerb nicht mehr verfügbar und müsse im L1-Erwerb offenkundig wirksam sein (Bley-Vroman 1989: *Fundamental Difference Hypothesis*; vgl. z.B. auch Schachter 1988b, 1996; Johnson/Newport 1989, 1991, Clahsen 1990, Clahsen/Muysken 1986, 1989, Meisel 1991, 1997a).

Über all die soeben angeführten Studien, die pro oder contra UG im L2-Erwerb argumentieren, gäbe es viel zu sagen, sei es zu ihren empirischen Grundlagen (meist Querschnitterhebungen) oder auch zur teilweise „veralteten" linguistischen Beschreibung der untersuchten Grammatik-Teilbereiche (oft Subjazenz- und ECP-Phänomene) zum Zeitpunkt der Entstehung dieser Studien (vgl. z.B. Li 1998: 92). Ich verzichte an dieser Stelle auf Details; solche finden sich dann in Kapitel 5 zu den referierten Studien zur Verbstellung und zur Zielsprache Deutsch. Ebenso wenig gehe ich darauf ein, dass von manchen Forschern die

---

[3] Im Gegensatz zum weiteren Begriff der *E-language* (von *external, extensional*), werden im Begriff der *I-language* (von *internal, individual, intensional*) jegliche Aspekte der Anwendung von Sprache in einer Sprechergemeinschaft und des Wissens darum ausgeschlossen. Es geht um die mentale „Algebra" aus den Einheiten des mentalen Lexikons (mit deren jeweiligen Merkmalen) und dem Wissen von den rein formalen (nicht semantisch oder pragmatisch erklärbaren) Strukturen, in die diese Einheiten eingehen können. Der Begriff I-Sprache geht zurück auf Chomsky (1986), für eine genauere Definition von I-Sprache-Eigenschaften vgl. Chomsky (1995: 317ff.).

Frage nach dem UG-Zugang auch am Alter der L2-Lerner zu Beginn des Erwerbs festgemacht wird, im Sinne einer *critical period*, *sensitive period* oder *window of opportunity hypothesis*. Zwar handelt es sich dabei um ein nicht irrelevantes Thema, zumal die von mir untersuchten Lerner ihre L2 Deutsch vor der Pubertät erwerben. Die Pubertät wurde in Referenzpublikationen als obere Grenze der *critical period* angesetzt (Penfield/Roberts 1959, Lenneberg 1967). Sie wurde im Laufe der Jahre auch herunterkorrigiert (z.B. in Krashen 1973 auf ca. 5 Jahre) oder in Bezug auf die diversen sprachlichen Teilkompetenzen aufgespalten (vgl. Lamendella 1977, Seliger 1978, Long 1990). Doch da ich in den Daten nicht nach einer Antwort auf die UG-Frage suche, klammere ich auch die Fragen nach einem Zeitfenster für den UG-Zugang aus und verweise darauf, dass die Existenz einer *critical period* insbesondere im Syntaxerwerb äußerst umstritten ist, insbesondere, was die neuroanatomische und -physiologische Untermauerung derselben betrifft (im Speziellen dazu vgl. Obler/Hannigan 1996: 519). Gegen eine *critical period* argumentieren bzw. keine Evidenz für eine solche finden neben den oben schon als Vertreter der Pro-UG-in-L2-Hypothese Genannten auch Fathman (1975), Slavoff/Johnson (1995),[4] Ioup et al. (1994), und natürlich dezidiert anti-generativ orientierte Spracherwerbsforscher wie Snow/Hoefnagel-Hohle (1978), für die sich die Frage nicht in demselben zugespitzten Maße – UG vs. not UG – stellt (zu einem umfassenden Überblick zum Altersfaktor im L2-Erwerb vgl. Birdsong 1999).

Auch wenn die Überlegungen, wie eine angeborene Sprach- bzw. Grammatikdisposition vorzustellen wäre, zu unterschiedlichen Vorschlägen geführt haben und im Laufe der Jahre bzw. Jahrzehnte große Revisionen der UG-Konzeption stattfanden, ist Platons Problem doch der Ausgangspunkt, auf den sich generative (Psycho-)Linguisten in ihrer Argumentation bezogen haben und beziehen. Daneben berufen sie sich auch auf Beobachtungen der folgenden Art: Spracherwerbsprozesse scheinen erstaunlich parallel zu verlaufen, auch wenn deren äußere Bedingungen (ein- oder mehrsprachige Umgebung, sprachliche Zuwendung überhaupt, etc.) oder Bedingungen auf Seiten der Lernerpersönlichkeit erheblich differieren. Angeblich spielen selbst massive allgemein-kognitive Defizite keine Rolle:

„[…] language – unlike teeth brushing, flower arranging, or politics – is a cognitive domain that all humans are good at." (Schwartz 1999: 639)

Dies wird als Bestätigung dafür gewertet, dass die für alle und in allen Erwerbssituationen gleiche angeborene UG den Spracherwerb wesentlich bestimmt. Ob letzteres in gleichem Maße auch auf den gesteuerten Erwerb im Fremdsprachenunterricht mit einer vom Lehrer geplanten Progression und eingeschränktem Input zutrifft, wird kontrovers diskutiert (vgl. Felix/Weigl 1991, Eckman et al. 1995, Tschirner 1995, White/Juffs 1998). Auf diese Diskussion möchte ich hier nicht näher eingehen, da die in der vorliegenden Studie untersuchten Lerner die Zielsprache Deutsch in Immersion erwerben und der Prozess deshalb im Wesentlichen als natürlich klassifiziert werden kann, auch wenn insbesondere die türkischen

---

[4] Johnson in Zusammenarbeit mit Newport kam in den Jahren zuvor allerdings zu ganz anderen Schlüssen, dass nämlich bei L2-Lernern zwischen 4 und 16 Jahren die UG graduell „verschwinde", als kehrte sich der für den L1-Erwerb angenommene Reifungsprozess um.

Kinder stundenweise DaF-Unterricht erhalten.[5] Auf Details bezüglich des Lernumfelds der einzelnen Kinder komme ich in Kapitel 4 noch zu sprechen.

2.1.2   Prinzipien, Parameter und *trigger* im Spracherwerb

Nach den ersten programmatischen Skizzen zu einem eigenständigen kognitiven Grammatikmodul und den Konkretisierungsversuchen wurde sehr schnell klar, dass mit einer genetisch verankerten UG nicht all die in Bezug auf einzelne Sprachen formulierten Derivationsregeln für Phrasenstrukturen aus den Zeiten der sog. Standardtheorie (Chomsky 1965) gemeint sein können. Die generative Grammatik hatte sich zwar mit dem Vorsatz auf den Weg gemacht, deskriptiv und explanatorisch adäquat zu sein, also nicht nur darzustellen, worin das Wissen des Sprechers einer Sprache besteht, sondern dabei auch zu berücksichtigen, wie der Sprecher zu diesem Wissen gelangt sein kann. Doch in dem Maße, in dem einzelsprachliche Grammatiken immer detaillierter ausformuliert wurden und eine immer größere Zahl an Regeln kompiliert werden musste, um den von Sprache zu Sprache variierenden Verhältnissen gerecht zu werden, in dem Maße der Steigerung der deskriptiven Leistungen also wurde das Kriterium der Lernbarkeit und kognitiven Beherrschbarkeit vernachlässigt: „Recognition of the unsuspected richness and complexity of the phenomena of language created a tension between the goals of descriptive and explanatory adequacy" (Chomsky 1995: 387).

Aus diesem Konflikt heraus entstand das Prinzipien- und Parameter-Modell (PPM), in dem das Lernbarkeitskriterium berücksichtigt werden sollte, ohne die Variation von sprach- und konstruktionsspezifischen Regeln zu ignorieren. Jedoch erhalten letztere einen in gewisser Hinsicht untergeordneten Status. Sie sind die variierenden Ausbuchstabierungen der einzelsprach- und einzelkonstruktionsunabhängigen, invarianten universalen Sprachgesetze, der „Prinzipien" eben. Diese abstrakten Prinzipien (X-bar-Schema, Theta-Kriterium und Projektionsprinzip, Kasusfilter, Bindungsprinzipien, Empty Category Principle (ECP), Subjazenzprinzip, Kontrolliertsein von *PRO*, Identifiziertsein von *pro*) stellen das angeborene sprachspezifische kognitive Modul dar.[6]

Wenn nun in allen Sprachen dieselben Prinzipien realisiert sind und sich einzelsprachliche Variation aus deren Parametrisierung ergibt (beispielsweise im Hinblick auf die Frage, was für das Subjazenzprinzip als Grenzknoten zu gelten hat, d.h. ob eine NP nicht über die IP oder nicht über die CP hinausbewegt werden kann), so heißt eine I-Sprache zu erlernen demzufolge „nur noch", ihre Parameterwerte zu setzen (*parameter setting* oder *fixing*), und Spracherwerb sollte in diesem Sinne dann aus dreierlei Gründen rasch und mühelos erfolgen:

---

[5]   Vgl. dazu die auf Tests zum Sprachverhalten verschiedener Gruppen von L2-Lernern basierende Einschätzung von White/Genesee (1996: 142f.), wonach der Effekt von einigen Wochenstunden Fremdsprachenunterricht gegenüber dem des *immersion setting* nicht ins Gewicht fällt.

[6]   Vgl. die theoretischen Grundlegungen in Chomsky (1981: 3ff.), die natürlich im Laufe der Zeit von Chomsky selbst und anderen Grammatikern weiterentwickelt worden sind, vor allem bezüglich der Frage, woran genau die Parametrisierung aufzuhängen ist, ob an funktionalen Phrasen bzw. Köpfen, an Einheiten des Lexikons etc.

a) Angeborene Prinzipien

Ein Teil des notwendigen Wissens ist UG-determiniert, gehört also zur kognitiven Grundausstattung des Lerners. Prinzipien müssen nicht gelernt werden, für sie ist keinerlei Interaktion mit dem Input vonnöten. Bestimmte Fehler können den L1-Erwerb gar nicht erst verzögern, da die Lerner zwar gegen Regularitäten der Zielsprache, nicht aber gegen UG-Prinzipien verstoßen können. Variation kann nur in diesen Grenzen auftreten, vorausgesetzt natürlich, die Lerner verfügen von Geburt an über die gesamte UG (Kontinuitätshypothese, vgl. z.B. Pinker 1984, Hyams 1992, Poeppel/Wexler 1993, Lust 1994, Clahsen et al. 1994, Weissenborn 1994), und müssen nicht erst einen Reifungsprozess durchlaufen, vor dessen Abschluss dann ggf. die oben genannten Verstöße möglich sind (Diskontinuitäts- bzw. Maturationshypothese, vgl. z.B. Borer/Wexler 1987, Felix 1984, 1987, 1992, Bickerton 1990).[7]

In Bezug auf den Zweitspracherwerb wird deshalb nicht diskutiert, ob die UG im Lerner im biologischen Sinne heranreift, aber auch hier kann zwischen einer Kontinuitätshypothese und einer Diskontinuitätshypothese unterschieden werden. Letztere geht davon aus, dass L2-Lerner klein beginnen und die Grammatik schrittweise aufbauen, d.h. von lexikalischen Projektionen wie der VP ausgehend erst später auch funktionale Projektionen wie die CP instantiieren (vgl. z.B. Vainikka/Young-Scholten 1994, 1996, 1998). Dagegen belegen gemäß der L2-Kontinuitätshypothese schon die ersten L2-Äußerungen, dass funktionale Kategorien in der Lernergrammatik vorhanden sind (vgl. Lakshmanan/Selinker 1994, Lakshmanan 1995, 1998, Schwartz/Sprouse 1994, 1996, Schwartz 1998). Die Frage ist dann, ob dafür ein auch im L2-Erwerb noch offener sog. direkter Zugriff auf UG-Wissen verantwortlich zu machen ist, oder ob es ein Zugriff via L1-Wissen ist. Auf dieses Thema komme ich im Verlauf einer ausführlichen Besprechung einiger der soeben genannten L2-Studien in Kapitel 5 zurück.

b) *Nested parameters*

Es wird erwartet, dass Parameterwerte gebündelt erworben werden, da angenommen wird, dass zwischen oberflächlich betrachtet einzelnen Phänomenen Zusammenhänge bestehen (vgl. Chomsky 1981: 6). Eine Sprache mit „+ pro drop" ist auch eine Sprache mit „–Expletiva", und „+ freie Inversion von Subjekt und Verb", um – unvollständig – ein oft angeführtes Beispiel zu solchen *nested parameters* anzudeuten (vgl. Ouhalla [2]1999: 311–317; zum Erwerb von *pro-drop* vgl. Hyams 1986, auch Clahsen 1988, im L2-Erwerb White 1985, Liceras 1989). Es ist ein zweifelsohne besonders attraktiver Aspekt des Prinzipien- und Parameter-Modells allein schon in deskriptiver Hinsicht, wenn einzelne Regularitäten nicht disparat erscheinen und stattdessen in einer Formel zusammengefasst werden können. In Hinsicht auf die Lernbarkeit heißt das, dass ein Lerner, hat er einmal einen Parameter-

---

[7] Auf die Thematik von Kontinuität vs. Maturation gehe ich nicht näher ein, da sie ausschließlich den L1-Erwerb betrifft und in der vorliegenden Arbeit nur die Aspekte der L1-Erwerbstheorie berücksichtigt werden können, die auch für den L2-Erwerb relevant sind. Zwar handelt es sich bei den in Kapitel 4 behandelten Lernern um Kinder im Grundschulalter, da aber der Maturationsprozess von UG-Prinzipien bzw. dessen Abschluss, wenn überhaupt, für Lerner deutlich jüngeren Alters angenommen wird, kann er hier von vornherein als Faktor bei der Sequenz von Erwerbsphasen ausgeklammert werden.

wert eines solchen Clusters erkannt, die anderen automatisch mit setzen sollte. Es wird diskutiert,

- welcher Einzelwert als „Initialzündung" für die jeweiligen Cluster dienen mag, z.B. „Subjektlosigkeit" oder „Subjekt-Verb-Inversion" in Bezug auf den (geclusterten) *pro-drop*-Parameter.

- ob es Defaultwerte, „Grundeinstellungen" für die Parameter gibt, die in dem in a) angesprochenen *initial state* quasi provisorisch fixiert sind, und zwar – im Falle eines Parameter-Clusters – nach dem sog. *subset principle*, das die Grammatik eines Teilbereichs mit der jeweils geringsten Menge an möglichen Strukturen erlaubt, also z.B. „ohne *pro drop*", „ohne Subjekt-Verb-Inversion" etc. (pro Defaults plädieren z.B. Hyams 1986, J.D. Fodor 1990). Gegebenenfalls muss die Defaulteinstellung dann aufgrund der positiven Evidenz (z.B. eines Belegs von *pro drop*) umgesetzt und damit „erweitert" werden (*resetting*). Eine andere Möglichkeit ist die Annahme, dass zunächst alle möglichen Parameterwerte gleichermaßen aktiv sind (contra Default vgl. z.B. Valian 1990). In diesem Fall ergäbe sich dann für den Lerner das Problem, festzustellen, dass im Input bestimmte Einstellungen eben nicht belegt sind. Parameterwerte wie „+ *pro drop*" müssten dann nicht gesetzt, sondern eliminiert werden. Die dafür notwendige negative Evidenz, sei sie explizit in Form einer mehr oder weniger konkret korrigierenden Reaktion des Kommunikationspartners oder implizit in Form von einfachem Nicht-Vorhandensein einer Struktur, ist jedoch gerade innerhalb des generativen Paradigmas in ihrer Wirksamkeit im Spracherwerb umstritten. Es gehen allerdings bei weitem nicht alle kategorisch davon aus, „that the problem for the learner is that there are no data available in the environment corresponding to the kinds of negative facts that constraints explain" (Crain 1991: 611).[8] Andererseits ergibt sich aus der Annahme, dass im *initial state* nicht alle möglichen Parameterwerte gleichermaßen aktiv sind, ein Parsing-Problem, da der Lerner mit einer unzutreffenden Ausgangsgrammatik den Input nicht analysieren kann. Hier wird ein echtes theorie-immanentes Dilemma ersichtlich, denn, wie Valian (1990: 121, 123) lakonisch feststellt:

> „A veridical model of acquisition has to allow the child to sort out her input. […] positive evidence can only have the desired effect if the child's theory of the language allows her to correctly interpret the input."

Dieses Dilemma ist im „Nachfolgemodell" des PPMs, dem *Minimalist Program*, nicht überwunden. So stellt etwa Platzack (1994/96) die syntaxtheoretisch im Rahmen des Minimalismus hergeleitete Hypothese auf, dass L1- wie L2-Lerner immer mit einem SVO-Satzstrukturdefault starten, weil es sich dabei um eine mit schwachen Merkmalen ausgerüstete Struktur handelt, ohne auf die Frage einzugehen, wie die Lerner dann bei ihrem ersten Kontakt mit einer reinen OV-Zielsprache diese parsen.

---

[8] Vgl. auch Marcus (1993), bzgl. L2-Erwerb Schwartz (1999: 649ff., FN 2 dort). Pro Wirksamkeit negativer Evidenz argumentieren dagegen Bohannon/Stanowicz (1988), Moerk (1991); Farrar (1992); Sokolow/Snow (1994), Szagun (1996: 230ff.), bzgl. L2-Erwerb Klein (1984), Carroll/Swain (1993).

Bezogen auf den Erwerb einer zweiten Sprache besteht die Notwendigkeit von *reset-ting* auch unabhängig von der Annahme, ob im Ausgangspunkt des (L1-) Spracherwerbs alle Parameterwerte oder eine Defaulteinstellung „aktiv sind", denn für den L2-Erwerb gilt ja, dass das *parameter setting* schon einmal abgeschlossen wurde. Sind die Werte für die L2 andere als für die L1, muss umgesetzt werden, und es ergeben sich u.U. die oben genannten Evidenzprobleme. Es sei denn, man geht ohnehin davon aus, dass der Lern-mechanismus des *parameter setting* nur einmal stattfinden kann und dann nicht mehr zur Verfügung steht. So sind nach Schwartz (1993) bestimmte Zielsprachen von Sprechern bestimmter Muttersprachen nicht vollständig erwerbbar (im Sinne eines UG-gestützten Erwerbs vs. eines nicht UG-gestützten Lernens, vgl. Krashens *monitor hypothesis* zu die-ser begrifflichen Dichotomie). Die für einen Erwerb notwendige Umstellung gewisser Parameter der UG könne aus sprachtypologischen Gründen schlicht nicht stattfinden. Der Anschein von Zweisprachigkeit wäre dann nur über einen hervorragend funktionierenden Monitor zu erreichen (zur Ablehnung von *resetting* vgl. z.B. auch Müller 1994, 1998). Andere Forscher schlagen vor, dass es das *subset principle* (s.o.) ist, das im L2-Erwerb nicht mehr funktioniert, und im L1-Erwerb das Parameter-Setzen mit ausschließlich posi-tiver Evidenz möglich macht (so Liceras 1988, White 1989).

c) *Triggering*

Erwerbstheoretiker wurden von dem Konzept der einzelsprachlichen Parameterwerte und der für sie zentralen Frage, wie diese denn vom Lerner erkannt werden, zum Konzept des *triggering* inspiriert. Hinter diesem Begriff verbirgt sich die Vorstellung von einem Er-werbsprozess, in welchem der Lerner im Input ganz bestimmte Phänomene wahrnimmt, und diese (im Einzelnen natürlich höchst umstrittenen) *trigger* dann das Erkennen des Parame-terwerts quasi schlagartig auslösen. Parameterwerte im Input erkennen und *parameter set-ting*, d.h. Parameterwerte in der mentalen Grammatik setzen, fallen also zusammen. Ein solcher Vorgang sollte sich im Idealfall diametral vom Typus des langsamen, schrittweisen, induktiven Lernens unterscheiden:

> „Learning requires more frequent exposure to the input, possibly also over a longer period of time, and it probably needs salient and unambiguous input data; but it will nevertheless exhibit more in-tra- and interindividual variation due to trial and error procedures, and it may still lead to inade-quate preliminary hypotheses. Triggering differs from learning in each of these points; it is pre-dicted to happen faster, requiring less frequent and less simple input data, and the developmental pattern is expected to be much more uniform across individuals." (Meisel 1995: 14)

Auch hier ergibt sich wieder eine ganze Panoplie zu diskutierender Fragen, zunächst einmal natürlich nach der Reihenfolge, in welcher die verschiedenen *trigger* wirksam werden, nach den Gründen für diese Reihenfolge (Reifung vs. grammatikinterne Logik vs. Reifung von *channel capacities* wie z.B. des Kurzzeitgedächtnisses), und schließlich danach, welcher Art die jeweiligen *trigger* für die einzelnen Parameter sind. Roeper/Weissenborn (1990), um ein Beispiel zu nennen, schlagen vor, dass es im Deutschen die Nebensätze sein müssen, die als sog. *trigger domain* für den *pro-drop*-Parameter (und andere, die als Voraussetzung für *pro drop* schon gesetzt sein müssen) fungieren, da pragmatisch lizensierte Subjektlosig-keit in ansonsten Nicht-Prodrop-Sprachen ausschließlich in Hauptsätzen auftritt. Aus lingu-istischer Sicht ist dies sicher einleuchtend („structure-preservation [is] always observed in subordinate clauses", Roeper/Weissenborn 1990: 155), aus psycholinguistischer Sicht jedoch sind Zweifel gerechtfertigt, wie zugänglich diese *trigger domain* dem Lerner tatsächlich ist, aus Gründen der Frequenz (die allerdings gemäß der oben zitierten Definition von *triggering* gar keine Rolle spielen darf) sowie der Verarbeitbarkeit langer, komplexer Äußerungen in einem frühen Stadium des Erwerbs. Immerhin wird in Zusammenhang mit einer anderen Diskussion, nämlich der um das optimale Alter für den Spracherwerb (*critical period*), von anderen, ebenfalls generativ orientierten Forschern die Meinung vertreten, dass es gerade die eingeschränkten *channel capacities* der Perzeption und des Gedächtnisses sind, die für eine besondere Art der „Inputaufbereitung" sorgen: Gerade weil die sehr jungen, kognitiv noch nicht voll entwickelten Lerner nur (kurze) Teile des Inputs wahrnähmen, lernten sie letztlich besser (vgl. Newport 1991).

Auch wenn, wie Roeper/Weissenborn (1990) betonen, in den von ihnen konsultierten Daten keinerlei Verstöße gegen Nicht-Prodrop belegt sind, sobald die Lerner CPs produzieren,[9] bleibt trotzdem unklar, wie man sich das *triggering* im Einzelnen vorzustellen hat. „The child [...] must be given knowledge, from an acquisition device, of where to look" (Roeper/Weissenborn 1990: 16) – wie kann man sich das dem Lerner angeborene Wissen konkret, d.h. neurobiologisch vorstellen, auf die An- bzw. Abwesenheit von Subjekten in Nebensätzen zu achten, wie das Wissen, was ein Subjekt ist, woran man die Triggerdomäne als solche erkennt, etc. (vgl. dazu Abschnitt 2.1.3)?

Weitere für die Theorie des *triggering* zentrale Fragen sind, wie schnell vom Lerner ein Parameterwert gesetzt werden muss, auf dass der Vorgang auf *triggering* zurückgeführt werden darf. Wie oft muss der Lerner dem *trigger* im Input begegnen? Ab wann ist ein Erwerb als schlagartig und damit getriggert, wann als graduell einzustufen? Wie viel interindividuelle Variation darf es geben? Wie geht man damit um, dass es der Lerner häufig mit ambigem Input zu tun hat? So stoßen zum Beispiel Lerner des Deutschen, einer Nicht-Prodrop-Sprache, auf die pragmatisch lizensierten subjektlosen Sätze wie „Komme gleich!", wie sie zu Nicht-Prodrop-Sprachen „eigentlich nicht passen" (zum ambigen deutschen Input im Hinblick auf OV vs. VO ausführlich Kapitel 3). Werden Parameter in solchen Fällen perpetuell neu (um)gesetzt? Vorschläge wie die *catapult hypothesis* von Randall (1992; schrittweiser „Rücktritt" von einem einmal falsch gesetzten Parameter, lexikalisches Item per Item) oder das *comparison model* von Valian (1990: 131ff.) entwerfen als Antwort auf solche Fragen ein Erwerbsszenario, das sich kaum vom induktiven Hypothesentesten unterscheidet. Obwohl sich Valian in den Rahmen des PPMs setzt (was sie nicht davon abhält, sich gedanklich und empirisch mit der konkreten Inputsituation der von ihr untersuchten Lerner zu befassen), geht sie davon aus, dass der Lerner eigene Äußerungen systematisch abwandelt und jeweils mit Äußerungen, die er im Input vorfindet, vergleicht (*experimental comparison process*): „the child's utterance is a way of performing an experiment; the adult reply is the datum that helps to confirm or reject a hypothesis" (ibid.: 132). Der Lerner achtet auch auf negative Evidenz, also darauf, welche Strukturen eben nicht auftreten,[10] sowie auf die Frequenz von Strukturmustern. Valians Argumentation, dass der Parameter-Erwerb nur so funktionieren kann, u.a. auch deswegen, weil die linguistischen Verhältnisse

---

9   Die Daten in Rothweiler (1993) zum Nebensatzerwerb widersprechen dem.

10   Was das Wissen über Strukturen voraussetzt, nach denen überhaupt zu suchen ist; Chomsky (1981) geht in der Tat davon aus, dass die Suche nach bestimmten negativen Evidenzen UG-bedingt ist. Pro negative Evidenz im L2-Erwerb argumentiert auch White (1989: 44).

sehr komplex sein können,[11] ist so konsistent, dass große Zweifel angebracht sind, ob *triggering* überhaupt als eigener Lernmechanismus angesetzt werden soll, oder nur als Sonderfall des Inferierens, das in bestimmten Konstellationen eben besonders unproblematisch und damit rasch verläuft. In diesem Fall müsste das *triggering* als lerntheoretischer Begriff Ockhams Rasiermesser zum Opfer fallen. Dies ist m.E. unvermeidbar, auch aus Gründen, von denen im Folgenden die Rede sein wird.

2.1.3   Zur Problematik einer real existierenden UG

Auf die Frage, inwieweit die schon bekannten empirischen Verhältnisse die oben unter a) bis c) genannten Hypothesen zum schnellen Parameter-Erwerb via *triggering* und ohne Verstöße gegen UG-Prinzipien stützen und ob die in dieser Arbeit präsentierten Daten dies tun, gehe ich später ausführlich ein. Nach der knappen Darstellung des Prinzipien- und Parameter-Modells und seiner lerntheoretischen Implikationen soll an dieser Stelle zunächst darauf hingewiesen werden, was für weitreichende Konsequenzen die Annahme des einen oder des anderen Satzstrukturmodells mit ganz unterschiedlichen Strukturpositionen, an denen sich einzelsprachliche Parametrisierung manifestiert, für Erklärungen des Satzstrukturerwerbs haben muss. (In einer Übersicht in Abschnitt 3.3 wird der Variationsreichtum, der in den Annahmen der generativen Syntaxtheorie zum Thema deutsche Satzstruktur herrscht, illustriert).

Doch ist dies ein Problem, das für jedwede Formulierung von Regeln gilt, die nicht nur deskriptiv adäquat sein wollen, sondern psychische Realität beanspruchen: Sobald sich die Syntaxtheorie ändert, muss sich auch die Erklärung von Erwerbsphänomenen ändern. Ob man davon ausgeht, dass die Information über die Parametrisierung in abstrakten Prinzipien wie etwa Subjazenz mit enthalten (Chomsky 1981, 1986) oder in den Einträgen der einzelnen Items im Lexikon festgeschrieben ist, oder dass es nur die funktionalen Köpfe sind, an denen sich die Parametrisierung aufhängen lässt (Chomsky 1989), – dies alles sind keine nebensächlichen Unterschiede. Vergleiche die folgende konstruierte Illustration: Geht man zum einen davon aus, dass Lerner zunächst lexikalische und erst später funktionale Projektionen erwerben, und geht man weiter davon aus, dass die Abfolge von V und O (*headedness parameter*) in der lexikalischen Projektion VP kodiert ist, dann sind vom Lerner konstante OV- bzw. VO-Abfolgen zu erwarten, noch bevor er funktionale Projektionen bildet. Befindet sich die Festlegung von OV bzw. VO dagegen in einer funktionalen Projektion (etwa im Ansatz von Ouhalla 1993), sind konstante Abfolgen nicht zu erwarten, und Variation stellt in diesem Stadium des Erwerbs dann auch keinen Verstoß gegen UG dar.

Es ist natürlich nicht so, dass eine solche Problematik der Interpretation von Lernerdaten nur in einem generativen Rahmen besteht. Eine oberflächensyntaktische Darstellung ohne Bezugnahme auf UG-Prinzipien, die ein bestimmtes grammatisches Phänomen auf unzulässige Weise vereinfacht oder auch verkompliziert, verstellt dem Erwerbsforscher den Blick darauf, wie sich die Lerner diesem zielsprachlichen Phänomen nähern, und man kann wohl davon ausgehen, dass eine bessere Einsicht in die Grammatik einer Zielsprache zu besseren

---

[11]   Valian erläutert ihr *comparison model* anhand des Erwerbs von *pro drop* bzw. *non pro drop* und verweist u.a. auf das Hebräische, wo die Optionalität des Subjekts nicht in allen Personen und Tempora gleichermaßen gegeben ist.

Einsichten in ihren Erwerb führt. Trotzdem ist der Zusammenhang zwischen Syntaxmodell und Erwerbsmodell da besonders eng, wo das Syntaxmodell ein Teil der Erklärung für Erwerbsphänomene sein soll. Dies gilt auch für die in ihrer Zahl noch überschaubaren jüngsten Versuche, Spracherwerb nicht mehr im Rahmen des Prinzipien- und Parameter-Modells zu fassen, sondern innerhalb der Kayneschen Antisymmetrie-Hypothese oder des Minimalistischen Programms (z.B. Platzack 1994/96, Powers 2001, Roeper 1996).

Das Prinzipien- und Parameter-Modell, das beginnend mit Hyams (1983) so viele Spracherwerbsuntersuchungen inspiriert hat und auch in jüngerer Zeit noch inspiriert (vgl. Kapitel 5), weist neben dem in gewisser Hinsicht sekundären, allgemeinen Problem der syntaxtheoretischen Variation bzw. der Halbwertzeiten der sich fast schon von Jahr zu Jahr wandelnden syntaxtheoretischen Vorschläge nun noch ein primäres, da theorie-immanentes Problem auf. Es stellt sich nämlich grundsätzlich die Frage, wie man sich die UG-Prinzipien, die Parameter und die Auslöser (*trigger*) vorzustellen hat und ob es überhaupt möglich sein kann, diese drei auf einer Ebene anzusetzen, ihnen denselben ontologischen Status zuzuschreiben und unmittelbar aufeinander zu beziehen, wie im PPM der Fall.

Um das Fazit der folgenden Erörterungen bereits vorwegzunehmen: Wenn die Prinzipien angeboren, also genetisch festgelegt sind, so ist wahrscheinlich, dass es sich dabei nur um die spezifische kognitive Fähigkeit handelt, Strukturen einer bestimmten Gestalt bei ihrer Rezeption und bei ihrer Produktion sehr schnell und quasi automatisch, vor allem: schneller als andere zu verarbeiten, gleichsam mit Hilfe eines „Koprozessors". Von einem solchen könnte auch die Verarbeitung nicht-sprachlicher Symbole profitieren. Entscheidend dafür, dass sich der Koprozessor in Gang setzt, auf die zu berechnenden Datenstrukturen zugreift und für ihre schnelle Berechnung sorgt, ist, dass diese Strukturen nach bestimmten formalen Prinzipien aufgebaut sind.

> „It is obvious that the information in our genome that determines the build-up of our nervous system and the possible functions controlled by it cannot make any reference to the possible task specifications. Specifically, our genome cannot contain any information about potential grammars of human languages. It contains information that determines the structure of a *biological system*. If it is assumed that UG is innately determined, this cannot mean that UG as a system of grammatical principles is encoded in our genome. This would be the wrong level of abstraction. What it can mean is that grammars involve a specific set of abstract operations and relations exactly because there happens to occur in our mind a mental capacity for processing them. [...] A theory of this capacity as a biological property of human beings [...] cannot be framed exclusively in grammatical terms, since properties of grammar are secondary properties." (Haider 1993a: 2)

Eine so verstandene angeborene UG ist also ein Berechnungspotential und unabhängig von der Substanz der Symbole, die in den zu prozessierenden Strukturen vorliegen.

Derartige theoretische Überlegungen über die UG als eine exaptive kognitive Fähigkeit, als „a biologically determined system which must be explicable without a reference to the specific functions it is involved in" (Haider 1993a: 4), werden natürlich auch von vielen anderen Vertretern der generativen Grammatik geteilt, denn

> „Metaprinzipien [...] [so der Ausdruck von Bierwisch, der die Prinzipien einer allgemeinen formalen Kompetenz deutlich von Grammatikregeln abgrenzen will, S.H.] sind wesentlich eher als mentale Organisationsprinzipien zu verstehen, denen physiologische Mechanismen und genetische Grundlagen entsprechen" (Bierwisch 1992: 28).

„Es gibt wenig Grund anzunehmen, dass das System, das dem Menschen den Grammatikerwerb [und die Grammatikverarbeitung; S.H.] ermöglicht, mit biologischer Notwendigkeit auf die Aufgabe des Grammatikerwerbs festgelegt ist" (Fanselow 1992: 335).

Um es nicht bei solchen summarischen Feststellungen zu belassen, die nicht wirklich nachvollziehbar sind, ist ein Exkurs in die angrenzende Disziplin der Neurolinguistik vonnöten. Als Beispiel für einen elaborierten Vorschlag dazu, aus welchen neuralen Voraussetzungen, die zunächst ganz anderen als sprachlichen Funktionen dienten, sich die Grammatikfähigkeit exaptiv, also als phylogenetisches „Nebenprodukt" und nicht als Ergebnis eines als einen über natürliche Selektion gesteuerten Anpassungsprozesses (*adaptive selection*) entwickelt haben könnte, sei der von Wilkins/Wakefield (1995) zur Schlüsselrolle der manuellen Feinmotorik vorgestellt.[12] Ihr integrierender Ansatz, der Erkenntnisse aus der Paläo-Neurologie, der vergleichenden Neuro-Anatomie, der Evolutions- und der Grammatiktheorie verbindet, zeichnet sich außerdem dadurch aus, dass in der Argumentation sauber zwischen Kommunikationsfähigkeit (und -bedürfnis) und Grammatikfähigkeit getrennt und die formale Komplexität von Grammatik nicht angemessen berücksichtigt wird, ein Einwand, mit dem man aus linguistischer Warte so manches Sprachentstehungsszenario als zu einfach kritisieren kann.

Wilkins/Wakefield (ibid.: 163) fassen ihre Hypothese folgendermaßen zusammen:

„Language came to use the processing strategies available from newly evolving premotor cortex paired with those aspects of neural organization that allow for amodal concept formation and yield structured abstract representations. These aspects of neural organization arose as byproducts of the evolution of the brain with respect to the regulation of repatterned motor programs dedicated to the novel manual manipulative abilities and feedback circuits associated with eye-hand coordination accompanying the hominid shift to bipedal locomotion."

Im Verlaufe der allgemeinen Expansion des Neokortex (der Großhirnrinde) des sog. *Homo habilis* vor gut 2 Millionen Jahren entwickelten sich die frontalen und parietalen (Stirn- und Scheitel-)Lappen im Einzelnen folgendermaßen[13] (vgl. z.B. Markowitsch 2000 zu neuroanatomischen Grundbegriffen):

Die Erweiterung des frontalen motorischen Assoziationskortex, die in der *pars triangularis* und *pars opercularis* der unteren Stirnwindung resultierte, muss zeitgleich mit der Erweiterung des parietalen sensorischen Assoziationskortex verlaufen sein, die wiederum in der Verstärkung der *angularen* and *supramarginalen gyri* (Windungen) und in einer deutlichen Verschiebung der *sulcus lunate* genannten Furche nach unten (im Vergleich zu deren Position im Affenhirn) resultierte. Die Position dieser Furche gilt Wilkins/Wakefield (1995)

---

[12] Ähnliche Evolutionsszenarien finden sich z.B. bei Calvin (1992) (Schlüsselrolle des präzisen rechtshändigen Werfens) oder Greenfield (1991) (Schlüsselrolle der Werkzeugherstellung).

[13] Aufgrund einer Reihe von Indizien gehen Wilkins/Wakefield davon aus, dass es der *Homo habilis* war, der als erster neuronal zur Sprache fähig gewesen wäre. Diese Indizien – Latexabgüsse von fossilen Schädeln, nach denen sich die Makrostruktur von Furchen, Windungen etc. der Hirnrinde rekonstruieren und mit der von Affenhirnen vergleichen lässt, sowie archäologische Funde spezieller Werkzeuge, die auf asymmetrisch entwickelte Gehirnhälften (Lateralisierung) und andere neuroanatomische Fortschritte, von denen im Text noch die Rede sein wird, schließen lassen – sind nicht unumstritten. Dies muss aber nicht weiter diskutiert werden, da es in Bezug auf die UG-Frage hier ja nicht auf den Zeitpunkt, sondern auf die Natur des Entwicklungsprozesses ankommt.

gleichsam als das Schibboleth für die prinzipiell gewandelte Neuroanatomie im Hinblick auf elaborierte kognitive Leistungen.

Die gleichzeitig entstehenden Teile der Großhirnrinde – das aus dem motorischen Kortex entstandene Broca-Areal und das aus dem sensorischen Kortex entstandene, intern hochgradig vernetzte POT (= die Verbindung von „parietal, occipital and temporal lobes"), sind durch eine Art „Hauptverkehrsstraße" von Axonen[14] miteinander verbunden, so dass Informationen aus dem einen Bereich dem anderen unmittelbar zugänglich und Rückkopplungseffekte möglich sind. Dieses System aus entwicklungsgeschichtlich später entstandenem Material, dessen Synapsen größtenteils eine innere Vernetzung und nicht unmittelbare Verbindungen zu den Gliedmaßen herstellen, hat – im Gegensatz zu entwicklungsgeschichtlich früher entstandenem neuronalen Material – nichts mit der Aufrechterhaltung anatomischer Grundfunktionen und -bedürfnisse zu tun, sondern dient der Integration verschiedenartiger Informationen und damit letztlich der Übernahme kognitiver Funktionen:

> „The increasing departure from direct association with the body and the increasing degree of internal or intrinsic connectivity associated with evolutionary more recent cytoarchitectonic regions is generally taken to generate as a byproduct [...] the foundations of cognition" (Wilkins/Wakefield 1995: 174).

Nach Wilkins/Wakefield (ibid.: 174) konstituiert genau dieses Broca+POT-Gebiet bzw. die Tatsache, dass diese beiden Bereiche zusammenarbeiten, das biologische Substrat für die Grammatikfähigkeit, „the foothold for the operations involved in linguistic processing":

> „[...] as a consequence of the configurational compatibility, these parietal and frontal substrates were subsequently reappropriated for language and, ultimately, for linguistically formatted communication" (Wilkins/Wakefield benützen anstelle des Begriffs der *exaptation* den der *evolutionary reappropriation*).

Ursprünglich hängt diese hirnphysiologische Fortentwicklung jedoch mit der Ausbildung der manuellen Feinmotorik, die eine hierarchisierte und aufeinander abgestimmte Steuerung der einzelnen Muskeln erfordert,[15] sowie der Somatosensorik zusammen, denn die Herstellung und der Gebrauch von Werkzeugen, wie man sie dem *Homo habilis* zuordnet, ist ohne differenziertes Feedback zwischen der Muskulatur und den Rezeptoren der Hand natürlich nicht denkbar. Entscheidend im Hinblick auf die menschliche Sprache, d.h. sowohl für die Fähigkeit, mit Namen auf Dinge, Ereignisse oder deren einzelne Merkmale zu referieren,[16] als auch für die Syntaxfähigkeit, ist, dass in diesem System aus verschiedenen Kanälen eingehende Informationen (visuelle, auditive, haptische) verarbeitet und dabei deren Repräsentationen von ihrer ursprünglichen Modalität abgekoppelt werden (*amodal cognitive representation*). Dafür ist das POT verantwortlich, „an area of integration for the three

---

[14] Axone sind die Teile der Nervenzelle, die das Ladungspotential an die Dendriten der Nachbarzellen weiterleiten.

[15] „Motor cortex deals specifically with the innervation of muscle units, the firing sequences of which must be coordinated by higher levels of neural control organized in hierarchical fashion. Because of the anatomical and physiological requirements associated with the higher level organization of an ultimate motor output, behaviors initiated by motor association cortex must be functionally hierarchical." (ibid.: 175)

[16] Zu letzterem (*referential specificity*) sind Affen nämlich nicht in der Lage; Wilkins/Wakefield (ibid.: 175f.) verweisen hier auf die diversen Untersuchungen von Savage-Rumbaugh (1986).

neocortical sensory association areas [...] an association area for association areas" (Wilkins/Wakefield 1995: 163). Des Weiteren muss die temporale und hierarchische Organisation der Informationen erkannt werden. Dafür ist das Broca-Areal verantwortlich, „a processing module whose inherent specialization is the hierarchical structuring of information in a format consistent with a temporally ordered linear sequence reflective of that structure" (ibid.: 170). Aufgrund dieser Abstraktion können dann auch Strukturen aus ursprünglich verschiedener sensorischer Quelle aufeinander bezogen sowie einzelne Merkmale herausgelöst und unabhängig von der Gesamtgestalt, in der sie auftreten, erfasst und in einer anderen Gesamtgestalt wiederentdeckt werden. Wilkins/Wakefield (1995) weisen darauf hin, dass erwiesenermaßen schon Kinder im Alter von 3 Monaten im Gegensatz zu Affen eine modalitätslose Repräsentation eines Musters einer bestimmten zeitlichen Abfolge von Einheiten aufbauen, die ihnen als visuelle und als auditive Stimuli geboten wurden. Die Fähigkeit, zu abstrahieren, und somit zum *metaphorical mapping*, war einer der entscheidenden Schritte, mit dem sich der hominide Primat als solcher konstituiert und die anderen Primaten kognitiv überflügelt hat (vgl. dazu insbesondere Stern 1998 sowie Deacon 1997).

Damit ist noch nicht gesagt, dass der *Homo habilis* tatsächlich schon über Sprache verfügte, es standen lediglich die neuroanatomischen Bedingungen bereit. Damit ist auch nicht gesagt, dass die Sprache mit der durch *reappropriation* möglich gewordenen Grammatik sich nicht im Laufe der Zeit durch Ausleseprozesse weiterentwickelt hätte, was aber eben erst von diesem Moment an möglich war. Andere, simplere Arten von Verständigungsmitteln hat es vorher wohl schon gegeben, jedoch:

> „[...] language is unlikely to have evolved directly from communication-based precursors, nor is it likely to have been based on those structures that subserve communication." (Wilkins/Wakefield 1995: 163)

Soweit wird die Theorie der UG als im Prinzip multifunktionales Berechnungspotential, entstanden aus nicht-sprachspezifischen kognitiven Verarbeitungsprozessen, im evolutionstheoretischen Szenario von Wilkins/Wakefield unterstützt, auch wenn diese nicht die Entstehung einer UG eruieren. In dem u.a. von Haider vertretenen UG-Konzept steckt im Vergleich zu den Hypothesen von Wilkins/Wakefield noch ein gutes Maß an Spekulation. Denn Haider behauptet ja, dass es nicht nur abstrakte, amodal repräsentierte Strukturen sind, die besonders schnell, ergo mit UG-Hilfe, prozessiert werden, sondern ganz bestimmte Strukturformate. Doch steht diese Spekulation auf so festem empirischen Grund, wie ihn neuroanatomisch argumentierende Evolutionsszenarien eben darstellen können. Ein UG-Konzept, das von einer genetisch kodierten Grammatik im engeren Sinne ausgeht, ist dagegen spekulativer.

Fanselow (1992) weist darauf hin, dass die moderne generative Syntaxtheorie sich schon seit Mitte der 80er Jahre darum bemüht, den Erkenntnissen der kognitiven Neurowissenschaften Rechnung zu tragen, deshalb die 8 Prinzipien des klassischen PPMs abstrahierend zusammenzufassen und Regeln zu formulieren, in denen auf grammatikspezifische Begriffe verzichtet wird.[17] Der intrinsische Sprachbezug soll möglichst aufgegeben werden:

---

[17] Z.B. „Anapher" oder „Subjekt", Begriffe, die Chomsky (1981) bei der Formulierung der Bindungstheorie verwendet.

„Es geht um allgemeine geometrische Beziehungen, die Strukturbäume bzw. Abhängigkeitspfade erfüllen müssen, um allgemeine Minimalitätsforderungen, die prinzipiell auch in anderen Domänen angewendet werden können. Sie sind *Applikationen* domänenunspezifisch formulierter Gesetze auf sprachliche Strukturen, ihr Bezug zur Sprache ist, prinzipiell zumindest, rein akzidentiell" (Fanselow 1992: 346).[18]

Mit dem *Minimalist Program* (Chomsky 1995) und seinen hochabstrakten, auf Ökonomie fokussierenden Beschränkungen wie der *Minimal Link Condition* (Bewegungen gilt es kurz zu halten), *Last Resort* (nur unbedingt notwendige Bewegungen finden überhaupt statt) oder *Procrastinate* (Bewegungen werden möglichst hinausgezögert) hat diese Entwicklung in den letzten Jahren einen weiteren Schub erhalten.

Wie oben schon angedeutet, ist die selbst von Linguisten, deren theoriebegründendes Credo eine angeborene UG darstellt, oft vernachlässigte Frage (vgl. die Kritik in Wilkins/ Wakefield 1995: 161), welche Rolle die Entstehung einer solchen mentalen Kapazität in der Evolution hat und welche Art von Zusammenhang mit den im Laufe der Evolution wachsenden Kommunikationsbedürfnissen anzusetzen ist, noch lange nicht ad acta zu legen – der Vorschlag von Wilkins/Wakefield ist schließlich nur einer von vielen. Entwickelte sich die UG nicht vielleicht doch als ein Vorteil für die Kommunikation und unmittelbar aus der Kommunikation heraus, weil Sprache entstand und prozessiert werden musste (adaptive Auslese)? Oder konnte Sprache entstehen, weil die genetische Prädisposition UG als ein zunächst ungenutztes oder anders genutztes evolutionäres Nebenprodukt der umfassenden Kapazitätssteigerung bereits für die dann kulturelle Genese der Grammatik zur Verfügung stand? Für letzteres spricht neben den Ergebnissen diverser Studien aus der Hirnforschung das Argument, dass effektive Kommunikationssysteme vorstellbar und konstruierbar sind, für die weniger komplexe Symbolmanipulationen (und damit auch keine UG) vonnöten wären (vgl. Haiders Demonstration 1993b: 6f.). Das Bedürfnis selbst nach differenziertester Kommunikation ist kein hinreichender Grund für die Kompliziertheit der in den natürlichen Sprachen belegten Konstruktionsmöglichkeiten. Es wird sogar der Vorschlag gemacht, dass die Entstehung eines diversifizierten Vokabulars sowie eines komplexen Systems der morphologischen und syntaktischen grammatischen Markierung auf den zunächst einmal rein materiellen, technischen Voraussetzungen der Artikulation beruht, überhaupt lautlich derart komplexe Symbole zu bilden. D.h., komplexe Formen entstehen *out of the blue*, gehen komplexen Inhalten voraus und werden nicht im Dienste von primär vorhandenen komplexen expressiven Bedürfnissen sekundär herangezogen (vgl. Carstairs-McCarthy 1999, 2000).

---

[18] Allerdings schließt Fanselow im weiteren Verlauf des Textes die Existenz von tatsächlich sprachspezifischen angeborenen Prinzipien nicht aus, nur gehörten diese dann nicht zur Grammatik als System der autonomen Syntax, sondern zur Semantik-Grammatik-Schnittstelle. Ein Beispiel wäre das einheitliche Konstruktionsverhalten semantisch bestimmter Verbtypen, z.B. ergativer Verben. Hier stellt sich natürlich entweder erneut dieselbe Art von Frage, die Haider und u.a. Fanselow selbst zum Abrücken von der Vorstellung angeborener sprachintrinsisch formulierter Grammatikregeln bringt, wie nämlich eine Struktureigenschaft wie Ergativität neuronal repräsentiert sein mag. Oder es handelt sich bei angeborenen Prinzipien der Semantik-Grammatik-Schnittstelle letztlich um einen Reflex universaler Strukturen der Wahrnehmung (im Stile der von Verfaille/Daems 1996 festgestellten Tendenzen zur Aktanten-Serialisierung), und damit um Prinzipien der Kognition, nicht der Sprache im Speziellen.

Zu dieser Problematik der Sprachentstehung gibt es nach wie vor eine Vielzahl von Meinungen (wenn auch die Tendenz zur Annahme einer exaptiven Sprachfähigkeit vorzuherrschen scheint), die hier nicht diskutiert werden können, und wenig gesicherte Erkenntnisse.[19] Ich gehe aufgrund der referierten Evolutionsszenarien davon aus, dass Haiders Hypothese plausibel ist, mit UG-Prinzipien dürfe nichts anderes gemeint sein als die vom Koprozessor determinierten abstrakten Formate für „hierarchisch organisierte Schachtel-in-Schachtel-Strukturen mit Dependenzrelationen" (Haider 1993b: 11). Man ist somit nicht zu der Annahme von Schwartz (1999: 637) gezwungen,

> „that there are systematic properties of language (both symbols and computations [...]) that do not feature in other cognitive domains; this is so for (morpho)phonology, (morpho)syntax, and semantics".[20]

Wenn es sich bei Prinzipien also nicht um substanzielle, sondern um hochabstrakte der hierarchisch strukturierten Linearisierung von Einheiten handelt, dann sind Parameter wiederum nichts anderes als alternative Möglichkeiten für die Verschachtelung, bei der der Koprozessor greift. Es gibt demnach nicht Prinzipien und Parameter, denn letztere sind ein Epiphänomen der Deskription, sondern nur Prinzipien, die in verschiedenen Strukturformaten Gestalt annehmen können. Dabei kann man nicht wissen, in welchen, da dafür nicht nur ein exhaustiver Überblick über alle Sprachen der Welt, sondern auch über bereits aussterbende und noch zu entstehende notwendig wäre.

2.1.4 Zur Problematik des Parametersetzens

Ein neural verankertes kognitives Modul[21] ist spezifisch für eine und nur diese kognitive Leistung (*domain specific*) und stellt eine autonome, von außen nicht beeinflussbare Funktionseinheit (*informationally encapsulated*) dar. Andere Module oder auch zentrale, unspezifische kognitive Aktivitäten (des Klassifizierens, der Mustererkennung, der Analogiebildung etc.) können sein Funktionieren nicht beeinflussen. Nun sind die *trigger*, die das Setzen eines Parameters und damit das Aktualisieren eines Prinzips auslösen sollen (vgl. c) in Abschnitt 2.1.2), bestimmte konkrete Merkmale des Inputs, z.B. bestimmte prosodisch saliente Momente im Lautkontinuum einer Äußerung oder andere Merkmale „of epistemological priority" (Chomsky 1981: 10), die so nicht Teil des angeborenen Koprozessors sind. Sie können nicht „eingekapselt" sein, sondern müssen sinnlich wahrgenommen werden.

---

[19] Zur Vielfalt der Theorien (und deren Aporien) vgl. Wind et al. (1992), Ward/Trabant (2001).

[20] „The reason that language is taken to be a special 'compartment' comes from design, not desire: It is unlike the rest of the human mind", so eine andere programmatische Formulierung Schwartz' an der genannten Stelle. Schwartz kommt zu diesem Schluss, indem sie eine Reihe grammatischer Phänomene betrachtet, „that have no known analogues, correspondences, or parallels in any other cognitive systems" (ibid.: 639), weil es Expletiva, *empty categories*, den Verbzweiteffekt etc. ja doch nur in der Sprache gäbe. Dies ist natürlich kein Beweis dafür, dass sich auf einer höheren Abstraktionsebene, um die sich wie schon gesagt u.a. auch der Minimalismus bemüht, nicht andere Grenzziehungen ergäben. Man hat schließlich lange Zeit von Wal<u>fischen</u> gesprochen ...

[21] Im Sinne von Fodor (1983: 47, 1985). Vgl. auch die Gegenüberstellung von *input modules* und *central processing system* in Carroll (1998: 41) sowie Segal (1996) zu *intentional modularity*, *computational modularity* und *Fodor modularity*.

Damit gehören sie aber zu einer anderen kognitiven Domäne, und zwischen dieser und dem kognitiv opaken Koprozessor kann es keinen direkten Informationsaustausch geben. Es fehlt die Verbindung zwischen dem Akt, einen *trigger* wahrzunehmen, und dem Akt, das dazugehörige Prinzip zu identifizieren und dann den Parameterwert einzustellen.

> „Es besteht kein unmittelbarer Kausalzusammenhang zwischen der Wahrnehmung eines sprachlichen Ausdruckes und einem davon ausgelösten Effekt im System der UG. Setzen wir unsere Haut der Sonne aus, so ändert sich ihre Farbe infolge einer Kaskade von biochemischen Reaktionen. Die UG können wir aber nicht den Reizen der sprachlichen Umgebung aussetzen, so wie unsere Haut der Sonne." (Haider 1993b: 2)

Es macht daher keinen Sinn bzw. widerspricht dem Modularitätsbegriff, das Parameter-Setzen via *triggering* als genetisch kodierten Lernmechanismus anzunehmen. Stattdessen müssen bezüglich des Spracherwerbs folgende zwei Aspekte sauber auseinander gehalten werden: Zunächst muss der Lerner durch eine induktive Analyse des Inputs dessen Strukturen erkennen. Dies bleibt ihm keinesfalls erspart, und dabei hilft ihm das angeborene Sprachmodul noch nicht, auch wenn die in der jeweiligen Sprache vorliegenden Strukturen einen Reflex der UG darstellen.[22]

Der Prozess der Inputanalyse kann je nach Datenbasis (quantitative und qualitative Eigenschaften des Inputs) und anderen Faktoren (Intelligenz, Motivation, emotionale Verfassung etc.) von Sprache zu Sprache und von Lerner zu Lerner unterschiedlich viel Zeit in Anspruch nehmen. Erst wenn die strukturellen Regularitäten erkannt sind, ist etwas da, worauf der angeborene Koprozessor zugreifen kann („cognitive resonance", Haider 1993a: 13) und dann z.B. dafür sorgt, dass Grammatikalitätsurteile über komplexe Sätze so schnell geliefert werden können, obwohl vielschrittige Berechnungen dafür notwendig sind.

Auf eine solche Konzeption von zwei kategorisch verschiedenen Sprachverarbeitungsprozeduren zunächst zwangsläufig ohne, dann zwangsläufig mit dem Wirken des sprachspezifischen Moduls muss man aufgrund von der in Abschnitt 2.1.3 erläuterten Grundannahme schließen, der Grundannahme nämlich, dass es sich bei einer angeborenen UG nur um ein substanzunabhängiges, abstraktes Berechnungspotential handeln kann, und nicht um die zu berechnenden Strukturen selbst. Diese Konzeption muss nun für den L1- wie für den L2-Erwerb gleichermaßen gelten. Das bedeutet aber, dass die im Zentrum der meisten generativen L2-Studien stehende Frage, ob der L2-Lerner noch Zugriff auf die UG habe, eigentlich hinfällig wird.[23] Schließlich ist es ja auch nicht sinnvoll, in Erwägung zu ziehen, dass die

---

[22] Die Tatsache, dass man zum gegenwärtigen Zeitpunkt nur über diesen Reflex den Koprozessor UG betrachten kann, darf nicht darüber hinwegtäuschen, dass er wie oben ausgeführt eigentlich nicht in grammatischen Begriffen und damit in den Begriffen einer besonderen UG-Anwendung modelliert werden sollte. Sog. parametrisierte UG-Prinzipien wie z.B. „Nominativ-Kasuszuweisung bzw. -überprüfung erfolgt in der Konstellation einer Rektion / einer Spezifizierer-Kopf-Kongruenz / via Inkorporation" (so der Vorschlag von Koopman/Sportiche 1991) sind nicht wirklich UG-Prinzipien, sondern eine von Linguisten auf empirischer Basis vorgenommene Generalisierung.

[23] Ganz davon abgesehen, dass ein generativer Spracherwerbstheoretiker kein Interesse daran haben kann, diese Frage mit Nein zu beantworten. Schließlich gibt es höchst erfolgreiche L2-Lerner, die, wenn auch so gut wie nie in der Phonologie, so doch in ihrer Syntax der Kompetenz von Muttersprachlern gleichkommen, worauf z.B. White/Genesee (1996) mit Nachdruck hinweisen; vgl. auch Birdsong (1992), Ioup et al. (1994). Ist dies aber ohne UG-Hilfe möglich, kann dann nicht auch

den Koprozessor repräsentierenden neurologischen Gegebenheiten mit einem bestimmten Alter einfach verschwinden. Sobald ein Sprecher über Strukturen operiert, die UG-Prinzipien entsprechen, wird der Koprozessor automatisch aktiviert. Für Letzteren muss es vollkommen gleichgültig sein, wie sich die Strukturen manifestieren (in Lauten, Gesten, optischen Mustern) und ob es sich um eine erste, zweite oder siebente Sprache handelt.

Natürlich erübrigt sich auch die Problematik der in einer zweiten und jeder weiteren Sprache ggf. neu und vor allem anders zu setzenden Parameter. Diese Problematik ergibt sich aus der (im traditionellen PPM üblichen) Vorstellung, dass eine Einzelsprache bzw. Kerngrammatik eine Instantiierung des „blueprint of Universal Grammar" (Schwartz 1999: 639) sei und sich Letztere somit im Einzelspracherwerb gleichsam „absorbiert". Die Problematik verschwindet mit der Einsicht, dass eine Einzelsprache nur als Produkt der Kooperation von UG und anderen kognitiven Kapazitäten denkbar ist, wobei die UG selbst von außen gar nicht affiziert, geschweige denn absorbiert werden kann.

Obsolet werden außerdem diverse Fragen, was die jeweiligen Auslöser für die Parameter sind und ob ihre einmalige Präsentation tatsächlich genügen kann, auf dass der Lerner den Parameterwert einstelle. Meisel (1995) liefert einen Überblick zu den Antworten, die seit dem Aufkommen des PPMs in der Spracherwerbsforschung auf diese Fragen vorgeschlagen worden sind, und weist dabei darauf hin, dass die Vorstellung eines Lernens via *triggering* hinfällig wird, geht man wie manche Autoren davon aus, der Auslöser müsse dem Lerner „oft genug", und zwar mehr als einige Male präsentiert werden.[24] Ab einer gewissen Anzahl von Lerngelegenheiten kann man schließlich keinen kategorischen Unterschied zum nichtschlagartigen, induktiven Lernen feststellen. Beispiele dafür, dass Autoren es nicht so genau nehmen mit den definitorisch festgelegten Eigenschaften eines UG-gestützten Lernens, das also vom Input weniger abhängig ist als inferierendes Lernen, sind auch außerhalb der Trigger-Thematik im engeren Sinne zu finden. Ein besonders eklatantes Beispiel ist Li (1998) zur Rolle der UG im L2-Erwerb (des Englischen), bei der es heißt:

> „[...] high target-language proficiency is required to help them [sc. the learners] reach the sensitivity of native English speakers to UG rules. [...] Sophistication of English knowledge is involved in triggering UG to operate fully. [...] While they [sc. the learners] are still progressing, it is not logical to state that a UG principle is not accessible to them [...] When an L2 group fails to obtain nativelike sensitivity to UG principles, it is not that they do not have UG principles, but that they need more language experience with the target language before they can access these principles. Exposure to and communication in the target language is a critical factor in reaching nativelike English proficiency." (Li 1998: 106, 109)

Was spielt die einzelsprachübergreifende UG im L2-Erwerb für eine Rolle, wenn man gar nicht nach ihr suchen darf, bevor die Lerner in der Zielsprache ohnehin so gut wie perfekt sind?

---

der L1-Erwerb ohne UG erklärt werden? Dies ist eine etwas polemische und unlauter vereinfachende Bemerkung, die so tut, als gäbe es im L2-Erwerb nicht eine Reihe von Faktoren, die es im L1-Erwerb eben nicht gibt, das Wissen aus dem schon erfolgten Mutterspracherwerb etwa oder weiter entwickelte induktive Fähigkeiten. Trotzdem werde ich auf Zweifel an Platons Problem und damit der Rechtfertigung einer UG in Abschnitt 2.1.5 noch einmal zurückkommen.

[24] Vgl. z.B. Lightfoot (1991) oder die oben schon genannte *comparison hypothesis* von Valian.

Die kritische Haltung, die auf das Kriterium pocht, dass sich UG-gestützter Erwerb von graduellem, induktivem Lernen unterscheiden muss, geht nun m.E. noch nicht weit genug, behält man die auch in Meisel (1995) kurz erwähnte, doch nicht wirklich berücksichtigte Auffassung der UG als Koprozessor im Blick. Wenn einzelne konkrete Input-Einheiten prinzipiell nicht darauf Einfluss nehmen können, wann bzw. ob die *informationally encapsulated* UG schnelle und automatische Sprachverarbeitung bewirken kann, dann haben *trigger* im Sinne von bestimmten „Leuchttürmen" im Input, mit Hilfe derer der Lerner Einsicht in die zielsprachlichen Strukturen gewinnt, in einer Spracherwerbstheorie, der es um die Festlegung der Rolle von UG geht, überhaupt keinen Platz.

2.1.5 Die Rolle der UG im Spracherwerb: Versuch einer Bestandsaufnahme

Die soeben genannten Einwände bedeuten nicht, dass das Konzept der UG in Spracherwerbstheorien keinen Platz haben dürfte oder dass Phänomene im Spracherwerb kategorisch keine Auskunft über die Existenz einer UG geben könnten. Sinnvoll wäre es, experimentell zu überprüfen, ob die Lerner von dem Moment an, in dem korrekte zielsprachliche Strukturen belegt sind, sehr rasch an Sprechgeschwindigkeit (bei gleichzeitiger Korrektheit) gewinnen, was ein Zeichen dafür sein könnte, dass der Koprozessor wirkt. Eine andere Möglichkeit bestünde darin, die Geschwindigkeit (korrekter) Grammatikalitätsurteile zu messen.[25]

Allerdings ergibt sich hier zunächst der folgende Einwand bezüglich des L2-Erwerbs: Dass auch sehr fortgeschrittene Lerner bei Grammatikalitätsurteilen (oder ähnlichen Tests) schlechter abschneiden oder mehr Zeit brauchen als L1-Lerner, die ohne Zögern selbst hochkomplexe Sätze als grammatisch oder ungrammatisch klassifizieren können, ist aus diversen Untersuchungen bekannt.[26] Bedeuten solche Befunde nun also doch, dass der Koprozessor beim Verarbeiten der L2 nicht funktioniert? Eine solche Folgerung ist – wie in Abschnitt 2.1.3 schon erwähnt – nicht wünschenswert, da der in Form von neuralen Gegebenheiten existierende Koprozessor nicht einfach ab einem bestimmten Alter verschwinden kann, zumal er außerdem für die automatischen Prozesse bei der L1-Verarbeitung benötigt wird. Aber eine solche Folgerung ist auch noch nicht notwendig. Schließlich ist denkbar, dass Lerner beim Inferieren struktureller Regularitäten der Zielsprache irren, ggf. Regularitäten ansetzen, die zwar nicht zielsprachen-, aber doch UG-konform sind, so dass die Lerner von der UG unterstützt werden, diese Regularitäten weiterhin anzunehmen.[27] Es wäre dann

---

[25] Es gibt bereits einige L2-Studien, die die Messung von Reaktionszeiten integrieren (so Cook 1990, Eubank 1993, Clahsen/Hong 1995, Hong 1995, White/Genesee 1996). Passend zum üblichen UG-Verständnis wird diesen aber keine Aussagekraft über UG-Kompetenz zugestanden, sondern es geht dabei um sog. sekundäre Faktoren wie *processing complexity*.

[26] Vgl. z.B. Schachter (1988a) referiert in White (1989: 68f.), Schachter (1989), White (1985), vgl. auch teilweise die Ergebnisse in Flynn (1987, 1989), Li (1998), die beiden letztgenannten interpretieren die Leistungen der von ihnen untersuchten Lerner zwar als Indiz pro UG-Zugang, diese sind aber signifikant schlechter als die der L1-Vergleichsgruppen.

[27] Gerade dies könnte auch ein Faktor sein, der Fossilisierung fördert. Unabhängig davon ist hier natürlich anzumerken, dass der Lerner seine Äußerungen mit denen seiner Umgebung vergleichen kann und man nicht vernünftig davon ausgehen kann, dass UG den einen Lerner zur Beibehaltung einer nicht zielsprachlichen Struktur verdammt, den anderen aber nicht.

zu erwarten, dass die Sprecher zwar Grammatikalitätsurteile ohne Zögern liefern, diese jedoch falsch sind. Denkbar ist auch, dass die Regularitäten einer bestimmten Lernergrammatik weder zielsprach- noch UG-konform sind. Letzteres bedeutete nicht, dass die Diagnose „Zugang zur UG nicht mehr vorhanden" lauten müsste, sondern lediglich, dass die induktiv gelernte Vorlage nicht UG-kompatibel ist. Die *trial and error*-Methode der Mustererkennung hat dann eben keine effektiv (= koprozessorgestützt) verarbeitbaren Strukturen bereitgestellt. In diesem Fall wäre zu erwarten, dass die Sprachverarbeitung in der L2 insgesamt verzögert stattfindet, da sie allein in allgemeinen kognitiven Routinen abläuft – es sei denn, der häufige Gebrauch bewirkt unabhängig vom Format der Pattern einen *pattern drill*-Effekt.

Nach diesen Überlegungen zu der Frage, worin die UG bestehen und worin sie sich in der Sprachproduktion von L2-Lernern manifestieren könnte, soll zum Abschluss noch gefragt werden, ob es überhaupt notwendig ist, eine UG anzunehmen. Einen unabhängigen Beweis in Form der Lokalisierung eines hirnphysiologisch fixierbaren Areals, das nur für die formal-grammatische Kompetenz zuständig ist, gibt es schließlich noch nicht.[28] Selbst Fanselow räumt ein:

> „Auf der Basis der verfügbaren Evidenz ist unklar, ob die Prinzipien der UG selbst identifizierbare Teile unseres Kognitionssystems sind oder ob sie – analog zu den Naturgesetzen – einfach gelten, ohne selbst in interessanter Form im Gehirn ,präsent' zu sein. Unter letzterer Perspektive könnte man sich Prinzipien der UG als Konsequenzen sehr allgemeiner neuronaler Strukturaufbauprinzipien vorstellen, die sich ergeben, wenn sprachliche Strukturen im vorgegebenen neuronalen System repräsentiert und verarbeitet werden müssen." (Fanselow 1992: 341)

Von einer UG mit angeborenen Prinzipien und Auslösern als *language acquisition device* (LAD) ist in dieser Konzeption nicht mehr viel übrig. Ohnehin sind Zweifel an der Signifikanz von Platons Problem angebracht. Zunächst einmal ist fraglich, warum eine Theorie, die den Spracherwerb als das getriggerte Aktualisieren von angeborenen Prinzipien erklärt, „the more parsimonious approach" darstellen soll, „not having to rely on the existence of poorly understood additional procedures of hypothesis testing" (Meisel 1995: 20).[29] Wie in Abschnitt 2.1.3. und 2.1.4 gezeigt wurde, ist die Frage, wann, warum und wie Parameter gesetzt werden, schließlich auch alles andere als gut verstanden. Spracherwerbstheorien, die lediglich auf allgemeine kognitive Fähigkeiten rekurrieren und ohne die Annahme eines speziellen LADs verzichten, sind aus metatheoretischen Gründen vorzuziehen.

Auch aus linguistischer Perspektive kann Platons Problem in Frage gestellt werden. Eisenberg (1992) kommentiert 7 Beispiele aus Chomsky (1986), Fanselow (1987), Fanselow/ Felix (1987) sowie Bierwisch (1992), anhand derer belegt werden soll, dass bestimmte Strukturen ohne UG-Wissen, also nur aufgrund einer Beobachtung der oberflächlichen

---

[28] Vgl. z.B. Tesaks (1992) Kritik an der vorschnellen Beweisführung mit Agrammatismus-Phänomenen, Obler/Hannigan (1996: 515) zur Widersprüchlichkeit von Ergebnissen aus der Lokalisationsforschung.

[29] Meisel soll nicht verfälschend knapp zitiert werden; die herausgegriffene Passage bezieht sich konkret auf das oben erläuterte *comparison model* von Valian. So, wie die Kritik formuliert ist, trifft sie aber Konzeptionen vom Spracherwerb als Hypothesentesten generell. Außerdem wird an anderer Stelle (ibid.: 25) deutlich, dass Meisel die Annahme von nicht grammatik-internen, das Lernen u.U. bestimmenden Faktoren (z.B. die Reifung von *channel capacities*) generell als „additional apparatus" betrachtet, der dem Ökonomie-Prinzip zuwiderläuft.

Distributionen von Einheiten, vom Sprecher/Lerner gar nicht entschlüsselt werden könnten. Eisenberg zeigt, dass die betreffenden Strukturen teilweise falsch bzw. irreführend dargestellt werden und die Schlussfolgerung einer *poverty of evidence* sich so als Effekt der grammatischen Analyse herausstellt. Unabhängig von der grammatischen Darstellung weist er nach, dass dem Lerner bisweilen grammatische Fehlanalysen unterstellt werden, zu denen er ohne UG-Wissen verurteilt wäre, die jedoch bei kritischer Überprüfung als sehr unwahrscheinlich erscheinen. Ein Beispiel dafür ist die Annahme einer generell gleichen Distribution von *dass*-Sätzen und Nominalphrasen durch den Lerner aufgrund seiner Erfahrung, dass man sowohl *Er erwartet Annas Sieg*, als auch *Er erwartet, dass Anna siegt* sagen kann. Spätestens hier wäre „ernsthaft zu fragen [...], ob sich Platos Problem unabweisbar aus der Datenlage stellt oder ob es nicht mit viel Mühe konstruiert ist." (Eisenberg 1992: 375 zu Fanselow/Felix 1987: 120ff.).

In der Tat sind auch methodische Mängel zu beklagen, die zur Infragestellung von Platons Problem beitragen, und zwar

1. dass wiederholt behauptet wird, der L1-Erwerb erfolge rasch und mühelos, diese Behauptung aber nicht akzeptiert werden muss,
2. dass oft sorglos über potentielle und nicht ausreichend belegte Inputmängel spekuliert wird und
3. dass leichtfertig Interpretationen von Lernerdaten formuliert werden.

ad 1: Bevor Kinder im Alter von mindestens einem Jahr mit den ersten Einwort-Äußerungen beginnen,[30] hatten sie im Normalfall bereits täglich Gelegenheit, Sprache wahrzunehmen. Die Gelegenheiten nehmen kontinuierlich in dem Maße zu, in dem sich das Kind selbst sprachlich an Dialogpartner wendet. Bei soviel Input ist es, um die übliche Argumentation einmal auf den Kopf zu stellen, eher erstaunlich, dass der L1-Erwerb so lange dauert, denn eine Reihe von Strukturen wie etwa das Passiv tauchen erst bei Dreijährigen auf, und auch Sechsjährige machen offenkundig noch Syntaxfehler. Slavoff/Johnson (1995: 7) müssen beispielsweise feststellen, dass ihre 7 1/2-jährigen L1-Lerner in keineswegs besonders schwierigen Grammatikalitätsurteilstests zu verschiedenen morphologischen und syntaktischen Phänomenen insgesamt schlecht abschneiden und dabei „considerable variability" zeigen. „Some of these children performed at chance levels" heißt es gar, und dies ist insofern relevant, als es sich bei den von Slavoff/Johnson getesteten Phänomenen nicht um solche handelt, die aus der Sicht der UG syntaktisch peripher wären. Was aber bleibt von der Überzeugung, aufgrund der UG werde die Grammatik einer L1 trotz mangelhaften Inputs leicht erworben, wenn noch Siebenjährige mit der sog. *core grammar* Probleme haben können? Der Einwand, dass es sich bei den beobachteten Schwierigkeiten um Test-induzierte handeln könnte und Lerner unter einem gewissen Alter nicht mit Grammatikalitätsurteilstest konfrontiert werden sollten (vgl. Slavoff/Johnson 1995: 14), fällt auf die Legionen von Studien zurück, die eben in Grammatikalitätsurteilen UG-Wissen entdecken wollen; einige versuchen dies auch bei Kindern, die selbst noch nicht sprechen können (vgl. O'Grady 1997 für einen Überblick zur aktuellen Syntaxerwerbsforschung).

Vor diesem Hintergrund ist es vielleicht nicht erstaunlich, wenn aktuelle *baby studies* wie die im *baby lab* der Universität Potsdam mit Kindern von 6 bis 24 Monaten im Headturn-

---

[30] Zum Verlauf des L1-Grammatikerwerbs vgl. u.a. Mills (1985), Szagun (1996: 9–42).

Preference-Paradigma durchgeführten[31] nicht nach Wissen von angeborenen Grammatikregeln in engerem Sinne suchen, sondern nach der Sensitivität des Lerners für phonotaktische und metrische Merkmale der Muttersprache. Es geht darum, welche prosodischen Eigenschaften des Inputs von Babys wie wahrgenommen werden, wie diese das Lautkontinuum segmentieren, welche lautlichen Invarianzen besonders schnell erkannt werden, durchaus auch aufgrund ihrer Frequenz (Funktionswörter) – alles Fragestellungen, die von der „Spracherwerb trotz Input"-Parole einer extrem nativistisch ausgerichteten Theorie weit entfernt sind, auch wenn die oben genannten Forscher von der Existenz eines angeborenen LAD ausgehen (vgl. auch Friederici/Wessels 1993, Jusczyk et al. 1994, Santelmann/Jusczyk 1997, 1998).

ad 2: Zwar heißt es immer wieder, dass eine genaue Untersuchung des sog. *motherese* oder *caregiver talks*, also der an das Baby gerichteten Äußerungen, allein schon deswegen nur eine untergeordnete Rolle spielen sollte, weil gar nicht in allen menschlichen Gesellschaften an Babys bzw. Kleinkinder überhaupt direkt das Wort gerichtet würde. Folglich könne die *child directed speech* (CDS) im Spracherwerb keine entscheidende Funktion haben, da schließlich auch in solchen Gesellschaften aufwachsende Kinder mühelos ihre Muttersprache erwerben. Vor dem Hintergrund dieser kulturellen Unterschiede geht es sicherlich zu weit, die CDS als notwendiges didaktisches Instrument zu betrachten (Motherese-Hypothese; vgl. die Kritik in Tracy 1991: 43f.). Dennoch sollte man zur Kenntnis nehmen, dass Untersuchungen zur CDS erhebliche Zweifel an der angeblich so schlechten Qualität des Inputs anmelden. Seit den 70er Jahren wird immer wieder festgestellt,[32] dass die an Babys bzw. Kleinkinder gerichteten Äußerungen zwar aus vergleichsweise kurzen, aber keineswegs ungrammatischen Phrasen bestehen – was nur von bedingtem Nutzen ist in den Augen derer, die wie White (1989: 12) davon ausgehen, dass „even totally grammatical input will underdetermine adult knowledge". Ebenso ist die Frage legitim, ob das vereinfachende Register der CDS den Erwerb nicht gerade behindern sollte, weil es zuwenig Evidenzen bereithält (vgl. Wanner/Gleitman 1982: 40) – auch wenn der Gedanke, dass Eltern oder andere Bezugspersonen auf eine für den Spracherwerb „schädliche" Art und Weise mit dem Kind kommunizieren, nicht besonders attraktiv erscheint. Doch Kontraintuitivität darf nicht den Status eines Arguments beanspruchen.

Leider mangelt es (nicht nur für das Deutsche) noch an umfangreichen Datenerhebungen, die es erlaubten, Input und Output im Einzelnen aufeinander zu beziehen, und die existierenden Studien weisen z.T. gravierende methodologische Mängel auf (vgl. den kritischen Überblick in Richards 1994). Dies gilt erst recht für den L2-Erwerb; abgesehen vom gesteuerten Erwerb ist es hier natürlich ungleich schwerer, an den Input der Lerner heranzukommen. Solange aber solche Untersuchungen fehlen, können streng genommen auch keine Aussagen darüber gemacht werden, wie notwendig ein angeborenes Grammatikwissen ist, welche Informationen also der Lerner bei der Inputanalyse tatsächlich nicht ohne sprachspezifische Grundausrüstung inferieren kann. Auf gar keinen Fall besteht die Notwendigkeit den Input als ein den Lerner heillos überforderndes amorphes Etwas anzusehen und wie Schwartz (1999: 636f.) darauf zu beharren,

---

[31] Vgl. Höhle/Weissenborn (1998, 1999, 2000, 2003), Höhle et al. (1999), Schmitz (2000).

[32] Vgl. die Beiträge in Snow/Fergueson (1977), Furrow/Nelson/Benedict (1979), Snow (1986), die Zusammenfassung in Szagun (1996: 206ff.), Wenzel (1998).

„that the speech stream contains no word or morpheme boundaries – much less no category labels, hierarchical structures, signals for dependency relations, flags for mapping from syntax to semantics, and so on."

Die Tatsache, dass sich Wörter im Input dem Lerner nicht mit einem Wortart-Etikett präsentieren, bedeutet nicht, dass das substanzielle Wissen um Wortarten angeboren sein muss. Die oben erwähnten Potsdamer *baby studies* und Untersuchungen zum Verhältnis von Input und Lerneräußerungen (z.B. Naigles/Hoff-Ginsberg 1998, Shady/Gerken 1999) zeigen, wie Kinder im Lautkontinuum sehr wohl bestimmte, im Hinblick auf Dauer und Lautqualität messbare und für die weitere Inputanalyse ganz entscheidende *boundaries* bzw. Invarianzen erkennen. Forschungen dieser Art machen deutlich, dass die kategorische Bewertung des Inputs als opak in Zweifel gezogen werden muss.

ad 3: Vorsicht ist auch angebracht, wenn es darum geht, von der Performanz auf die Kompetenz zu schließen. Hinter dieser gängigen Ermahnung verbirgt sich üblicherweise die Ansicht, dass grammatikexterne Faktoren des *performance system* bzw. *channel capacities* den Zugriff auf Grammatikwissen beeinträchtigen können, und dass so weniger Grammatikwissen beobachtet werden könne, als „eigentlich" vorhanden sei (vgl. z.B. White/Genesee 1996: 240). Aber es lässt sich auch umgekehrt argumentieren, denn gegen das Gebot, Performanz und Kompetenz nicht gleichzusetzen, verstößt auch, wer Lerneräußerungen grammatisch analysiert und diese Analyse als der Äußerung zugrundeliegend ansieht. Davon, dass die Analysen schließlich immer auch von dem zur Darstellung benutzten syntaktischen Kalkül abhängen, war bereits die Rede. Daneben gilt es zu bedenken, dass es nicht nur syntaktisches Wissen im engen Sinne sein muss, das der Lerner bei der Produktion oder beim Verarbeiten von linearisierten Einheiten nutzt. Aus der Forschung zum L1-Passiv-Erwerb beispielsweise (vgl. den Überblick in Wegener 1998: 162ff.) ist hinlänglich bekannt, dass die erste NP eines Satzes ungeachtet der Kasusmarkierung und der Passivmorphologie des Verbs zunächst bevorzugt als Agens interpretiert wird, z. B. bei Act-Out-Tests, falls eine solche Interpretation semantisch plausibel ist. Ähnliches gilt für die im Deutschen möglichen Sätze mit Objekt-(=Patiens-)Topikalisierung oder mit Objekt-Subjekt-Abfolge im gescrambelten Mittelfeld, die langsamer geparst werden als Sätze mit Subjekt-Objekt-Abfolge bzw. *garden-path*-Effekte auslösen[33] und weniger bereitwillig produziert werden.[34] Ob die Präferenz einer kanonischen Subjekt-Objekt-Abfolge darauf beruht, dass sie als Agens-Patiens-Abfolge gelesen wird und damit einer Interpretationsstrategie unterliegt, die letztlich in der Natur der menschlichen Wahrnehmung gründet, oder ob sie vielmehr einen Reflex der im Input vorliegenden Frequenzverhältnisse darstellt,[35] ist ein großer Unterschied. In beiden Fällen jedoch liegt das Lernerverhalten nicht im Syntaxwissen als solchem begründet. Dies gilt auch für die Übernahme sog. Formeln (*limited scope formulae, routines*), die, von einem Lerner mehr, vom anderen weniger, im Input ausgemacht, als geeignet für bestimmte kommunikative Zwecke erkannt, holistisch reproduziert,

---

[33] Vgl. Engelkamp et al. (1994), Bader et al. (1996), Bader/Meng (1996), Bader/Bayer (1996).

[34] Vgl. den Versuch in Haberzettl (1998: 129ff.), Objekt-Subjekt-Abfolgen in der Sprachproduktion zu „primen".

[35] Vgl. Verfaille/Daems (1996), Nishimura (1993), Smith (1993), Stowe (1989) sowie Abschnitt 2.2 zu Fragen des Zusammenhangs von konzeptueller und grammatischer Struktur; vgl. Bowerman (1990) zur frequenzbedingten Übergeneralisierung von Satzmustern.

dann nach und nach aufgebrochen und zu Rahmen mit variabel besetzbaren Positionen werden (*frames*), wodurch sie eventuell weniger zielsprachlich korrekt sind als vorher, und schließlich eine komplette Analyse erfahren.[36] Vor dieser syntaktischen Analyse aber spiegelt die *formulaic speech* Salienz und Frequenz der jeweiligen Muster im Input wider und kann als wichtiger Einstieg in den Erwerb strukturierter Sequenzen gelten.

„There are, in fact, few case studies based on naturally occurring learner language that do not make some mention of the prevalence of formulas." (Ellis 1994: 86).

Sprach- bzw. Grammatikerwerb kann sicher nicht nur mit konzeptuellen Grundlagen und dem Nutzen von Weltwissen, nicht nur mit dem Lernen und Aufbrechen von stereotypen Formeln erklärt werden. Dass die soeben angesprochenen Faktoren eine Rolle spielen, darf aber – trotz einiger Gegenstimmen[37] – nicht mehr bezweifelt werden. Insofern sollte die Struktur von Lerneräußerungen nicht von vornherein nur im Hinblick auf eine Regelanwendung im streng syntaktischen Sinn betrachtet werden, und zwar ganz unabhängig von der Frage, ob eine solche Regelanwendung auf universalgrammatisches Wissen schließen lässt oder nicht. Das UG-*framework* bietet an bzw. nimmt sich vor, viele Phänomene des Syntaxerwerbs erklären zu können, und zwar ganz präzise, d.h. präzise falsifizierbar. Aber diese in Hinblick auf die Wissenschaftlichkeit besondere Qualität verführt auch dazu, wie ein Großteil der in White (1989, 1996, 2003) zusammengestellten Studien nach dem folgenden strikten Schema vorzugehen: Das verwendete Grammatikmodell gibt die Hypothese in Form eines UG-Prinzips P vor, woraufhin dann in den Lernerdaten nach Evidenzen dafür gesucht wird, ob die Lerner über P verfügen. Lassen sich keine Verstöße gegen P registrieren, lautet die Schlussfolgerung, dass genau dies der Fall sein müsse. Werden Verstöße registriert, schließt man auf die Nicht-Verfügbarkeit über P und begründet dies damit, dass P im L1-Lerner noch nicht herangereift ist oder dass die UG dem L2-Lerner nicht mehr zugänglich ist (vgl. Abschnitt 2.1.2). Davon abgesehen, dass eine so funktionierende Spracherwerbsforschung riskiert, sich in der Rolle eines Sekundanten einer bestimmten Syntaxtheorie selbst zu entwerten, läuft sie Gefahr, vom Grammatikwissen unabhängige, den Erwerbsprozess beeinflussende Faktoren zu vernachlässigen, auch wenn diese in den seltensten Fällen explizit heruntergespielt oder gar geleugnet werden. Und diese Vernachlässigung geschieht, obwohl man keineswegs dazu gezwungen ist, den UG-Faktor gegen die anderen Faktoren auszuspielen (vgl. Abschnitt 2.4).

Um ein aktuelles Beispiel für die mit diesem Caveat angegriffenen „ideologischen Scheuklappen" zu geben, sei auf eine Arbeit der für den kindlichen L2-Erwerb ausgewiesenen Nativistin Lakshmanan (1998) verwiesen, die auch im Hinblick auf die Diskussion zum Verbstellungserwerb in Kapitel 5 interessant ist. Lakshmanan vertritt generell die Hypothese, dass L2-Lerner Zugang zu UG-Wissen haben, [38] dass sie außerdem von Anfang an über alle funktionalen Projektionen verfügen und nicht erst über „an initial lexical-thematic stage" gehen müssen, und dass somit auch gilt, „that Infl and the case system are operative

---

[36] Vgl. Kaltenbacher (1990), Queller (2000); zum L2-Erwerb Wong-Fillmore (1979), Wode (1993: 101ff.), Ellis (1994: 84ff.), Neumann (1996).

[37] Z.B. Bohn (1986), der in seinen Daten wenig Evidenz für *formulae* findet, oder Krashen/Scarcella (1978), die gegen den Nutzen von auswendig „Gelerntem" für den natürlichen „Erwerb" im strengen Krashenschen Sinne plädieren.

[38] Vgl. auch Lakshmanan (1994, 1995), Lakshmanan/Selinker (1994).

from the earliest stages of child L2 acquisition" (Lakshmanan 1998: 5). Die L2-Lerner-grammatik wird also nicht nach und nach aufgebaut, sondern ist komplex von Beginn an. Hinweise darauf findet Lakshmanan in den englischen L2-Daten von jeweils drei Kindern mit L1 Spanisch, Französisch oder Chinesisch, und zwar für die Anwesenheit von Infl in Form von schon sehr früh stabil produzierten Kopula-Konstruktionen wie *My teacher is Christine* oder *This dress is here* (ibid.: 6). In der Zielgrammatik ist Infl für Merkmale wie Tempus oder Kongruenz spezifiziert, die an einem verbalen Element in Erscheinung treten müssen, und genau dies sei in oben zitierten Äußerungen auch der Fall:

> „Assuming that the copula [...] is underlyingly inside of VP, it must move to INFL to take on the features of tense and agreement. Because the copula [...] is almost never omitted, it is possible that it functions as a place holder so that the contents (i.e., the affix features) of INFL can be discharged onto it" (ibid.: 6).

Für die Existenz von Infl spreche außerdem, dass das Auxiliar *be*[39] in Nachsprechtests von den Lernern trotz einer Vorgabe mit klitischem *'s* eben nicht klitisiert werde. Mit anderen Worten, die Lerner orientierten sich weniger am Input denn an ihrem Wissen, dass eine Infl-Position notwendig realisiert werden muss. Erstaunlicherweise argumentiert Lakshmanan unmittelbar nach dieser Feststellung sehr wohl mit Lernerreaktionen auf Eigenschaften des Inputs. Im Gegensatz zu anderen Lernern finden sich bei den chinesischen Lerner oft Äußerungen wie *The little baby sleeping in the big bed*, in denen das Auxiliar *is* fehlt. Dass aber andererseits Äußerungen belegt sind, in denen *was* anstelle von *is* zu finden ist, soll zeigen,

> „that in utterances of the type in (3a) [= ohne *is*], the auxiliary is probably present, although in its null form, and that the failure on the part of these children to overtly supply the auxiliary is maybe a phonological problem and may be related to the fact that in the spoken input it typically appears in the contracted form [...] However, unlike the auxiliary *is*, the auxiliary *was* is not similarly contracted and is therefore more salient to the learner" (ibid.: 7).

Einzuwenden ist zunächst, dass hier der Eindruck von Ad-hoc-Erklärungen entsteht. Bei den einen Lernern spielt Salienz des möglicherweise kontrahierten *is* ein Rolle, bei den anderen nicht, und frühe Belege von *is* belegen Infl, aber wenn *is* nicht da ist, ist es doch da, wenn auch in einer Nullform. Zudem ist fraglich, ob aus der Performanz der Lerner tatsächlich auf das Wissen von einer Infl-Projektion geschlossen werden kann. Zwar zeigen Belege wie der zuletzt zitierte (*The little baby sleeping in the big bed*), dass es sich bei den untersuchten Lernern um so blutige Anfänger nicht handeln kann. Warum sollten also keine funktionalen Projektionen in der Lernergrammatik vorhanden sein? Die Frage ist, ob die Lerner wirklich „seem to know that the Infl features of tense and agreement must be discharged onto a verbal element" (ibid.: 7) – oder ob sie grammatisch nicht voll interpretierte *patterns* produzieren. Einen solchen Schluss ziehen z.B. Hakuta (1976) und Rescorla/Okuda (1987) aus dem frühen Auftreten von *is* in Äußerungen der von ihnen untersuchten Lerner (ebenfalls L2 Englisch).

Dass keine der Äußerungen der betrachteten Lerner ausschließlich aus Nominalphrasen besteht, erzwingt nicht die Annahme, dass die Lerner die Kasusfilterbeschränkung kennen und befolgen, wie Lakshmanan (1998: 11) annimmt. Wenn ein Lerner ein Bild, auf dem ein kleiner Junge Milch in ein Glas schüttet, mit den Worten *The boy with the milk* beschreibe,

---

[39] Nota bene: Den zitierten Belegen nach handelt es sich nur um die Form *is*.

so erfülle die Präposition *with* die Rolle des fehlenden Vollverbs im Hinblick auf die Kasuszuweisung. Ähnliches gelte für *and* in *The boy and the cookie* (soll heißen: ‚er isst den Keks‘), oder auch für *The girl is for the shoes* (‚zieht die Schuhe an‘), wo *and* bzw. *for* den nötigen Kasus zuweist, weil – wie der Lerner UG-bedingt wüsste – die Kopula dies nicht kann. Werden nicht dergleichen Belege arg überstrapaziert, um in ihnen die Bestätigung zu finden, dass die Lernervarietät von UG-Prinzipien konstituiert wird und dass

> „individual differences [= die Verwendung von *for* oder *with* oder *and*, S.H.] among child L2 learners may at best be 'superficial' and that the same abstract principles (in this instance, the case filter) may be at work" (ibid.: 12).

Gerade wenn Äußerungen nach dem Muster „NP *for* NP" in einer bestimmten Phase offenkundig gehäuft auftreten (vgl. die Belegliste in Li 1998: 11), und auch wenn dies oder Vergleichbares bei verschiedenen Lernern zu beobachten ist,[40] kann es sich trotzdem um ein vom Lerner aus dem Input herausgelöstes, weiterentwickeltes und polyvalentes Pattern handeln. Dieses wird immer gleich gebildet und spart damit „Energie" beim Prozessieren in der L2, Energie, die etwa zum Abruf von Lexikoneinheiten gebraucht wird. Genau das ist der Nutzen von Formeln in der L2-Sprachproduktion, seien sie direkt aus dem Input übernommen oder mehr oder weniger teilweise selbst konstruiert.

Die Rolle der Präposition ist keineswegs so klar, wie es Lakshmanan darstellt – auch was ihre kategoriale Einordnung als Präposition betrifft. Lakshmanan spricht explizit davon, dass *for* die einzige Präposition sei, die die Lernerin Martha verwende (Lakshmanan 1998: 12). Sie liefert eine Reihe von Belegen, in denen *for* tatsächlich in einer präpositionstypischen Distribution zu finden ist, wenn auch die zielsprachliche Semantik noch nicht erworben sei. So stehe *a picture for my Barbie* für *a picture of my Barbie*, *the book for Sesame Street* sei *the book about Sesame Street* etc. Kurz zuvor heißt es jedoch, *for* fungiere quasi als Vollverbersatz. In gewisser Hinsicht ist dies für Lakshmanan kein Problem, da sich in ihrem Ansatz das Funktionieren der Lernergrammatik etwa wir folgt darstellt: Die Lernerin weiß a priori (UG-bedingt), dass dem Kasusfilter Rechnung getragen werden muss. Weiterhin verfügt sie aus Gründen, die nicht weiter spezifiziert werden, noch nicht über kasuszuweisende Vollverben. Aber da die Lernerin ebenfalls a priori weiß, dass Kasus durch Präpositionen zugewiesen werden kann, und weiterhin, dass es sich bei *for* um eine Präposition handelt, – greift sie auf *for* zurück, um dem Kasusfilter zu genügen. Zu dem Problem, wie die Konjunktion *and* als Kasuszuweiser in die Lernergrammatik eines anderen Lerners kommt, findet sich bei Lakshmanan allerdings kein Hinweis.

Muss in diesem Szenario nicht allzu viel vorausgesetzt, vor allem zu viel ganz konkretes einzelsprachliches Wissen der UG untergeschoben werden? Selbst wenn man nicht die Theorie einer UG als Koprozessor vertreten will, sondern z.B. ein angeborenes Wissen um die Existenz einer Wortart Präposition akzeptiert, kann es dem Lerner nicht erspart bleiben, die Einheit *for* als solche zu identifizieren.

Ein plausibleres Szenario scheint zu sein, dass die Lernerin die sprachliche Einheit *for* im Input ausgemacht und erkannt hat, dass mit dieser Einheit andere, referentielle Einheiten verknüpft werden. Dabei ist zu bedenken, dass *for* in der Zielsprache ausgesprochen polyfunktional ist und es keine leichte Aufgabe darstellt, seine Bedeutung und Funktion zu infe-

---

[40] Auch in dem von mir untersuchten Korpus gibt es eine Lernerin, die zu einem bestimmten Zeitpunkt gehäuft und nicht zielsprachenkonform die Präposition *zum* verwendet.

rieren. Dass aber das *for* in Marthas Lernervarietät von ihr zunächst nur eingesetzt wird, um dem Kasusfilter Genüge zu tun, und davon abgesehen mit dem zielsprachlichen *for* nichts zu tun hat, beinhaltet mehr Spekulation, als davon auszugehen, dass ein Lerner schrittweise die grammatische und semantische Funktion von *for* eingrenzt oder erweitert, und zu Beginn als Konnektor verwendet, um Wörter zu Aussagen zu verbinden. Das Pattern *NP for NP* so zu analysieren heißt, der tatsächlich der Beobachtung zugänglichen Performanz ein Teil-Sprachwissen zuzuordnen, das zwar nicht der Zielgrammatik entspricht, ihr aber auch nicht zuwiderläuft, und das der Lerner aus dem Input inferieren kann.

Lakshmanans Vorschläge zur L2-Lernergrammatik wurden hier ausführlich erläutert, um einerseits exemplarisch zu zeigen, wie über der Suche nach UG-Prinzipien wichtige Faktoren des Lernprozesses wie die Rolle von Formeln vernachlässigt werden bzw. wie mögliche Ergebnisse einer Auseinandersetzung des Lerners mit dem konkreten Input gar nicht erst erwogen werden. In Kapitel 5 werde ich außerdem auf Lakshmanan zurückverweisen, da ich in den von mir untersuchten Daten Phänomene finden kann, die an die von ihr beschriebenen erinnern, die aber m.E. plausibler mit dem oben angedeuteten Vorgang eines konstruktiven Aufbaus der Lernergrammatik durch das Inferieren von Regularitäten aus dem Input zu erklären sind.

Ein weiterer, Lernergrammatiken mitbestimmender Faktor sind konzeptuell oder semantisch begründete Strategien. Auch hier neigen generative Spracherwerbsstudien in ihrem Ziel, möglichst viel mit Grammatikwissen im engeren Sinne zu erklären, dazu, solche Strategien zu vernachlässigen. Ein aktuelles Beispiel ist Li (1998) zu Subjazenz und ECP in der Zielsprache Englisch. Wenn Lerner auf die Frage *How did the policeman say _ the man had stolen the purse _?* die Antwort lieferten, *with a pair of long tweezers* (Daten aus de Villiers et al. 1990), sei das ein Zeichen dafür, „that children allow WH-words to move from the embedded clause to the initial position of a sentence, or they allow cyclicity in WH-movement" (Li 1998: 94).[41] Im zitierten Beispielsatz geht es also darum, dass Kinder das sog. *long distance (LD) movement* beherrschten. Anderenfalls würden sie das Fragewort (*WH word*) ja nicht auf die tiefer eingebettete Leerstelle beziehen. Zudem wüssten sie, dass das von *how* erfragte Adjunkt bzw. dessen Spur in der Spezifizierer-Position der eingebetteten CP zwischenlanden muss und nicht in einem Schritt an den Satzanfang bewegt wird. Letzteres würde zu einer unzulässigen Überschreitung von Grenzknoten führen. Hierzu muss angemerkt werden, dass ein solcher Testsatz eigentlich nur die eine plausible Interpretation ermöglicht, es sei denn, er fiele in einem Kontext, der es wahrscheinlich erscheinen ließe, dass nicht die Art und Weise des Stehlens, sondern die des Sagens fokussiert wird. Hinzu kommt, dass das Kurzzeitgedächtnis auf die letzten Wörter der Äußerung besser zugreifen kann. Es sei also dahingestellt, ob hier wirklich Syntaxwissen – und nur das – getestet werden kann. An anderer Stelle bringt Li selbst einen vergleichbaren Einwand vor: „Knowledge of context may have contributed to their performance. When proper context (a story) was provided [...], they were likely to permit WH-LD movements" (Li 1998: 106). Ein ähnlicher Fall findet sich in White/Genesee (1996), in deren umfangreichen und beeindruckend penibel geplanten und durchgeführten Studien Lerner u.a. vor die Aufgabe gestellt werden, Fragen nach unterstrichenen Satzteilen zu konstruieren, z.B. in *Sam believes the claim that Ann stole his car* (White/Genesee 1996: 246). Wenn nun die Lerner nicht *What

---

[41] Zur *Cyclicity Condition* bzw. *Subjacency* und zum *Empty Category Principle* vgl. Ouhalla (1999: 261ff.).

does Sam believe the claim that Ann stole? produzieren, was tatsächlich der Fall ist, sondern *What does Sam believe that Ann stole?*, so deute das auf ihr „unconscious knowledge that certain sentence types are prohibited" (hier im Einzelnen die Extraktion aus der *strong island* einer komplexen NP). Warum aber sollten die Lerner überhaupt eine so hochgradig konstruierte und redundante Struktur wie die des Testsatzes imitieren, wenn es auch strukturell einfacher und grammatisch korrekter bei vernachlässigbarem inhaltlichen Verlust geht? Als letztes Beispiel für nicht einkalkulierte grammatikexterne Effekte bei der Interpretation von Testsätzen diene die folgende Gegenüberstellung eines bezüglich der Wortstellung grammatischen und eines ungrammatischen Satzes aus Slavoff/Johnson (1995: 6): Liegt die höhere Akzeptanz durch kindliche L2-Lerner von Sätzen wie *The girl likes the movie* im Vergleich zu *The man the dinner burned* nicht auch darin begründet, dass die Vokabel *to burn* im Sinne von ‚anbrennen lassen' dem Lerner weniger geläufig ist und ein Satz mit der Bedeutung ‚jemand verbrennt sein Abendessen' auch unabhängig von der Wortstellung irritierend wirken und damit abgelehnt werden könnte, insbesondere, wenn im anderen unmittelbar zur Auswahl stehenden Testsatz ein solches Risiko nicht besteht?

Anhand dieser mehr oder weniger ausführlich durchexerzierten Einwände und Beispiele soll nicht behauptet werden, alle generativen Studien wiesen massive methodische Mängel auf, überstrapazierten Lernerdaten in Form von aufwendigen grammatischen Analysen und sähen sie überhaupt nur durch die UG-Brille. Auch müssen einzelne Ungeschicklichkeiten bei der Konstruktion der Test-Items wie die soeben monierten nicht die Aussagekraft einer gesamten Studie zunichte machen. Tatsache ist aber, dass ganz unabhängig von theoretischen Kritikpunkten am klassischen Konzept einer genetisch kodierten UG die Schlussfolgerungen sehr vieler Studien, plädieren sie nun für oder wider UG-gestützen L2-Erwerb, einer kritischen Prüfung nicht standhalten, sei es, weil die Syntaxtheorie sich weiterentwickelt hat und im Jahre X+1 die UG-Prinzipien, nach denen eine Studie im Jahre X gesucht hat, ohnehin nicht mehr angenommen werden, sei es, weil Tests nicht testen, was sie vorgeben zu testen oder weil Lernerdaten offenkundig so interpretiert werden, dass sie die Ausgangshypothese bestätigen, obwohl sie auch anders interpretiert werden könnten. Um zu sehen, dass derlei Kritik auch von Generativisten an Generativisten geübt wird, genügt ein Blick auf einschlägige Überblicke über eine Vielzahl von Untersuchungen wie in White (1989, 1996, 2003) oder Cook (1993). Die Idee einer angeborenen spezifischen Grammatikfähigkeit ist nicht abwegig, und es ist legitim, nach empirischen Evidenzen dafür zu suchen. Die bisherigen Funde sind jedoch alles andere als zwingend, gleichgültig, ob es sich dabei um den Nachweis von aus dem Input keinesfalls erschließbaren UG-Prinzipien in frühen Lernervarietäten oder um den speziellen Erwerbsprozess eines *parameter setting* handelt. Das Gebot der gegenwärtigen Stunde in Bezug auf die UG-Frage kann daher nur lauten, die Ergebnisse funktionalistischer (vgl. Abschnitt 2.2) und verarbeitungsorientierter (vgl. Abschnitt 2.3) Ansätze stärker mit einzubeziehen und die Erforschung des Inputs voranzutreiben, um die Phänomene in Lernergrammatiken deutlich einzugrenzen, die ohne UG tatsächlich nicht erklärt werden können. Bevorzugt man dann noch die Konzeption einer UG als Koprozessor (vgl. Abschnitt 2.1.3) und geht davon aus, dass im Spracherwerbsprozess zunächst einmal jedwede Struktur dem Input entnommen werden muss, dann wird die Erforschung des induktiven Lernens ohnehin zu einer unumgänglichen Aufgabe auch im nativistischen Paradigma.

2.2   Der funktionalistische Ansatz

Im Gegensatz zu den meisten generativen Theoretikern, die in der Sprache ein eigenständiges und einzigartiges Modul und damit vor allem das Sprachspezifische sehen (in einem ganz engen Sinne wie z.B. Schwartz, oder in einem doch schon sehr weiten Sinne wie z.B. Haider), zielen Funktionalisten auf die Analogien zwischen sprachlichen und anderen kognitiven Strukturierungen und auf deren unauflöslichen Zusammenhang ab. Dies bedeutet natürlich auch, dass die Entwicklung der sprachlichen Fähigkeiten nicht unabhängig von der kognitiven Entwicklung insgesamt betrachtet werden kann und dass es somit nicht sinnvoll ist, die Sprachfähigkeit als solche herausgelöst untersuchen zu wollen. Auch wenn Piaget selbst nicht primär die sprachliche Entwicklung des Kindes im Auge hatte, sondern anhand der der Beobachtung zugänglichen sprachlichen Leistungen auf dessen kognitiven Entwicklungsstand schloss, steht der Funktionalismus also in Piagetscher Tradition.

Dass die Sprache nicht als Fodorsches Modul und damit nicht als *informationally encapsulated* betrachtet wird, erscheint besonders deutlich in Hypothesen, die man als neo-whorfianisch bezeichnen könnte: Nicht nur bedingten konzeptuelle Strukturierungen der vom Menschen wahrgenommenen Wirklichkeit deren sprachlichen Ausdruck, sondern die Grenze zwischen Konzeptualisierung und Formulierung sei auch in umgekehrter Richtung durchlässig, weil die einzelsprachlichen Strukturen im Hinblick auf gewisse Feinheiten wie z.B. Aspektualität die Wahrnehmung beeinflussen können. Dies soll an dieser Stelle aber nur als ein besonders deutlicher Niederschlag einer theoretischen Position zur Sprache als einem mit anderen Teilen interagierenden Teil eines übergreifenden *central processing system* erwähnt und nicht weiter diskutiert werden.[42]

Anders als im Konnektionismus etwa geht man aber auch im funktionalistischen Paradigma davon aus, dass es sich bei der Sprache um repräsentiertes symbolisches Wissen handelt und dass die empirische Forschung sich dieses Wissen erschließen möchte.[43] Die letzte Aussage ist deshalb so explizit formuliert, weil ein weit verbreitetes Vorurteil dem Funktionalismus ein Verharren in der bloßen Performanzbetrachtung unterstellt. Tatsache ist, dass der Kompetenzbegriff weiter angesetzt wird und das Wissen darüber, welche sprachlichen Mittel in welchem Diskurs wie eingesetzt werden, mit umfasst (*competence to perform*), so dass auch das Bild vom Spracherwerb integrativ ist:

> „Language development is interactive. In acquiring either a primary or a nonprimary language, one does not learn syntax and then semantics and then pragmatics. Instead, at a single point in time a learner deals with all three as well as with other aspects of the grammar." (Gass 1989: 183)

---

[42]   Zum „Neo-Whorfianimus" vgl. z.B. Levinson (1996), zur entsprechenden *thinking for speaking hypothesis* im Spracherwerb Slobin (1987) sowie Berman/Slobin (1994), Carroll (1997), von Stutterheim/Nüse (2003). Eine im Gegensatz dazu deutlich modularistische Konzeption mit unabhängigen Ebenen für Konzeptualisierung und Formulierung im Sprachproduktionsprozess vertreten Bierwisch/Schreuder (1992).

[43]   Dies gilt auch für das viel zitierte, konnektionistische Konzepte integrierende *competition model*; vgl. Bates/MacWhinney (1987), L2-bezüglich vgl. MacWhinney (1987), Gass (1989), Kilborn/Ito (1989).

„Organizational regularities [sc. in der Lernersprache] on whatever level – morphological, phrasal, discourse – affect each other. Thus development at any one level cannot be understood in isolation: it proceeds from and will result in a new interaction of constraints, that is, it will very likely affect the shape or scope of other levels." (Perdue 1990: 1000f.)

„L2 acquisition of linguistic structure is constrained by cognitive organizational principles." (Huebner 1989: 139)

Zum Grammatikwissen gehören somit einmal eine syntaktische Komponente mit syntaktischen Kategorien und Relationen, zweitens ein Inventar semantischer und pragmatischer Grundfunktionen (z.B. „Agens" oder „Topik") und drittens die jeweiligen Zuordnungsregeln. Neben der mit generativen Ansätzen gemeinsamen Annahme von mental repräsentiertem symbolischem Regelwissen besteht der entscheidende Unterschied darin, dass die Syntaxkomponente hier nicht unabhängig von Semantik- und Pragmatikkomponenten konzipiert ist. Auch wenn der Generativismus sich deutlich wandelt und sich z.B. eine Haidersche Syntaxkomponente deutlich von den Phrasenstruktur-Regelkompendien früherer Zeiten unterscheidet, bleibt die Autonomie der Syntaxkomponente als Grundannahme doch erhalten. An dieser Stelle sei an die in Abschnitt 2.1.3 erläuterte evolutionstheoretische Herleitung der UG erinnert: Das Postulat, dass aus Gründen der Kommunikationsbedürfnisse die Syntax keineswegs so komplex sein müsste, wie sie es in natürlichen Sprachen offenkundig ist, sondern dass strukturelle Verschachtelung als Nebenprodukt „einfach so" entstanden ist, weil die neurobiologischen Voraussetzungen dafür zur Disposition standen, kann von Funktionalisten natürlich so nicht übernommen werden. Stattdessen wird die Sprache verstärkt als ein in einem sozialen Kontext auftretendes Phänomen betrachtet (vgl. dazu Klein 1996):

„The surface conventions of natural languages are created, governed, constrained, acquired and used in the service of communicative functions" (Bates/Mac Whinney/Smith 1983: 22).

Der Aufbau sprachlichen Wissens durch den Lerner geschieht immer in Zusammenhang mit den Kommunikationsaufgaben, die er bewältigen muss. Der funktionalistische Forscher ist also auf der Suche nach den „factors determining a communicative 'logic' of acquisition" (Perdue 1990: 984).

Kein wesentlicher Unterschied besteht hinsichtlich der Frage, ob der Spracherwerb auf einem angeborenen Fundament aus kognitiven Universalien aufbaut, denn diese Annahme ist keineswegs dem UG-Ansatz vorbehalten. „Nativism does not equal Universal Grammar" (Wolfe-Quintero 1996: 335; vgl. auch O'Grady 1996, 1997, 1999), es gilt, zwischen *special nativism* und *general nativism* zu unterscheiden. „Language is constructed anew by each child, making use of innate capacities of some sort, in interaction with experiences of the physical and social worlds", heißt es in einer Referenzpublikation von Slobin (1985b: 1158), wobei die angeborene *Language-Making Capacity* eben *capacity* ist und nicht aus *innate knowledge* besteht – repräsentiertes Wissen muss entstehen. Es geht um „strategies of perception and production, constraints on hypothesis, preferences for forming certain types of rules [...] some initial procedures for perceiving, storing, and analyzing linguistic experience" (ibid.).[44] In gewisser Hinsicht ist die Gegenüberstellung von *special* und *gen-*

---

[44] Zur kategorischen Ablehnung von angeborenem spezifisch grammatischem Wissen durch Funktionalisten vgl. auch O'Grady (1999: 623): „I continue to maintain that the acquisition device does

eral nativism noch zu grob, denn wie allein schon aus dem obigen Zitat hervorgeht, geht Slobin davon aus, dass die Lerner im *initial state* ihres Spracherwerbs über Fähigkeiten verfügen, die auf die Spracherfahrung zugeschnitten sind. Ganz zu schweigen von den bekannten und mittlerweile seit Jahrzehnten immer wieder angeführten, teilweise ausgesprochen sprachspezifischen *operating principles*. Man denke nur an *Pay attention to the end of words*; vgl. erstmals Slobin (1973). Ein *general nativism* in Reinform muss stattdessen von Folgendem ausgehen:

> „[...] all aspects of grammar develop anew for each individual from the communicative environment. The child, perhaps the second language learner to some extent, brings nothing specifically linguistic to the language learning enterprise but instead comes to it with a powerful set of general learning mechanisms which are employed to bootstrap a grammar from the genuinely rich data of human discourse interaction." (Tomlin 1990: 161f.)

> „Establishing categorial roles in the grammar for various form-function mappings can be viewed in terms of cognitive underpinnings of acquiring any knowledge base." (Cooreman/Kilborn 1991: 220)

Im Prinzip fasst der Funktionalismus den Spracherwerb als das Lernen bzw. als das auf angeborenen Kodierungstendenzen und/oder der Inputwahrnehmung beruhende Postulieren und Revidieren von Form-Funktions-Korrelationen auf. Strenggenommen bedeutet das bezüglich der zugrundeliegenden Grammatik der Zielsprache, dass man jedwedes formale Phänomen funktional erklären können muss. Ist dies nicht der Fall, so können funktionalistische Ansätze auch nicht den gesamten Spracherwerb bis hin zum ausgereiften Muttersprachler bzw. zum L2-Sprecher mit quasi-muttersprachlichen Kompetenzen erfassen. Eine von ihr selbst so genannte „vermittelnde Haltung" zwischen Funktionalismus und Formalismus nimmt Wegener aufgrund ihrer Ergebnisse zum kindlichen L2-Morphologie-Erwerb ein, bei dem bezüglich der Kasus-Thematik auch Wortstellungsphänomene berücksichtigt werden: „Die Kinder lernen nicht nur bedeutungsvolle Strukturen und funktionale Elemente, aber sie lernen diese wesentlich leichter als die afunktionalen" (Wegener 1992: 547).[45] Das heißt nichts anderes, als dass Wegener die Grenzen funktionalistischer Erklärungen, auf die sie stößt, offen legt, ohne das Paradigma deshalb aufgeben zu wollen. Unabhängig davon, dass Wegener die von ihr untersuchten Daten ja zu einem guten Teil plausibel funktionalistisch erklären kann, ist eine vermittelnde Haltung auch von theoretischer Warte her sinnvoll. Zum einen ist die funktionalistische Grammatik wie alle anderen Grammatiken auch *work in*

---

not include conventional syntactic notions such as noun and subject or constraints such as Principle A [...] or the Empty Category Principle."

Explizite Ablehnungen des UG-Gedankens durch Funktionalisten wie diese beziehen sich immer auf „traditionelle" UG-Konzeptionen; Stellungnahmen bzgl. einer UG als Koprozessor gibt es m.W. nicht – sie müssten anders ausfallen. Natürlich besteht wie schon gesagt prinzipielle Inkompatibilität der Ansätze aufgrund der (nicht) bestehenden Kontextsensitivität von Regeln. Aber es wäre durchaus möglich, funktionalistische Grammatik und Koprozessor zusammenzubringen. Ob Strukturen funktional erklärt werden können, sollte einen Koprozessor nicht interessieren.

[45] Unter Formalismus im Gegensatz zu Funktionalismus versteht Wegener die Einstellung, dass „sprachliche Strukturen autonom sind, nur ihren eigenen Gesetzen gehorchen" (1992: 543), was nicht gleichbedeutend mit der Annahme einer UG ist. Nach dieser Definition sind Generativisten auch Formalisten, nehmen aber zusätzlich eine genetische Ausstattung für die spracheigenen Gesetze an.

progress, und was heute noch afunktional erscheint (in Ziel- wie Lernergrammatik), erweist sich vielleicht morgen als funktional. Zum zweiten bringt es eine Theorie nicht weiter, ihre Aporien nicht zu benennen oder durch die Wahl der Untersuchungsgegenstände zu vermeiden: Tatsächlich beschäftigen sich die funktionalistisch geprägten Forschungen nicht mit Phänomenen in der Art des *Empty Category Principle*, wie es von UG-Studien gerne bearbeitet wird.

Andererseits geben Funktionalisten auch gar nicht unbedingt vor, alles erklären zu können und konzentrieren sich vielmehr auf die Motivierung von Phänomenen früher Lernergrammatiken, so dass die Frage nach dem Erwerb komplexer Syntax zurückgestellt wird. Dies ist der Fall u.a. bei der großen Zusammenführung von Studien zum Erwerb von verschiedenen L1 unter der Federführung Slobins (Slobin 1985, *The Crosslinguistic Study of Language Acquisition*). Aus dem Einleitungskapitel (ibid.: 3–24) zu den grundlegenden theoretischen Hypothesen geht deutlich hervor, dass die herauskristallisierten und funktional erklärten kindersprachlichen Patterns recht einfacher Natur sind, bzw. dass es gerade darum geht, den Einstieg, „starting points for grammatical marking" (ibid.: 6), zu verstehen. Eine Beobachtung wie die, dass „universal conceptual schemas can override input language patterns" (ibid.: 7), bezieht sich ebenfalls auf frühe Varietäten, die im weiteren Verlauf des Erwerbs überwunden werden. Dieser Schwerpunkt auf noch nicht sehr fortgeschrittene Lerner gilt auch für das im Umfang nicht weniger beeindruckende funktionalistisch orientierte Großprojekt zum L2-Erwerb der *European Science Foundation* (ESF),[46] von dem weiter unten noch ausführlicher die Rede sein wird. Eine Vielzahl empirischer Studien zu erwachsenen Lernern diverser L1 und L2 mündet u.a. in der Entdeckung der sog. *basic variety* (BV), einer Interimsgrammatik, die bei allen Lernern beobachtet und funktional erklärt werden kann. Bezüglich ihrer Weiterentwicklung in Richtung (Einzel-)Zielsprache muss man aber davon ausgehen, dass funktionalistische Erklärungen im engen Sinne von „eine Form – ein konzeptueller Inhalt / eine kommunikative Funktion" an Grenzen stoßen.

Die oben aufgelisteten ESF-Projekt-Referenzen vertreten insofern verschiedene Perspektiven, als es einerseits um die eher onomasiologische Fragestellung geht, wie bestimmte Inhalte, z.B. Zeitreferenz, von Lernern ausgedrückt werden bzw. wie die entsprechenden L2-Mittel erworben werden, andererseits um den eher semasiologischen Versuch, Strukturen der Lernergrammatik mit zugrundeliegenden konzeptuellen Strukturen zu motivieren. Diese *utterance structures* der Lerner und die Frage, welche Funktionen in ihnen kodiert werden (Klein/Perdue 1992, 1997), sind im Rahmen der vorliegenden Arbeit interessant; auf die von der zu kodierenden Bedeutung ausgehenden Studien[47] komme ich dagegen nicht mehr zurück. Nur erwähnt werden sollen außerdem die Untersuchungen zu Grammatikalisierungsprozessen im Spracherwerb, obwohl die Frage nach universalen kognitiven Grundlagen für grammatische Einheiten und für den Verlauf ihrer Entstehung funktionalistisch par excellence ist (Tomlin 1990: 160 spricht vom „ecological functionalism" der Grammatikalisierungsforschung). Je mehr Belege für Parallelen von solchen Grammatikalisierungspfaden in Ontogenese und Phylogenese gefunden werden, je umfassender grammatische Einheiten und Regularitäten auf Prinzipien der Wahrnehmung, der Verarbeitung von Informationen

---

[46] Vgl. Klein/Perdue (1992, 1997), Perdue (1990, 1991, 1993), Dietrich et al. (1995), Becker/Carroll (1997) u.a.

[47] Vgl. z.B. von Stutterheim (1986, 1991), Dittmar et al. (1988), Dittmar/Terborg (1991), Dittmar/Ahrenholz (1995).

und der Diskursorganisation zurückbezogen werden können (vgl. dazu z.B. Givón 1979, 1984, Slobin 1977, 1997), desto mehr wird die funktionalistische Sprach- und Spracherwerbstheorie gestützt. Allerdings ist bei einer so weitreichenden Interpretation von Grammatikalisierungserscheinungen Vorsicht geboten, denn

„functional efforts tend to confuse linguistic and language universals, inviting the attribution of individual-based, cognitive status to generalization which have not been tested in an appropriate manner for that purpose" (Tomlin 1990: 165).

Ob es so etwas wie einen allen Sprachen und jedem Sprecherbewusstsein attribuierbaren „restricted pool of universally available functions [...] which constrains similar structures across language boundaries" (Cooreman/Kilborn 1991: 197, 203) gibt, und um welche es sich dabei handelt, ist schließlich noch offen und muss vor allem auch in anderen wissenschaftlichen Disziplinen als der Linguistik untersucht werden. Ich gehe hier nicht näher auf die Grammatikalisierungsforschung ein, da es sich bei Untersuchungen zur Entstehung einer syntaktischen Funktion „Subjekt" aus einer Einheit „Topik", von Hilfsverben aus Vollverben, von epistemischen aus deontischen Modalverben etc. zwar durchaus um Fragen des Grammatikerwerbs, aber nicht um solche des Syntaxerwerbs im Sinne der Entwicklung von komplexen Linearisierungsregularitäten handelt.

Dennoch sei herausgestellt, dass funktionalistische Studien sich mit Sprachkompetenzen befassen, die in anderen Paradigmen keine Beachtung finden, weil sie über den einzelnen Satz bzw. die einzelne Äußerung hinausgehen, ohne damit zwangsläufig die Domäne der Grammatik zu verlassen.[48] Das Argument von generativer Seite, hierbei handele es sich gar nicht mehr um Sprachkompetenz im eigentlichen Sinne, sondern um Anwendungskompetenzen, ist für nicht-generative Theoretiker, die nicht von einer kategorischen Trennung spezifischer und unspezifischer Fähigkeiten ausgehen, hinfällig. Dass der Funktionalismus in diesem Kapitel zu Syntaxerwerbstheorien vergleichsweise wenig Beachtung findet, bedeutet keine Unterbewertung seiner Leistungen bei der Erklärung von Spracherwerb insgesamt.

Um die grundsätzlichen theoretischen Annahmen und Perspektiven des Funktionalismus zu illustrieren, möchte ich im Folgenden auf ein Projekt der ESF zum L2-Erwerb eingehen, das seit über 10 Jahren viele verschiedene Einzelstudien bündelt und dessen Ergebnisse auch interdisziplinär rezipiert werden.[49] Außerdem soll dies schon im Hinblick auf Aussagen zum Erwerb der deutschen Verbstellung geschehen.

---

[48] Darstellung von komplexen Sachverhalten in miteinander verknüpften Äußerungen, Ausdruck von Informationsstruktur, Gebrauch von Pronomen etc., vgl. z.B. Tomlin (1984), Klein/von Stutterheim (1989), Berman/Slobin (1994).

[49] So wurde bei einer Konferenz zu Sprachursprungstheorien im Dezember 1999 an der Brandenburgischen Akademie der Wissenschaften in Berlin Kleins Vortrag zu „Elementary forms of linguistic organisation" (in der *basic variety*) in Bezug auf die Frage diskutiert, ob das ontogenetische „Frühstadium" der Sprache phylogenetisch einer „frühen Sprache" entsprechen könnte. Und generative Grammatiker überlegen verstärkt, in welchem Verhältnis die *basic variety* zur UG steht, so z.B. Bierwisch (1998), der allerdings vermutet, dass die „BV als Ergebnis eines andersartigen Prozesses [anders als Spracherwerb auf UG-Basis, S.H.] analysiert werden muss". Vgl. auch Bierwisch (1997).

Auf der Basis von Datenmaterial zum ungesteuerten L2-Erwerb 40 Erwachsener, das einen Zeitraum von über 30 Monate abdeckt, auf verschiedenen Elizitationstechniken basiert[50] und folgende L1-L2-Kombinationen erfasst,

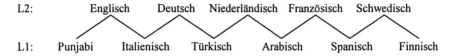

L2:	Englisch	Deutsch	Niederländisch	Französisch	Schwedisch	
L1:	Punjabi	Italienisch	Türkisch	Arabisch	Spanisch	Finnisch

kann festgestellt werden, dass alle diese Lerner ungeachtet der jeweiligen Erst- und Zielsprachen „a well-structured, efficient and simple form of language – the Basic Variety (BV)" ausbilden (Klein/Perdue 1997: 301). Diese muss aufgrund des konfluierenden Charakters der Einzelbeobachtungen mehr darstellen als eine für individuelle Lerner dokumentierte, nicht generalisierbare Interlanguage, sondern soll uns vielmehr den Kern der menschlichen Sprachfähigkeit „in Aktion" aufzeigen:

> „[...] the organisational constraints of the basic variety belong to the core attributes of the human language capacity. [...] a concept such as the basic variety helps us to understand not only second language acquisition but the human language capacity in general [...] it represents a particular natural and transparent interplay between function and form in human language. In a way, fully-fledged natural languages are but elaborations of this basic variety." (Klein/Perdue 1997: 301, 305, 304)

Obwohl die *basic variety* im Prinzip nicht von anderer Natur ist als alle natürlichen Sprachen – von einem wie auch immer gearteten Quantensprung zwischen BV und Zielsprache ist nicht die Rede, sondern von „elaboration"[51] –, soll sie dennoch, der Tradition des struk-

---

[50] U.a. Filmnacherzählung, Bildbeschreibung, Instruktionen geben; zum Projektdesign und zu den untersuchten Personen vgl. Klein/Perdue (1992: 4ff.), ausführlich Perdue (1993, Vol. I).

[51] Klein/Perdue betonen, dass es sich bei der BV nicht um ein Pidgin oder eine *protolanguage* im Sinne von Bickerton handle, „a mode of linguistic expression that is quite separate from normal human language and is shared by four classes of speakers: trained apes, children under two, adults who have been deprived of language in early years, and speakers of pidgins" (Bickerton 1990: 122, zitiert in Klein/Perdue 1997: 341). Sie stellen stattdessen fest, die Organisationsprinzipien der BV entsprächen denen von voll ausgebildeten natürlichen Sprachen und umgekehrt, weil genau diese Organisationsprinzipien den Kern der menschlichen Sprachfähigkeit bildeten, „whereas a number of complexifications [sc. subordination, and certain morpho-syntactic phenomena] not attested in the basic variety are less central properties of this capacity" (Klein/Perdue 1997: 301; die Ergänzung in eckigen Klammern stammen aus einer früheren Fassung, Klein/Perdue 1995). Dies ist aber eine Stipulation, die auch in einer „very general – and very strong – speculation", wie es an einer Stelle über die Idee der BV als Basissprache heißt (Klein/Perdue 1997: 304), stört, da so ja keine Erklärung vorgeschlagen wird. „Fully developed languages, such as English, German, French, are simply borderline cases of learner varieties" (ibid.: 308) heißt es provozierend, und an der Leitfrage im Titel, „Couldn't languages be much simpler?", wird von Klein/Perdue die Unterscheidung von sprachakzidentellen und sprachwesentlichen Eigenschaften aufgehängt. Gerade darüber aber kann, ja muss man sich streiten. Warum soll die Fähigkeit zur Subordination und damit zu komplex verschachtelten Strukturen akzidentell, die Fähigkeit zu transparenten Form-Funktions-Korrelationen, die es schließlich nicht nur im Sprachsystem gibt, das eigentlich Sprachwesentliche sein, und nicht umgekehrt? Dass Sprachen eben nicht „much simpler" sind, gerade das

turalistischen *Interlanguage*-Ansatzes (vgl. Selinker 1972) entsprechend, als eigenständiges System behandelt werden, d.h. die ihr inhärenten Regelhaftigkeiten dürfen nicht in Bezug zum Zielsystem betrachtet und als eine mangelhafte Imitation desselben beschrieben werden. Dies erfordert den Verzicht auf die sonst üblichen Instrumente für die Beschreibung syntaktischer Relationen (Begriffe wie *Subjekt* etc.) zu Gunsten von Begriffen, die der transparenten Korrelation von Form und Funktion Ausdruck verleihen, wie etwa *topic* oder *controller*. Da weiterhin die BV ohne Flexion auskommt, weder Kasus, Numerus, Genus, Tempus, Aspekt noch Kongruenz morphologisch markiert wird (lediglich weisen manche Einheiten unsystematische phonologische Varianten auf), ist auch eine Kategorisierung des Vokabulars in Wortarten problematisch. Es gibt substantivartige und verbartige sowie adjektivartige und adverbartige Lexeme, daneben Pronomen, Quantifizierer, ein Wort für die Negation, einige Fokuspartikeln (vgl. Klein/Dimroth 1995) und wenige präpositionsartige Einheiten. Andere Einheiten in der Art von Funktionswörtern, etwa Subjunktionen, Artikel, Expletiva treten in der BV gar nicht auf. In der deskriptorischen Praxis ist jedoch nicht immer von „Einheiten in der Art von X" die Rede, die ESF-Autoren greifen nämlich auf die grundlegende Nomen-Verb-Unterscheidung und auch auf andere Wortart-Begriffe zurück, um Oberflächen-Strukturmuster in einfachen Formeln wiederzugeben. Dabei steht *N* für Personen oder Gegenstände, *V* für Handlungen (meist), Ereignisse, Zustände, sog. Adverbien und Präpositionen dienen dem Ausdruck lokaler oder temporaler Relationen etc.[52] *N* und *V* sollen also eigentlich nur als Etiketten für semantisch erfassbare Inhalte verstanden werden. Meines Erachtens ist es plausibel, im L2-Erwerb von *vocabulary bootstrapping* auszugehen, also davon, dass Lerner erkennen, dass eine Einheit X des L2-Wortschatzes beispielsweise dem Konzept von ‚kaufen' entspricht, und aus der Tatsache, dass in ihrer L1 das Konzept der Handlung ‚kaufen' in einem Verb *kaufen* ausgedrückt wird, schließen, dass es sich bei X um ein Verb handeln muss. (Dieses Bootstrapping sollte bei Nomen, Verben und Adjektiven unproblematisch sein, für andere Wortarten gilt das sicher nicht in gleichem Maße.)

> „There is no reason to assume that at the relevant stage words like *gehen* ('go'), *spazier* ('stroll'), *laufa* ('run'), *komm* ('come'), denoting activities corresponding to verbs in the target language (TL), also have syntactical verb status in the learner's language",

---

könnte man als das Sprachwesentliche betrachten. Klein/Perdue betonen: „the human language capacity **provides** us with the potential to process very complex structures but does not **force** us to do so" (ibid.: 302), doch dies ist kein Gegenargument. – Auch Comrie ist nicht bereit, die Einschätzung, dass es sich bei der BV eben doch um eine Art Pidgin handelt, aufzugeben, wenn seine Argumentation auch einen andern Weg einschlägt: Die BV möge einer voll ausgebildeten Sprache hinsichtlich ihrer kommunikativen Leistungen entsprechen (*social function*), nicht jedoch hinsichtlich ihrer Leistung „to enable the individual speaker to interpret or represent his or her environment" (*cognitve function*)" (Comrie 1997: 372).

[52] Das heißt nicht, dass z.B. räumliche Relation **nur** durch Adverbien und Präpositionen ausgedrückt werden, möglich sind auch Einheiten, die auf Verben der Zielsprache zurückzuführen sind (z.B. [sorti], ‚hinausgegangen' in der BV des Französischen für die Bewegung weg von einem Ort, vgl. Klein/Perdue 1997: 327) oder auf Nomen (z.B. *côté / kant / seite* für das Konzept NEIGHBOURING; ibid.: 326). Da ich die BV hier in semasiologischer Perspektive skizziere, gehe ich nicht auf die Fragen nach allen möglichen Ausdrücken für bestimmte Konzepte ein.

stimmt Jordens (1997: 290) Perdue (1996) zu.[53] Im Gegensatz dazu spräche in meinen Augen – auch innerhalb eines Interlanguage-Ansatzes – nichts dagegen, bezüglich der Äußerungen in BV tatsächlich von Verben zu sprechen, auch wenn diese noch nicht den entsprechenden zielsprachlichen Argumentrahmen eröffnen (so der Einwand von Perdue 1996: 142). Denn warum sollten Lerner, wissend, mit einer Sprache konfrontiert zu sein, auf im L1-Erwerb gewonnenes sprachspezifisches Wissen zur Existenz von lexikalischen Kategorien verzichten? Die wesentliche Charakteristik der BV – die Prinzipien zur Organisation von Einheiten in Syntagmen – bleibt von diesen Überlegungen aber unbetroffen.

Belegt sind nun die folgenden drei „phrasal patterns" bzw. „phrasal constraints" der generell nicht-finiten Äußerungen (runde Klammern zeigen Fakultativität an, Querstriche Variabilität; vgl. Klein/Perdue 1992: 45–47), wobei allen dreien noch eine Einheit, die temporalen oder lokalen Bezug herstellt, oder eine koordinierende Konjunktion vorangehen kann:

PH1 NP_1 - V - $((NP_2) - (NP_2))$
PH2 NP_1 - Cop - Adj / NP_2 / PP
PH3   V / Cop - NP_2[54]

„Semantic and pragmatic constraints" (vgl. Klein/Perdue 1992: 48–55; 1997: 313ff.) entscheiden darüber, wie die einzelnen Variablen besetzt werden können; dabei geht es um die semantischen Rollen der Mitspieler-Einheiten und um ihren informationsstrukturellen Status.

So führt das Kriterium „given vs. new" bzw. „introduction vs. maintainance" zu der folgenden Verteilung bezüglich der Slots für erste und zweite NP:

NP_1	NP_2
Eigenname	Eigenname
Substantiv	Substantiv
Pronomen	
Null-Anapher	

(Null-)Pronomen sind nur in der satzinitialen Topikposition möglich und können deiktisch und anaphorisch auf den Sprecher, den Hörer und eine dritte Person, und zwar nur im Rang eines Controllers, referieren (keine anaphorische Referenz auf Unbelebtes).

Für die Abfolge der NPs generell gelten folgende Constraints:

---

[53] Mit „relevant stage" ist ist hier ein Stadium vor der BV gemeint, mit Äußerungen, die ggf. nur aus einer einzigen Konstituente bestehen oder nur aus Nomen. Ähnliche Feststellungen werden aber eben auch zur BV gemacht.

[54] NP_1 und NP_2 sind offensichtlich als prä- bzw. postverbale NP zu lesen.

SEM1: „The NP-referent with highest control comes first"[55]

SEM2: „Controller of source state outweighs controller of target stage"[56]

SEM3: „Theme before relatum in target position"[57]

P1:   „Focus expression last"

Das Zusammenwirken der verschiedenen Typen von Constraints äußert sich dann z.B. so, dass im Falle der Notwendigkeit, einen neuen Protagonisten in einen narrativen Diskurs einzuführen und so den „referential flow" (Klein/Perdue 1997: 327) zu unterbrechen, wegen P1 nur PH3 (etwa V-NP$_2$) zur Anwendung kommen kann, danach greift dann wieder PH1, wobei bei gleichbleibend thematischem Protagonisten die NP$_1$ auch durch die Null-Anapher realisiert sein kann (vgl. Tabelle oben) und sich oberflächlich betrachtet auch V-NP$_2$ ergibt.

Ein Drittel der untersuchten Lerner fossilisiert auf dem Niveau der BV, erweitert lediglich den Wortschatz (der *open class*) und spricht insgesamt flüssiger. Der Motor für eine qualitative Überwindung dieser eingeschränkten Interlanguage besteht darin, dass sich die einzelnen Constraints widersprechen können (wobei hier dann oft die L1 „durchschlägt" und zunächst der Constraint den Wettbewerb gewinnt, der in der L1 der Sieger wäre) und der Lerner neue Ausdrucksmöglichkeiten braucht, um den Konflikt zu überwinden. Ein Beispiel dafür sind Ausklammerungen, wenn ein Agens fokussiert werden soll, vgl. „[se] la dame qui a volé le pain" (L1 Spanisch, Klein/Perdue 1997: 331), oder morphologische Tempusmarkierung und temporale Adverbialsätze, um die chronologische Reihenfolge aufzubrechen, die beim Erzählen mit den Ressourcen der BV strikt eingehalten werden muss. Vgl. Perdue (1990) zu „further development [...] motivated by the fact that initial constraints on the variety come into 'competition' in specifiable contexts" (ibid.: 983).

Diese Darstellung der *utterance structures* der BV ist sehr kondensiert, unterschlägt aber keine für mein Anliegen wesentlichen Gesichtspunkte. Diesbezüglich kann jedoch festgehalten werden, dass die genannten Linearisierungsregeln Erklärungen nur für die Position der nicht-verbalen Einheiten in den Äußerungsstrukturmustern vorschlagen, und dass sich somit keine falsifizierbaren Vorhersagen zur Verbstellung extrahieren lassen. Vereinzelt und ein wenig versteckt finden sich durchaus Motivierungsversuche zu Verbpositionen, allerdings sind diese nur teilweise funktionalistisch: In Bezug auf die Äußerung *stealing bread girl* (L1 Punjabi) für ‚es war das Mädchen, das das Brot gestohlen hat' äußern Klein/Perdue (1997: 220) in einer Fußnote die Vermutung, die Erststellung des Verbs bilde dessen „lowest focus value" ab; eine ähnliche Erklärung für vergleichbare Äußerungen desselben Lerners findet sich bereits in Perdue (1990: 1002, 1004). Für die in PH 1–3 dokumentierte, im gesamten ESF-Korpus offenkundig frequenteste Verbzweitstellung (bzw. Verbdrittstellung, da ja jeweils noch ein Adverbial voranstehen kann) kann eine solche

---

[55] Im Gegensatz zu Kindern im L1-Erwerb, die erst schrittweise von einem prototypischen Agens in sog. „basic causal events" (Slobin 1985a: 6) zu weniger prototypischen abstrahieren müssen (vgl. z.B. Schlesinger 1981, Slobin 1981), verfügen die erwachsenen L2-Lerner bereits über eine sprachliche Kategorie *controller*. D.h., dass SEM1 auch Äußerungen mit Verben der Wahrnehmung, mit possessivem *haben* etc. erfasst. Entscheidend ist, dass zwei Aktanten vorhanden sind, die in einer asymmetrischen Relation stehen.

[56] Bei Verben, die zwei kontrollfähige Mitspieler binden, z.B. *geben*.

[57] *Theme* ist die zu lokalisierende Entität.

Korrelation von Informationswert und Position aber nicht in Betracht gezogen werden. Die Position des Verbs in PH 1–3 wird überhaupt nicht kommentiert. In einem zweiten auf konkrete Äußerungen bezogene Motivierungsversuch (Klein/Perdue 1997: 314, FN 16) heißt es, dass das von der Grundregel PH1 abweichende Pattern NP-NP-V, wie man es nur bei Lernern mit L1 Punjabi (vgl. dazu auch Huebner 1989: 123, 134) oder Türkisch und nur zu Beginn des Erwerbs finden kann, auf Transfer aus der Muttersprache beruht. Es ist die Frage, ob man den Autoren unterstellen darf, diesen nicht-funktionalistischen, gleichsam sekundären, da auf ein bereits fertig aufgebautes Einzelsprachwissen verweisenden Erklärungsansatz auf die Erklärung von PH1 (NP-V-NP) auszudehnen. Irgendwoher müssen die in PH 1–3 erfassten Serialisierungsmuster von nominalen, (voll)verbalen und kopularen Einheiten ja kommen, und es ist unbefriedigend, dass dazu keine Aussagen gemacht werden, denn SEM 1–3 und P1 betreffen nur die Belegung, nicht die Position der Variablen. Will man nun nicht davon ausgehen, dass die N-V-N-Abfolge universalgrammatisch vorgegeben sein könnte,[58] und so die mit dem Konzept der BV eigentlich abgelehnte Idee von angeborenem, syntaxspezifischem Wissen durch die Hintertür wieder hereinlassen, ist die naheliegendste Vermutung, dass die Lerner PH1 aus dem Input extrahiert haben. Dies schlägt Comrie nach Sichtung des ESF-Materials auch vor, und zwar in Bezugnahme auf entsprechende Phänomene in Kreolsprachen mit Niederländisch als Superstrat (mit SVO in Haupt- und SOV in Nebensätzen) und der Niger-Kongo-Sprache Ijo als Substrat (nur SOV):

> „The BV is not necessarily verb-medial, but rather […] verb-mediality is such a salient feature of the target language that it is hard to get it wrong, or at least hard to get it wrong for long." (Comrie 1997: 368)

Für die Zielsprachen Englisch und Französisch wäre das ja auch unmittelbar einleuchtend, im Niederländischen und Deutschen sind neben N-V-N auch N-N-V-Abfolgen möglich, X-N-V-N wiederum nicht. Es besteht also weiterer Erklärungsbedarf. Comrie (ibid.: 368f.) spielt diese Komplikationen herunter. Er nimmt einfach an, dass DaZ-Lerner vor allem auf SVO stoßen bzw. nur auf SVO achten, die „salient word order […] that is easy to recognize and easy to adopt, even with quite minimal exposure to the target language", ähnlich wie im Falle des *Berbice Dutch Creole* das SOV der Nebensätze des Superstrats nicht zum Tragen kommt. Vgl. dazu Abschnitt 3.2 der vorliegenden Arbeit zur Input-Problematik, wo an einer solchen Vermutung der Bedeutungslosigkeit von Nebensätzen massive Zweifel geäußert werden – nicht jedoch im Hinblick auf die Bedeutung von Inputeigenschaften überhaupt.

---

[58] Einen solchen Vorschlag macht Platzack (1994/1996) mit seiner *IHS* (*initial hypothesis of syntax*), allerdings geht es bei ihm um die innerhalb des *Minimalist Program* bzw. der Anti-Symmetrie-Hypothese hergeleitete Basisabfolge von Subjekt-Verb-Objekt, nicht von N-V-N. Die Abfolge SVO ergibt sich, wenn alle mit bestimmten Einheiten assoziierten Merkmale „schwach" sind und keine Bewegung stattfinden muss. Insofern lässt sich die IHS strenggenommen nicht in die BV integrieren, da die BV ja per definitionem ohne syntaktische Relationen wie Subjekt und Objekt auskommen soll. – Klein/Perdue (1997: 337ff.) unternehmen selbst den Versuch, den generativen Minimalismus und die BV zusammen zu bringen, indem sie die Abwesenheit von „complex structures which would require some kind of movement" sowie von Flexionsmorphologie damit erklären, dass die BV eine Sprache ist, in der alle Merkmal-Parameter auf „schwach" eingestellt sind. Auf eine mögliche Erklärung der N-V-N-Abfolge vor diesem Hintergrund gehen sie aber nicht ein. – Bierwisch (1997), Meisel (1997b) und Schwartz (1997) akzeptieren die minimalistische Interpretation der BV durch Klein/Perdue nicht.

Um Missverständnissen vorzubeugen: Es handelt sich hier, in Anbetracht einer möglichen Erklärung für PH 1–3, um meine Schlussfolgerung auf eine zentrale Rolle des Inputs bzw. dessen Analyse durch den Lerner schon in frühen Phasen des Erwerbs. Mit der BV-Theorie steht dies insofern nicht in Einklang, als diese dem Input offenkundig einen eher geringen Stellenwert beimisst, denn die BV gilt als „largely impermeable to the specifics of the source or target languages under study" (Perdue 1990: 986). Für ihre Überwindung in Richtung einer zielsprachnäheren Varietät werden weiterhin lernersprachinterne Erklärungen anvisiert, und nicht etwa angenommen, dass Lerner unabhängig von bestimmten kommunikativen Bedürfnissen ihre Äußerungen mit dem Input vergleichen und allein deswegen Akkommodationen ihrer Interimsgrammatik vornehmen. Die die BV konstituierenden Constraints SEM 1–3 und P1 werden ausdrücklich als angeboren angesehen, so dass der Begriff der UG eine Erweiterung erfährt:

> „There is no reason why these constraints, whatever their precise form may be, cannot belong to the genetic endowment of our species. Otherwise, we would be forced to assume that they are inductively learnt from the input, and although this is not logically excluded it is hard to imagine how it should be possible." (Klein/Perdue 1997: 339)

Aus diesem Zitat wird auch ersichtlich, dass sich Klein/Perdue ebenso wie Slobin, bei dessen *basic child grammar* es wie schon erwähnt ja um „initial procedures for perceiving, storing, and analyzing linguistic experience" geht (Slobin 1985b: 1158), zwischen den Extremen eines spezifisch grammatikformalistischen Nativismus („klassische" UG) und eines *general nativism*, der gar nicht auf Spracherfahrung zugeschnitten ist, einordnen lassen.

Ich breche an dieser Stelle ab, um mich später in Bezug auf die L2 Deutsch mit dem m.E. doch von Anfang an zentralen Faktor der Input-Analyse durch den Lerner zu befassen; vgl. die Abschnitte 3.1–2 zu den deutschen Wortstellungsregulariäten bzw. zum ambigen Input, Kapitel 5 zum Umgang damit durch die in der vorliegenden Studie untersuchten Lerner. Unter meinen Erklärungsversuchen werden auch funktionalistische sein, denn solche sind ja nicht inkompatibel mit der Annahme, dass Lerner von Anfang an bestimmte Eigenschaften des Inputs entdecken – und u.U. im Hinblick auf deren Funktionen interpretieren. Doch sei zum Abschluss dieses Teilkapitels noch einmal deutlich der Zweifel ausgedrückt, wie weit funktionalistische Erklärungen beim Thema Verbstellung greifen können. Sobald es nicht allein darum geht, das Funktionieren einer frühen Lernervarietät (und ggf. ihr Scheitern) zu erfassen, sondern auch quasi-zielsprachliche bzw. zielsprachennahe Varietäten, müssen ja die zielsprachlichen Strukturen selber funktionalistisch erklärt werden können – vorausgesetzt natürlich, man geht davon aus, dass es keine Quantensprünge geben darf zwischen der natürlichen Sprache „Lernervarietät X" zur „Lernervarietät X+1" etc. bis hin zur Zielsprache. An welche Funktionen aber kann man es knüpfen, dass im Deutschen und Niederländischen Hauptsätze V-O, Nebensätze hingegen O-V aufweisen? Selbstredend haben Nebensätze andere Funktionen als Hauptsätze, selbstredend möchten (nicht vorher fossilisierende) L2-Lerner z.B. einmal in der Lage sein, Hintergrundinformationen in ihren Diskurs einzubauen, um eine wesentliche Funktion von Nebensätzen anzusprechen. Doch ist dies ja hier nicht das Thema, sondern es geht um das Merkmal der Nebensätze im Hinblick auf die Verbstellung. V-O vs. O-V ist eben nicht primär auf die verschiedenen Funktionen von Haupt- und Nebensätzen im Diskurs beziehbar, in der Art wie in einer Sprache mit Thema-Rhema-Progression ein Topik mit der Erstposition direkt assoziiert werden kann. Außerdem verkompliziert sich das Bild weiter, sobald analytische Verbformen im Spiel sind und es zu

einer Aufspaltung in die Verbklammer mit Zweitposition für das finite Hilfs- oder Modalverb plus Letztposition für das infinite Vollverb kommt. Umgekehrt stellt es gerade ein
Problem dar, dass in einer synthetischen Verbform ganz verschiedene Informationen trans-
portiert und damit an einer Stelle versammelt werden, nämlich die eigentliche Bedeutung
des Vollverbs und die Finitheit. Aus diesem Blickwinkel betrachtet sollte sich, wenn Lerner
von transparenten Form-Funktion-Korrelationen profitieren, eine Aufteilung positiv auswir-
ken. Doch auch hier gilt dann wieder, dass sich damit vor allem Vorhersagen über den Einstieg in den Erwerb der zielsprachlichen Regularitäten der Verbstellung machen lassen. Wie
ginge es dann weiter? In funktionalistischer Sicht kommen Lerner voran, weil ihnen die
Ausdrucksmöglichkeiten ihrer zum jeweiligen Zeitpunkt eigenen Interimsgrammatik nicht
genügen, um bestimmte kommunikative Ziele zu erreichen, wie etwa die Fokussierung eines
Agens, was zur Entwicklung von Ausklammerkonstruktionen führt (vgl. Beispiel oben),
oder nicht strikt chronologisches Erzählen, was das Auftreten von Tempus markierender
Verbmorphologie herbeiführt (vgl. Perdue 1990: 999).

„Such contexts [...] provide the language acquisition researcher's contribution to [the] question
[...] – Why are 'fully fledged' languages more complex than the BV? – as they are the seed-bed
for the development of TL-specific morphosyntax. In other words, TL-specific morphosyntax al-
lows the learner to elaborate a more cohesive organization of information in identifiable discourse
contexts." (Klein/Perdue 1997: 332; TL = target language)

Welchen Vorteil aber mag es für den Lerner haben, über verschiedene Verbstellungsmuster
zu verfügen? Diese Frage ist etwas polemisch gestellt, doch soll deutlich zum Ausdruck
gebracht werden, dass Beispiele wie die soeben genannten, wie sie von Klein/Perdue zur
Illustration von ganz spezifischen Kommunikationsbedürfnissen als „seed-bed" des Mor-
phosyntax-Erwerbs herangezogen werden, eben auch gut ausgewählt sind.

2.3   Der verarbeitungsorientierte Ansatz

Verarbeitungsbedingte Aspekte[59] kommen in jeder Erwerbstheorie zur Sprache, im Falle
einer streng generativ ausgerichteten allerdings selten länger, als es braucht, um sie gleich
wieder auszuklammern. Schließlich wird hier auf Sprachwissen abgezielt, Verarbeitungskapazitäten dagegen gehören zu den sog. *channel capacities* und sind somit etwas Sekundäres,
„nur" die Performanz Bestimmendes.[60] In der *Processability Theory* (PT) dreht Pienemann
(1998b) den Spieß sozusagen um: Sein Ziel ist es, den Verlauf des Spracherwerbs soweit
wie möglich mit der Leistung bzw. der zu einem bestimmten Zeitpunkt eben noch mangeln-

---

[59] Unter Sprachverarbeitung wird hier immer auch das Prozessieren bei der Sprachproduktion, nicht
nur bei der Rezeption, verstanden.

[60] Vgl. Haverkorts (1993: 60–65) grundsätzliche Überlegungen zur Unterscheidung von Grammatik
als einem „Objekt des sprachlichen Wissens" und „Algorithmen" als den „bei der Rezeption und
Produktion von Sprache erforderlichen Regeln, die auf die im Sprachwissen widergespiegelte
Grammatik angewendet werden" (ibid.: 65), sowie Gregg (1996) zu Grammatik und Algorithmen
in der L2-Erwerbsforschung.

den Leistung von Verarbeitungskapazitäten zu erklären. Neben den Spracherwerbsdaten zu diversen L2 aus älteren Studien, die in Pienemann (1998b) rekapituliert und auf Kompatibilität mit der PT geprüft werden, und der umfassenden Zusammenschau aller existierenden Daten zur L2 Schwedisch durch Pienemann/Håkansson (1999), liegen auch schon neue empirische Studien vor, die ihre Daten im Rahmen der PT erklären wollen und das weitgehend auch können – innerhalb der im Verlauf dieses Kapitels angesprochenen, der PT selbst immanenten Grenzen. Vgl. Bartning (1999, pro PT), Dewaele/Véronique (1999, contra PT) zur L2 Französisch, Di Biase (1999, pro PT) zur L2 Italienisch, Kawaguchi (1999, pro PT) zur L2 Japanisch, Mansouri (1999, pro PT) zur L2 Arabisch.

Pienemanns Theorie zeichnet sich also dadurch aus, nur einen ganz bestimmten Aspekt des Spracherwerbs erklären zu wollen, der von vornherein klar eingegrenzt wird. Gleichwohl aber bleibt die PT offen bzw. kompatibel für andere theoretische „Module", wie Pienemann sie nennt, die den PT-spezifischen Aporien, z.B. im Hinblick auf epistemologische Aspekte des Spracherwerbs, beikommen könnten. So macht die PT explizit keine Aussagen zu der Frage, wie linguistische Information aus dem Input in linguistisches Wissen umgewandelt wird, was sie nicht vor diesbezüglicher Kritik schützt, vgl. Gregg (1999: 11, 13):

> „It is unclear what a theory of learner utterance types has to tell us about the acquisition of the competence underlying the learner's utterances [...] What is needed for a SLA theory, is a causal explanation of the acquisition of competence."

Ebenso wenig äußert sich die PT über den *initial state*, die Herkunft und Gestalt des Wissens, mit dem Lerner in den Spracherwerb einsteigen.

> „Processability Theory focuses solely on the developmental problem as an explanatory issue; it is not designed to contribute anything to the question of the innate or learnt *origin* of linguistic knowledge or the inferential processes by which linguistic input is converted into linguistic knowledge." (Pienemann 1998a: 2)

Bezüglich des vor dem eigentlichen L1- oder L2-Erwerbsprozess bereits vorhandenen sprachlichen Wissens sieht Pienemann die UG-basierten Theorien angesprochen, denen er allerdings auch vorwirft, nicht bei ihren Leisten zu bleiben, wenn sie versuchen, den von einem *initial state* ausgehenden Verlauf des Spracherwerbs erfassen zu können. Denn die Logik des Verlaufs vorherzusagen, warum also welche Erwerbsphase auf welche andere folgen muss, ist die genuine Domäne der PT, da sie sich nicht Platons Problem, sondern dem *developmental problem* widmet.

Grundgedanke ist, dass im Laufe des Spracherwerbs prozedurales Wissen komprimiert und automatisiert werden muss, da unsere Sprechgeschwindigkeit sonst nicht nachvollziehbar wäre.[61]

---

[61] Diese Notwendigkeit der Komprimierung gilt unabhängig von der Frage, ob ein zunächst deklaratives Wissen in prozedurales umgewandelt werden muss. Eine solche zwangsläufige Implikation gilt mittlerweile als überholt; es scheint prozedurales Wissen ohne deklaratives zu geben (und beide können getrennt lokalisiert werden, worauf z.B. Aphasie-Befunde hinweisen). Vgl. dazu Anderson (1995) als kognitionspsychologischen Beitrag, Levelt (1989) sowie die Beiträge zu explizitem und implizitem Wissen in N. Ellis (ed.)(1994). Eine einschlägige Publikation zum menschlichen Gedächtnis, auf die sich auch Pienemann beruft, ist Baddeley (1990), neu Baddeley (1999).

„[…] the locus of attentive processes is short-term (or immediate) memory, and its capacity is limited to fewer operations than are required for most of the simplest utterances. Such language production mechanisms therefore have to be assumed as being highly automatised." (Pienemann/Johnston 1996: 328, Pienemann 1998b: 5, in Anlehnung an Levelt 1989)

Diese Automatisierung gelingt stufenweise, wobei die eine Stufe zwingend auf der anderen aufbaut, vom Zugriff auf das einzelne Lemma bis hin zur Hypotaxe. Der Lerner produziert nur die Strukturen, die er zum jeweiligen Zeitpunkt prozessieren kann. Wenn etwa Merkmale über Phrasengrenzen hinweg kongruent realisiert (unifiziert) werden müssen, kann das im Vergleich zu phraseninternen Unifizierungsprozeduren erst später bewältigt werden.

Lernen ist also nicht nur die Aneignung von deklarativem Wissen, sondern auch von *procedural skills*. Dieser Akzent wird auch von anderen Spracherwerbsforschern gesetzt, Pienemann nennt u.a. McLaughlin et al. (1983), Hulstijn (1990) und Schmidt (1992); vgl. auch den in Abschnitt 2.2 schon erwähnten O'Grady (1997, 1999), der innerhalb seines tendenziell funktionalistischen Settings schwerpunktmäßig Verarbeitungsaspekte beachtet. Welche Strukturformate ein Lerner theoretisch dem Input zuweisen könnte und wie man sich das vorzustellen hat, ist die eine Frage, die darauf folgende, nicht minder wesentliche lautet, ob ein Strukturformat zu einem bestimmten Zeitpunkt des Erwerbs als plausibel angenommen werden darf oder ob dieses Strukturformat zu komplex ist, um in Echtzeit prozessiert werden zu können.

„For linguistic hypotheses to transform into executable procedural knowledge the processor needs to have the capacity of processing these hypotheses." (Pienemann 1998b: 4)

Lerner können sich nur in einem von der kognitiven Verarbeitbarkeit begrenzten Hypothesenspielraum bewegen:

„[…] the logico-mathematical hypothesis space in which the learner operates is further constrained by the architecture of human language processing. Structural options that may be formally possible, will be produced by the language learner only if the necessary processing procedures are available that are needed to carry out, within the given minimal time frame, those computations required for the processing of the structure in question. Once we can spell out the sequence in which language processing routines develop in the learner, we can delineate those grammars that are processable at different points of development." (Pienemann 1998b: 1)

Hier zeigt sich deutlich der ganz andere Umgang mit dem, was von Chomsky einmal *channel capacities* genannt wurde, und was Pienemann als *processing environment* bezeichnet (Pienemann 1998a: 2). Natürlich müssen auch generative Spracherwerbstheorien akzeptieren, dass z.B. die Arbeitsgedächtnisleistung eine Rolle spielt. Aber diese sog. Rahmenbedingungen werden nur als solche behandelt. So geht etwa die in Abschnitt 2.1.2 vorgestellte Kontinuitätshypothese davon aus, dass alle UG-Prinzipien von Anfang an im Erstspracherwerb zur Verfügung stehen. Werden sie vom Kind nicht in die Tat, sprich Äußerung umgesetzt, liege das an den zu einem bestimmten Zeitpunkt noch begrenzten *channel capacities*. „Eigentlich" seien diese Prinzipien, dieses sprachliche Wissen schon vorhanden. Dem würde Pienemann nicht aus Prinzip widersprechen, doch interessiert ihn weniger, was „eigentlich" schon da ist. Der Mensch ist eben kein *unconstrained computational device*, und „language acquisition does not occur in a mind solely constrained by the principles of grammar" (Pienemann 1999: 21). Die *channel capacities* werden von Pienemann nicht als etwas Sekundäres und nicht wirklich zur Sprach(erwerbs)theorie Gehöriges behandelt, sondern als gleichberechtigtes Mitglied in der Menge der Faktoren, die das Warum und das Wie des Spracherwerbs erklären können. Und nur das, was sie nicht erklären können, sollen andere Faktoren erklären.

Empirisch festgestellte Entwicklungsmuster auf ein „basic set of operations, processing procedures" (Pienemann 1998b: 39) zurückführen zu können ist der explanatorische Anspruch der PT. Insofern ist sie eine Theorie der Performanz, nicht der Kompetenz, unabhängig davon aber natürlich eine kognitive. Und sie besitzt Gültigkeit auch im Erstspracherwerb. Die nicht zu leugnenden Unterschiede zwischen L1- und L2-Lernern ergeben sich aus abweichenden Lernbedingungen, die von der Natur des *language processor* an sich aber unabhängig sind.[62]

Wie die Automatisierung der *processing procedures* abläuft bzw. wie in der Automatisierung die *processing procedures* als solche entstehen, behandelt die PT nicht. Pienemann entwickelt eine „*architecture* of the automatic procedures which produce fluent language use" (1998b: 41) und daraus die Hypothese, in welcher Reihenfolge dem L2-Lerner Prozessierkomponenten zugänglich werden. Bei der Konzeption der Operationen, die der Lerner beim Produzieren von Äußerungen durchführen muss, beruft sich Pienemann auf das Sprachproduktionsmodell von Levelt (1989) bzw. auf dessen Adaptation für die Sprachproduktion in einer L2 durch de Bot (1992), sowie auf die *Incremental Procedure Grammar* (IPG) von Kempen und Hoenkamp (1987), integrativer Bestandteil von Levelts Modell, wenn es um die Frage geht, wie im sog. Formulator konzeptuelle Strukturen (= Produkte des Konzeptualisierers) in lexikalische/grammatische Formen umgesetzt werden.

Bei diesem Vorgang innerhalb des Sprachproduktionsprozesses muss die folgende Hierarchie von Teilprozeduren abgearbeitet werden (vgl. Pienemann 1998b: 7, 9; 1998a: 5, 8), in inkrementeller Manier natürlich, d.h. dass der Formulator z.B. bereits eine von einem Lemma ausgehende NP aufbaut, noch bevor überhaupt alle Lemmata aktiviert sind, die der Sprecher für die Versprachlichung des gesamten Sachverhaltes brauchen wird:

Processing procedures	**structural outcome**
1. Word / lemma access	„words"
2. Category procedure	lexical morphemes
3. Phrasal procedure	phrasal information exchange
4. S-procedure[63]	inter-phrasal information exchange + word order rules
5. Subordinate clause procedure	main and subclause (sic!)

Dieselbe implikative Hierarchie wird in der PT auf den Zweitspracherwerb in seinem gesamten Verlauf übertragen, wobei Fossilierung dann als Steckenbleiben auf einer der oben angesetzten Stufen beschrieben werden kann. Im Extremfall, wenn der Lerner nicht über Stufe 1 hinwegkommt und lediglich Wörter in sein Zielsprachlexikon integriert (noch ohne

---

[62] Zur Annahme einer prinzipiell gleichen Erklärung von L1- und L2-Erwerb in der PT vgl. insbesondere Pienemann (1997: 15ff., 1998a: 12ff.), zur Erklärung von Phänomenen des *Specific Language Impairment* aus der Processability-Perspektive vgl. Pienemann (1997: 29ff.), Pienemann/ Håkansson (1999: 414f.).

[63] In dieser Hierarchie fehlen die sog. *Appointment Rules* – der Vorgang, bei dem einer Phrase ihre syntaktische Funktion, z.B. die eines Subjekts, zugewiesen wird. *Appointment Rules* dürften wohl zwischen *phrasal procedure* und *S-procedure* eingeordnet werden.

dass diesen ihre syntaktische Kategorie zugewiesen werden kann), erfolgt eine direkte, d.h. nicht grammatisch vermittelte Übertragung von konzeptuellen Strukturen in Oberflächenformen, z.B. in Form der seit Bever (1970) als natürlich und universal angenommenen Serialisierung von „Ausdruck für Agens vor Ausdruck für Aktion vor Ausdruck für Patiens". Im Idealfall dagegen hat der Lerner die *processing procedures* für die gesamte implikative Sequenz erworben und produziert flüssige und zielsprachkonforme, grammatisch ausdifferenzierte Äußerungen.

Processing procedures operieren über Einheiten verschiedener Hierarchiestufen, und es stellt sich die Frage, um welche Einheiten es sich dabei handeln könnte. Die postulierten Einheiten müssen psychologische Plausibilität besitzen. Als Grammatikmodell, das diesem Kriterium gerecht wird und mithilfe dessen sich die psychologischen Prozesse bei der Produktion morphosyntaktischer Strukturen formalisieren und darstellen lassen, und zwar vornehmlich als Propagierung grammatischer Information während der Sprachproduktion („flow of linguistic information during language production", Pienemann 1999: 19), wählt Pienemann die *Lexical Functional Grammar* (LFG);[64] „a theory of grammar that was developed with the goal of also serving as the grammatical basis of a computationally precise and psychologically realistic model of human language" (Sells 1985: 135). Neben dem Verdienst der LFG, sich bei einer Vielzahl typologisch verschiedener Sprachen als Beschreibungsinstrument bereits bewährt zu haben (vgl. die Liste in Dalrymple et al. 1995: xiv) – ein nicht zu unterschätzender Aspekt für ihren Einsatz in einer Spracherwerbstheorie, die auf alle L1-L2-Kombinationen anwendbar sein will –, ist es vor allen Dingen die Verpflichtung zur psychologischen Plausibilität und damit zum Lernbarkeitskriterium, die die LFG für die PT so attraktiv macht:

> „We assume that an explanatory model of human language performance will incorporate a theoretically justified representation of the native speakers's linguistic knowledge (a *grammar*) as a component separate both from the computational mechanisms that operate on it (a *processor*) and from other nongrammatical processing parameters that might influence the processor's behavior." (Kaplan/Bresnan 1982: 29)

Die anvisierte psychologische Plausibilität erschöpft sich aber nicht in der expliziten Annahme eines *language processor*. Da die LFG im Gegensatz zu den Grammatikmodellen der in Abschnitt 2.1 erwähnten Spracherwerbsstudien aber viel weniger verbreitet ist, möchte ich kurz ihre Grundannahmen referieren, da sonst nicht nur die psychologische Plausibilität der LFG, sondern auch die PT nur auf einer allzu abstrakten Ebene nachvollzogen werden kann. Die folgende Skizze, auf die ich auch in Abschnitt 5.3 bei der Darstellung des Verbstellungserwerbs im PT-Rahmen zurückverweisen werde, vermittelt einen groben Eindruck.

Eine LFG-Struktur setzt sich aus den folgenden Komponenten zusammen:

1. C-Struktur (*c-structure*, Konstituentenstruktur)
Die C-Struktur wird durch kontextfreie Phrasenstrukturregeln generiert, die sowohl die hierarchische als auch die lineare Dimension (Wortstellung) der C-Struktur festlegen. C-Strukturen sind Oberflächenstrukturen und genügen dem X'-Schema. Sie variieren zwar

---

[64] In der Fassung von Kaplan/Bresnan (1982); vgl. Sells (1985: 135–191) und Neidle (1996) als konzise Einführungen in die LFG in der von Pienemann verwendeten Fassung.

einzelsprachlich, doch erhebt die LFG durchaus den Anspruch, auch so etwas wie universale Aspekte der C-Struktur zu formulieren.

„We expect that a substantive theory of human language based on our formalism will stipulate a small, principled set of c-structure configurations in which bounding nodes may appear. The grammars of particular languages must draw from this universal inventory of possible bounding nodes to identify the bounding categories in individual c-structure rules." (Kaplan/Bresnan 1982: 98f.)

Alle lexikalischen Einheiten werden voll flektiert eingesetzt und es gibt keine Transformationskomponente. *Subjekt, Objekt* und andere als universell angenommene grammatische Funktionen sind Grundbegriffe (*primitives*) und nicht konfigurationell definiert. Wenn grammatische Funktionen in bestimmten Sprachen mit C-Struktur-Positionen fest assoziiert sind, so ist das aus der Perspektive der LFG lediglich ein empirisches Faktum.

2. Lexikalische Einträge (*lexical entries*)

Sie sind im Lexikon kodiert und enthalten syntaktische und semantische Informationen, so z.B. die lexikalische Bedeutung, die logische Prädikat-Argumentstruktur sowie kategoriale und morphosyntaktische Merkmale. Zu beachten ist, dass Verben nicht für kategorial, sondern für funktional spezifizierte Argumente subkategorisiert sind, d.h. verbale Argumentstellen sind lexikalisch mit grammatischen Funktionen assoziiert. Formal sind lexikalische Einträge Merkmalstrukturen (*attribute-value matrices, AVM*) – wie alle Elemente der F-Struktur (s.u.).

3. F-Struktur (*f-structure*, funktionale Struktur)

Jedem Knoten (jeder Konstituente) der C-Struktur ist eine funktionale Struktur in Form einer Merkmalstruktur (AVM) zugeordnet. Die F-Struktur spezifiziert insbesondere die grammatische Funktion der Konstituente in der C-Struktur, enthält aber darüber hinaus auch kategoriale, morphosyntaktische und semantische Merkmale. Bei terminalen Knoten (einfachen Konstituenten, Wortformen) ist die F-Struktur nichts anderes als der entsprechende lexikalische Eintrag der Wortform. Für nicht-terminale Knoten (Phrasen) wird die F-Struktur unter Rückgriff auf die F-Strukturen der terminalen Knoten durch Unifikation errechnet. Entscheidend sind dabei sog. Korrespondenzregeln, die Knoten auf F-Strukturen abbilden. Korrespondenzregeln kommen durch die Phrasenstrukturregeln ins Spiel, wo sie als Annotationen der Kategoriennamen auftreten. (Daher spricht man auch von annotierten Phrasenstrukturregeln.) Um ein Beispiel zu nennen:

(i) VP → NP   V
              (↑OBJ) = ↓   ↑ = ↓

(ii) S → NP   VP
              (↑SUBJ) = ↓   ↑ = ↓

Die senkrechten Pfeile beziehen sich hierbei auf F-Strukturen der Mutter (↑ ‚up') oder des Knotens selbst (↓ ‚down'). Die Annotationen von V und VP (↑ = ↓) in (i) und (ii) besagen dann, dass die F-Struktur der Mutter identisch mit der eigenen F-Struktur ist. Pfeile, die durch Merkmalsnamen (SUBJ, OBJ) spezifiziert sind, beziehen sich dagegen nur auf die betreffenden Merkmale in den F-Strukturen, auf die sie zeigen: So meint (↑OBJ) = ↓ in (i), dass die der NP zugeordnete F-Struktur identisch mit dem Wert des OBJ-Merkmals in der F-Struktur der Mutter (VP) ist. Entsprechend besagt (↑SUBJ) = ↓ in (ii), dass die der NP zugeordnete F-Struktur identisch mit dem Wert des SUBJ-Merkmals in der F-Struktur der Mutter (S) ist.

Die F-Struktur gilt als weitgehend einzelsprachübergreifend: „Synonymous constructions in different languages might have radically different c-structure representations though very similar f-structures" (Sells 1985: 137). Zu den Merkmalen (auch Attribute genannt) gehören grammatische Funktionen wie OBJ2 (indirektes Objekt) und morphosyntaktische Merkmale wie NUM (Numerus), denen ein und nur ein Wert zugewiesen wird – aus diesen Beispielen wird bereits klar, dass es verschiedene Typen von Attribut-Wert-Paaren gibt.

Die Informationen der F-Struktur sind also in der C-Struktur annotiert, aber sie sind nicht aus den strukturellen Verhältnissen in der C-Struktur erschließbar („c-structures carry information that is displayed in f-structure", Sells 1985: 140). C- und F-Struktur sind in der LFG als zwei unabhängige Repräsentationsebenen konzipiert.

Zur F-Struktur treten noch Wohlgeformtheitsbedingungen für das Zusammenspiel der Komponenten, nämlich die Bedingungen *completeness* (alle Subkategorisierungsforderungen werden erfüllt), *coherence* (jedes Argument muss Argument zu einem Prädikat sein) und *uniqueness condition*. Letztere spielt in Pienemanns PT eine zentrale Rolle und besagt, dass jedes Attribut einer Konstituente einen und nur einen Wert hat. So kann der Artikel in einer NP nicht das Merkmal Singular kodieren, wenn das Substantiv das Merkmal Plural trägt.

Die Banalität dieses letzten Beispiels darf nicht darüber hinwegtäuschen, dass die LFG mithilfe der Wohlgeformtheitsbedingungen Phänomene erfassen kann, die in anderen Modellen zur Annahme von teilweise hochkomplexen Transformationen führen.

An der Tatsache, dass die Unifizierung ein zentrales Element innerhalb der LFG darstellt, wird unmittelbar deutlich, dass die LFG beim Erfassen von Sprachwissen weniger idealisierend vorgeht als die sich auf Chomsky berufenden Grammatiktheorien. Die LFG abstrahiert nicht vom *on-line processing*, sondern macht es leicht integrierbar. Die Grammatik wird nicht unabhängig von den realen Bedingungen der Sprachproduktion konzipiert. Bewegungstransformationen welcher Art auch immer sind als psychologisch unplausibles Konzept (vgl. G. Altmann 1990) in der LFG nicht vorgesehen, und auch sonst ist die LFG kompatibel mit den Ergebnissen der Sprachproduktionsforschung. In ihrem Rahmen nachvollziehbar ist die relative Autonomie von Teilprozessen bei der Sprachverarbeitung, die nicht von einer bewussten Instanz zentral gesteuert wird, sowie die Inkrementalität dieser Prozesse, die im Formulator bzw. im grammatischen Enkodierer ablaufen. D.h., dass Komponenten des Enkodierprozesses nicht jeweils nur komplett sukzessive abgearbeitet werden können, vgl. Levelt (1989: 24).

Das zentrale Prinzip der Merkmalsunifizierung, die verschiedene Komplexitätsgrade aufweisen kann, kann gedächtnispsychologisch plausibel untermauert werden. Zunächst muss die an das Lexem geknüpfte grammatische Information erkannt, zwischengespeichert und dann an anderer Stelle der Satzstruktur wiederverwendet werden. Ob ein solcher Unifizierungsvorgang schwer zu bewältigen ist und folglich bestimmte Merkmale erst spät in der Lernersprache auftauchen bzw. ob die *uniqueness condition* (s.o.) verletzt wird, hängt davon ab, wie weit die zu unifizierenden Einheiten voneinander entfernt sind (im strukturellen Sinne von zu überschreitenden Knoten) und wie lange die Informationen im grammatischen

Arbeitsgedächtnis gehalten werden müssen.[65] Mit dem Schlüsselkonzept Unifizierung und der zusätzlichen Annahme, dass Unifizierung so früh wie möglich stattfindet, ist es möglich, „to relate structures to a hierarchy of processability" (Pienemann 1998b: 91). Daraus kann wiederum eine präzise Hypothese für eine Hierarchie aufeinander aufbauender Interims-grammatiken abgeleitet werden.

Dass in der LFG alle nicht-phrasenstrukturellen Eigenschaften lexikalisch projiziert wer-den, weil der Lexikoneintrag eine bestimmte syntaktische Umgebung verlangt und damit auslöst, ist in den Augen Pienemanns im Hinblick auf ihre psycholinguistische Tauglich-keit[66] und im Speziellen im Hinblick auf das Lernbarkeitskriterium gerade günstig:

> „[...] the acquisition process itself can most plausibly be viewed as a lexically driven process. The main reason for this assumption is an epistemological one: the inferential process is more powerful if it is based on lexical learning, because the learner can assimilate grammatical features with lexi-cal items on the basis of positive evidence." (Pienemann 1998b: 92)

Als für das Thema Verbstellung interessantes Beispiel für eine lexikalisch gesteuerte Propa-gierung grammatischer Information im Verlaufe einer Äußerung sei die Produktion eines Verbzweitsatzes mit Subjekt-Verb-Inversion skizziert (vgl. Pienemann 1998b: 102ff.): Es gibt im Englischen wie im Deutschen die Möglichkeit eines „optional verb to the left of S" (ibid.: 102) (S = Satz), wenn es sich um einen Matrixsatz (*root*) handelt, und damit die fol-gende *c-structure*:

$$S' \rightarrow \quad (V) \qquad\qquad S$$
$$ROOT = {}_c+$$
$$SENT\ MOOD = {}_cINV$$

In dieser *c-structure* hat das Verb den Wert ‚+' für das Merkmal ROOT und für das Merk-mal SENT(ENCE) MOOD den Wert INV(ERSION). Das Merkmal INV kann nun nicht einfach in der Luft hängen, sondern muss abgeglichen werden – etwa mit dem Lexikonein-trag der W-Wörter wie *wann* oder eines Adverbs wie *heute*, die ebenfalls ein Attribut-Wert-Paar SENT MOOD = INV enthalten. Die eine Unifizierung ermöglichende Kombination von

$$S' \rightarrow \quad (XP) \qquad\qquad S$$
$$wh = {}_c+$$
$$adv = {}_cINV$$
$$SENT\ MOOD = {}_cINV$$

mit S' → (V) S ergibt dann einen Satz mit Subjekt-Verb-Inversion. Anders ausgedrückt: Bestimmte Klassen von Lexemen (im Deutschen sind es anders als im Englischen nicht nur

---

[65] Auch dies ist vereinfacht ausgedrückt. Es kann auch lediglich den Anschein haben, dass gegen die *uniqueness condition* verstoßen wird, da man nicht wissen kann, welche zu unifizierenden Merk-malsannotationen der Lerner überhaupt vornimmt, denn „in language acquisition, new lexical items are often integrated into the lexicon as a unitary morpho-phonological shape and only later are they broken down into their constituent units" (Pienemann 1998b: 97).

[66] Im Sinne der *lexical hypothesis* im Sprachproduktionsmodell von Levelt; vgl. Levelt (1989: 181): „the lexicon is an essential mediator between conceptualisation and grammatical [...] encoding".

W-Wörter und Adverbien) lösen Inversion aus (ibid.: 103).[67] Mit dieser Logik ist dann auch leicht zu erklären, wenn Lerneräußerungen hinsichtlich Inversion Variation aufweisen: Ggf. werden noch nicht alle Lexeme mit dem INV-Merkmal verbunden, so dass auch Verbdritt-Sätze produziert werden.

Der Lerner muss also zum einen lernen, welche Merkmale es in der Zielsprache gibt und an welche Lemmata sie geknüpft sind, und er muss sie unifizieren, im obigen Beispiel interphrasal zwischen XP und V auf der Ebene der *S-Procedure*, was erst zu einem späten Zeitpunkt des Erwerbs möglich ist (vgl. Tabelle unten, Zeitpunkt t_4)

Durch die Verrechnung der oben genannten Hierarchie der Teilprozeduren (vgl. S. 46) mit einer LFG-Grammatik einer Einzelsprache lässt sich, so der Anspruch der PT, der Verlauf des Erwerbs dieser Einzelsprache vorhersagen. In dieser detaillierten (und damit falsifizierbaren) Vorhersagekraft sei die Überlegenheit der PT im Vergleich zu bisherigen Versuchen begründet, die Dynamik des Spracherwerbs innerhalb eines Modells des Erwerbs von Verarbeitungsfertigkeiten (*procedural skills*) zu erklären, denn die Beobachtungen und Folgerungen McLaughlins (1987) oder die *operating principles* Slobins (1973, 1977) seien zwar ein Schritt in die richtige Richtung, blieben aber zu vage. Auch der ebenfalls auf Verarbeitungsroutinen abzielende Strategien-Ansatz von Clahsen (1984) sei insofern unvollständig,[68] als mit einer *speech processing strategy* wie z.B. COS (*Canonical Order Strategy*)[69] nur erfasst werde, dass bestimmte Strukturen – etwa die Distanzstellung von finitem und infinitem Verbteil – vom Lerner nicht verarbeitet werden können und deshalb nicht produziert werden. Es handele sich also um ein Instrument der Einschränkung auf der Ebene der Performanz. Es handele sich nicht um die L2-Grammatikregeln selbst oder um eine Art Ersatz dafür: „Psychological constraints on language production cannot, on their own, make predictions that are powerful enough to describe exact linguistic structures" (Pienemann 1998b: 91; dieser Vorwurf fällt m.E. allerdings auf die PT selbst zurück, s.u.). Stattdessen bleibt nichts anderes übrig, als wie Clahsen davon auszugehen, dass Grammatikregeln von vornherein vorhanden sind, möglicherweise dank eines Komplett-Transfers der L1-Grammatikregeln. Ohne die Prämisse, dass L2-Lerner von Anfang an über ein grundlegendes, auf die Zielsprache anwendbares und angewandtes syntaktisches Wissen verfügen müssen, konnten die bisherigen Versuche, Spracherwerb mit Strategien der oben skizzierten Art zu erklären, nicht funktionieren, unabhängig davon, ob es sich dabei um den Versuch Slobins, Clahsens oder auch der ZISA-Gruppe handelt. Auch bei letzteren (vgl. Clahsen/Meisel/Pienemann 1983) und in der daraus sich entwickelnden *teachability hypothesis* (Pienemann 1984, 1989) wird angenommen, dass Kategorien- und Phrasenstrukturwissen von Anfang an in der Kompetenz des L2-Lerners vorhanden ist, während die Performanz eben die verarbeitungstechnischen Einschränkungen erfährt. Wenn der Lerner nicht weiß, welche Elemente eine Phrase bilden, kann er auch nicht vermeiden, Zusammengehöriges

---

[67] Davon abgesehen, dass Pienemann in seiner Darstellung der Inversion explizit die Frage ausklammert, wie die topikalisierte XP auf ihre durch diese Voranstellung entstehende Lücke in S zu beziehen ist, bleibt außerdem unklar, was aus dem Attribut-Wert-Paar SENT MOOD = INV wird, wenn die entsprechenden Lexeme nicht in der Topikposition zu stehen kommen.

[68] Vgl. den kritischen Überblick in Pienemann/Johnston (1996: 325ff.).

[69] „In underlying sequences [...], in which each of the subconstituents contributes information to the internal structure of the constituent C_x, no subconstituent is moved out of C_x, and no material from the subsequent constituents [...] is moved into C_x." (Clahsen 1984: 221)

auseinander zu reißen, um noch einmal die Clahsensche COS als ein Beispiel für eine Strategie zu skizzieren, die man bei allen hier genannten PT-„Vorläufern" finden kann.

Im Gegensatz zum Strategienansatz möchte die PT sowohl auf möglichst viele Vorannahmen verzichten, als auch einen größeren Erklärungsbedarf abdecken, und zwar nicht nur insofern, als die PT nicht nur bei Wortstellungsphänomenen greift (wie Clahsens Strategien), sondern auch beim Morphologie-Erwerb. Die *processing procedures* fungieren nicht nur als Restriktionen, was die „Performierung" einer Grammatik betrifft, die ansonsten ganz unabhängig davon existiert. Pienemann geht nicht von einem direkt für die L2-Produktionen nutzbar zu machenden grammatischen Vorwissen aus (vgl. Pienemann 1998b: 50), sondern davon, dass der Lerner die Grammatik der Zielsprache von einem Punkt Null an lernen muss, und dass die Entwicklung auch der Lernergrammatik (und nicht nur der Performanz) untrennbar gekoppelt ist an die Entwicklung der Verarbeitungskapazität: „The learner cannot acquire what he/she cannot process" (Pienemann 1998b: 87).

Man ist versucht, hier einen Widerspruch festzustellen zu der zu Beginn dieses Unterkapitels referierten Selbstbescheidung der PT, strikt keine Aussagen zu machen darüber, wie grammatisches Wissen entsteht und überhaupt vorzustellen ist. Und die mögliche Auflösung des Widerspruchs, nämlich die Prozessierbarkeit von Regeln (worüber Aussagen gemacht werden) als Vorbedingung für Regelwissen (worüber nichts gesagt wird) zu deklarieren[70] und nicht mit dem Regelwissen gleichzusetzen, bringt keinen wirklichen Forschritt, sondern verschiebt nur das Problem. Denn letztlich sieht man sich doch wieder auf die Frage zurückgeworfen, was eigentlich in der Sprachproduktion des Lerners passiert, woher seine Äußerungsstrukturen denn kommen, bevor die Regeln als solche (vorstellbar in LFG- oder irgendeinem anderen Format) in der Lernergrammatik vorhanden, also erworben sind und automatisiert werden können. So gesehen erweist sich die explizite Selbstbescheidung der PT geradezu als kontraproduktiv, da sie erst recht einen Erklärungsnotstand bewirkt. Diesen vermeidet der von Pienemann kritisierte Strategienansatz insofern, als er Strategien über einem von Anfang an vorhandenen, nicht von einem Punkt Null an zu erwerbenden Grammatikwissen operieren lässt. Dass die PT von einem solchen nicht ausgehen will, ist ein legitimes Anliegen. Aber sie muss sich dann die Frage gefallen lassen, inwieweit sie mehr zu bieten hat. „Rather than assuming a set of strategies which operate on grammar, processes which create complexity are identified and implemented into a theory of grammar", charakterisieren Pienemann/Johnston (1996: 329) den Vorzug der PT. In eine Grammatiktheorie implementiert ist der Strategien-Ansatz ebenso, wenn auch in eine andere, und auch hier wird Komplexität identifiziert, als Komplexität von Transformationen. Durch das Heranziehen der LFG identifiziert die PT Komplexität als Komplexität von Unifizierung, was neben der leichteren Integration von Kongruenzphänomenen auch eine größere Präzision erlaubt und psychologisch plausibler sein mag, u.a. wegen des Verzichts auf das Transformationskonzept. (Ein solcher Verzicht wird freilich auch in modernen von Chomsky inspirierten Grammatiken proklamiert.) Das ist ein Fortschritt, aber noch kein Quantensprung. Zu postulieren, dass Lerner Grammatikwissen von Punkt Null an erwerben müssen, ohne

---

[70] So verstehe ich Pienemann hier, zumal es an anderer Stelle (1998a: 1, vgl. auch 1998b: 215) heißt: „The task of acquiring a language includes the acquisition of the procedural skills needed for the processing of the language. It follows from this that the sequence in which the target language (TL) unfolds in the learner is determined by the sequence in which the processing routines develop that are needed to handle the TL's component".

etwas über Wissenserwerb zu sagen, kostet als pure Annahme nichts. Auch wenn Piene-mann diese natürlich nicht einfach so in den Raum stellt, sondern eine Vielzahl stützender empirischer Beobachtungen anführt (was Vertreter einer *Full Competence Hypothesis* aber auch tun) – es ergeben sich daraus die Desiderate a) eines nächsten Schritts in Form von Hypothesen dazu, wie Lerner Strukturen der Zielsprache erwerben, und b) einer neurobio-logischen Evidenz.

An dieser Stelle sei nochmals an die in Abschnitt 2.1.3 referierte Argumentation erinnert, dass die Erkenntnisse aus der Neurobiologie eine angeborene Prinzipien- und Parameter-„Hardware" unwahrscheinlich erscheinen lassen. Ohne differenziertes neurolinguistisches Wissen kann hier natürlich nur spekuliert werden. Aber aufgrund der vollkommen abstrak-ten, nicht-substantiellen Natur des Unifizierungskonzepts, bei dem es ja nicht darauf an-kommt, welche konkrete Information es jeweils ist, die an Einheiten geknüpft und abzuglei-chen ist, ist die PT, was die Möglichkeit einer externen, neurobiologischen Untermauerung betrifft, wohl kein schlechter Kandidat. Die Frage, wie *c-structures* in die Köpfe der Lerner gelangen, bleibt allerdings trotzdem offen.

Nach den in Abschnitt 2.1 dieser Arbeit dargelegten Zweifeln an einer angeborenen UG im Prinzipien- und Parameter-Format und der expliziten Anerkennung des Versuchs der PT, möglichst viele Aspekte des Spracherwerbs gerade nicht mit einer angeborenen UG bzw. ihrem Heranreifen zu erklären, wäre es schwer zu motivieren, in Anbetracht der gerade dargestellten Aporie doch wieder auf angeborenes Grammatikwissen zurückgreifen zu wol-len. Aber die Aporie kann auch nicht ignoriert werden und wirft die Frage auf, ob es nicht einleuchtender wäre, auf die Annahme einer Lernergrammatik (in deklarativem Sinne) ganz zu verzichten, statt sich die Frage, wie Grammatikwissen entsteht, gar nicht erst zu stellen. Prozedurales Wissen erfordert nicht eine Vorstufe in Form von deklarativem Wissen. Piene-mann ist nicht dazu gezwungen, die LFG als eine Art Hypothese von deklarativem Gram-matikwissen und nicht nur als Deskriptionsinstrument zu präsentieren.

Außerdem führt die Trennung von dem Erwerb deklarativen Wissens und der Verarbei-tung und der Vorsatz der PT, die Erwerbsfrage zu ignorieren, dazu, dass sich Pienemanns Theorie eine Hintertür offen hält, die zu Lasten ihrer Falsifizierbarkeit geht. Denn während die PT zwar festlegt, dass „the learner cannot acquire what he/she cannot process" (Piene-mann 1998b: 87), um das Leitmotiv noch einmal zu wiederholen, will sie sich doch nicht darauf festlegen, dass etwas auf einem bestimmten Level der *processability hierarchy* Pro-zessierbares auch tatsächlich erworben wird: „It [sc. PT] does not predict that whatever can be processed will indeed be acquired." (Pienemann 1998a: 14)

Doch zurück zu Pienemanns Modell des Syntaxerwerbs: Zu einem bestimmten Zeitpunkt können in die Lernergrammatik nur bestimmte grammatische Regeln Eingang gefunden haben, angefangen damit, dass ein Wort, zunächst frei von syntaktischen Kategoriemerkma-len, einer Kategorie zugeordnet wird, was dann erst den Aufbau einer Phrase ermöglicht, bis hin zum Satz. Der Satz existiert erst dann als Einheit der L2-Grammatik, wenn der Lerner in der Lage ist, Subjekt-Verb-Kongruenz herzustellen, also grammatische Merkmale der einen Einheit zu speichern, damit sie mit denen der anderen über Phrasengrenzen hinweg abgegli-chen werden können (= *S-procedure*).

Einzelsprachspezifische Regeln erfordern sprachspezifische Verarbeitungsprozeduren für alle Komponenten des Formulators (vgl. Pienemann 1998b: 74), d.h. für:

- „Word order rules": Auch wenn Pienemann einen Transfer der L1-Serialisierung nicht a priori ausschließt, gilt: „It is equally likely that he or she [sc. the learner] will initially express the relationship between conceptual structures and surface form in a computationally simpler way". Bei Erwerbsbeginn haben Lexikoneinträge u.U. noch gar nicht ihre kategoriale Zuordnung erfahren, außerdem ist der Lerner noch nicht in der Lage, komplexe *syntactic procedures* (s.u.) zu leisten.

- „Syntactic procedures and their specific stores": Sie dienen dem Aufbau von Phrasenstrukturen, wobei bestimmte grammatische Informationen im Produktionsprozess zwischengespeichert und später abgeglichen werden müssen (*feature unification*), wie etwa der Numerus eines Nomens beim Aufbau einer kongruenten NP mit Artikel und attributivem Adjektiv (*phrasal procedure*) oder die Merkmale für die Subjekt-Verb-Kongruenz (*S-procedure*). Die einzelsprachliche Eigenart ergibt sich daraus, welche Kategorisierungen überhaupt markiert werden müssen und welche Phrasenkategorien es gibt – „L1-procedures are not equipped to handle the specific storage task required by the L2".

- „Diacritic parameters (Pienemann 1998a: 6 spricht von „diacritic features") in the lexicon": Damit sind grammatische Merkmale wie Tempus, Numerus, Genus, Kasus gemeint, Kategorisierungen, die nicht in jeder Sprache gleichermaßen markiert werden.

- „The lexical category of lemmata": Diese muss vom Lerner bei jedem neuen Eingang in das L2-Lexikon gelernt werden, wobei es auch zu falschen Zuordnungen kommen kann und ein Nomen z.B. zunächst als Verb behandelt werden kann.

- „Functorisation rules": Für den Einsatz freier und gebundener grammatischer Morpheme der L2.

Der Lerner muss also den Formulator für die L2 „re-konstruieren" (1998b: 81), und durch die Verrechnung der zielsprachlichen Grammatikregeln im LFG-Format mit den zur jeweiligen Entwicklungsphase möglichen Verarbeitungsroutinen wird dieser Prozess detailliert vorhersagbar. Dies soll bezüglich der deutschen Verbstellungsregeln in Kapitel 5 demonstriert werden. An dieser Stelle sei zunächst Pienemanns grober Überblick über die „hypothetical hierarchy of processing procedures" wiedergegeben (ibid.: 79):

	t_1	t_2	t_3	t_4	t_5
S'-procedure (Embedded S)	−	−	−	−	+
S-procedure	−	simplified	simplified Topic-Subj	+ interphrasal morphemes	+
Phrasal procedure (head)	−	−	+ phrasal morphemes	+	+
category procedure (lex. categ.)	−	+ lexical morphemes	+	+	+
word/lemma	+	+	+	+	+

	t_1	t_2	t_3	t_4	t_5
interlanguage grammar of configurational languages	single words and 'phrases'	canonical order; morphemes: lexical	canonical order – TOPI; morphemes: lexical, phrasal	L2 word order in main clauses; morphemes: lexical, phrasal, interphrasal	L2 word order in main + subordinate clauses; morphemes: lexical, phrasal, interphrasal
interlanguage grammar of nonconfigurational languages	single words and 'phrases'	free or canonical order morphemes: lexical morphological marking of semantic roles	free or canonical order – TOPI; morphemes: lexical and phrasal morphological marking of semantic roles	L2 word order in main clauses; morphemes: lexical, phrasal, interphrasal	L2 word order in main + subordinate clauses; morphemes: lexical, phrasal, interphrasal

Zum Zeitpunkt t_1 sind noch keinerlei sprachspezifische Prozeduren vorhanden. Neue Wörter gelangen ins Lexikon,[71] aber es sind noch keine syntaktischen Informationen an sie geknüpft, so dass zwangläufig alle weiteren syntaktischen Prozeduren blockiert sind und keine Phrasen aufgebaut, keine Merkmale unifiziert, keine syntaktischen Funktionen zugewiesen werden können. Neben formelhaften Äußerungen produzieren die Lerner also nur direktes *mapping* von konzeptuellen Strukturen. Daraus ergibt sich bereits so etwas wie ein Vorläufer von SVO (und damit von VO), geht man davon aus, dass Agens-Aktion-Patiens eine universale konzeptuelle Struktur ist (im Sinne von Bever 1970). Vgl. Kapitel 5 zu einer Ausbuchstabierung der PT im Hinblick auf den Erwerb der deutschen Satzstruktur.

Zum Zeitpunkt t_2 erhalten die Lexikoneinträge ihre kategoriale Spezifizierung und können folglich mit bestimmten (nicht allen) kategorienspezifischen grammatischen Morphemen versehen werden. Diese grammatischen Morpheme heißen bei Pienemann *lexical morphological markers*. Dies ist etwas irreführend, hat aber insofern seinen Sinn, als es sich dabei um solche grammatischen Morpheme handelt, die, vereinfacht ausgedrückt, unmittelbar, d.h. unabhängig von anderen Konstituenten im Satz, eine Funktion haben, wie z.B. tempusmarkierende Morpheme.[72] Im Gegensatz dazu wäre ein Kongruenzmarker kein *lexi-*

---

[71] Dies ist stark vereinfacht ausgedrückt. Es stellt sich etwa die Frage, ob für L2-Lexeme ein neues Lexikon eröffnet wird, oder ob ein L2-Lexikon im L1-Lexikon verankert wird. Derlei Fragen können hier nicht diskutiert werden.

[72] „The information about tense is contained in the verb lemma with the value 'past' for the diacritic feature 'tense'. This means that the diacritic feature in question is available in the same location where the morpheme for the marking of the past (i.e. '-ed') has to occur and no information has to be deposited into any syntactic procedure to achieve this process. I call the resulting class of mor-

cal morphological marker, sondern, je nachdem, ein *phrasal* oder *interphrasal morpheme*. Die *lexical morphological markers* werden also direkt von der konzeptuellen Struktur aktiviert und dürfen keinen Austausch grammatischer Informationen erfordern, denn die *phrasal procedure*, die dafür verantwortlich wäre, ist zu diesem Zeitpunkt noch nicht automatisiert. Die Lerner produzieren nach wie vor direkt auf der konzeptuellen Struktur aufgesetzte Oberflächenstrukturen, wobei man allerdings die Agens-Aktion-Patiens-Abfolge nun schon in einer Formel Nomen-Verb-Nomen erfassen kann. In nicht-konfigurationalen Sprachen sind also durchaus zielsprachnahe Äußerungen möglich, da es z.B. genügt, eine entsprechende nominale Konstituente gemäß ihrer Kasusrolle oder das Verb mit einem Tempusmerkmal zu markieren.

Ab dem Zeitpunkt t_3 sind die *phrasal procedures* automatisiert, so dass sog. *diacritic features* zwischengespeichert und zwischen Kopf und Modizifierer unifiziert werden (*phrasal morphemes*), etwa im Falle einer durchgängigen Pluralmarkierung in einer NP. Phrasenübergreifende Kongruenz ist noch nicht möglich, eine Syntax im engeren Sinne auch noch nicht, da die *appointment rules* und die *S-Procedure* noch fehlen. Um jedoch über eine Position in einer Satzstruktur zu verfügen, müssten die Lerner diese Position ja zum Ganzen in Bezug setzen, also Phrasen überblicken und überschreiten können. Daraus kann man schließen, dass die Markierung der Subjekt-Verb-Kongruenz unterbleibt und auch Wortstellungsregeln wie z.B. die deutsche Verbklammer noch nicht bewältigt werden können. Möglich ist allerdings eine Erweiterung des NVN-Satzmusters durch saliente periphere Positionen für informationsstrukturell saliente Phrasen. Für einen Lerner des Deutschen ergäbe sich daraus dann, oberflächlich betrachtet, ein „Rückschritt", denn während NVN ja einem zielsprachkonformen SVO-Satz entsprechen kann, produziert er nun u.U. Verbdritt-Sätze.

Ein solcher Verstoß sollte zum Zeitpunkt t_4 nicht mehr beobachtet werden, denn nun sollte der Lerner neben dem Einsatz von *interphrasal morphemes* auch die syntaktisch bedingte Wortstellung bewältigen, wozu das Verbzweitphänomen ja zu rechnen ist.

Zum Zeitpunkt t_5 schließlich kann der Lerner auch satzförmige Komplemente beherrschen, also Komplementen die S-Prozedur zuweisen und Nebensätze produzieren.

Ein solcher innerhalb der PT vorhersagbarer Erwerbsverlauf soll nicht als ein starr festgelegtes Muster erscheinen, ganz im Gegenteil. Zu einem bestimmten Zeitpunkt kann der Lerner Interimsgrammatiken einer bestimmten Qualität prozessieren. Von solchen möglichen, d.h. prozessierbaren Grammatiken kann es eine oder auch mehrere geben. Die Menge und Komplexität der Prozeduren, die der Lerner leisten kann, eröffnen einen Hypothesenspielraum (*hypothesis space*), innerhalb dessen Variation auftreten kann.

Jede Spracherwerbstheorie muss in der Lage sein, Phänomene der Variation, wie sie empirisch nun einmal nachgewiesen sind, zu integrieren und zu erklären, und der von der PT repräsentierte Fortschritt besteht darin, dass Variation nicht einfach nur in Kauf genommen wird oder auf außersprachliche (psycho-soziale) Faktoren zurückgeführt werden muss. Stattdessen soll vorhersagbar sein, welche Varianten im Einzelnen zu einem bestimmten Zeitpunkt auftreten können, denn der Hypothesenspielraum ist eine Funktion apriorisch gegebener Berechnungsroutinen. Ein solcher Hypothesenspielraum liegt z.B. der vom Lerner schon bewältigbaren Merkmalsabgleichung zugrunde, die auf Stufe 3 der oben skizzierten Hierarchie bei zwei Einheiten innerhalb einer Phrase, aber noch nicht phrasenübergrei-

---

phemes 'lexical'. Since lexical morphemes can be produced without phrasal procedures they can develop before phrasal procedures." (Pienemann 1998a: 7)

fend möglich ist. Äußerungen, die diesem Kriterium entsprechen, können sehr verschieden aussehen und doch demselben Hypothesenspielraum zugeordnet werden. Auf diese Weise erhält der Begriff der Variation und damit auch der der Interlanguage einen Grad an Falsifizierbarkeit, den diese Begriffe nicht haben, solange post hoc, weil sich aufgrund der Datenlage bestimmte Grenzziehungen aufdrängen, festgelegt wird, was noch als Variation innerhalb „derselben" IL und was schon als eine IL fortgeschrittener Stufe zu gelten hat.[73]

2.4   Fazit und zur Perspektive der folgenden Untersuchung

Über das *predictive model*, den unmittelbaren, sich im Wesentlichen nicht von ihr unterscheidenden Vorläufer der *Processability Theory*, urteilen Pienemann/Johnston (1996: 328) folgendermaßen: „The predictive model is a developmental step towards designing a psychologically more parsimonous model of language acquisition". Dieser Aussage stimmt man in Anbetracht der Leistung zu, dass aus einem einzigen Schlüsselkonzept heraus, der Unifizierung grammatischer Information, die Hierarchie der Erwerbssequenzen hergeleitet wird. Dieser Aussage möchte man aber insofern nicht zustimmen, als es nicht wirklich um Erwerbssequenzen geht, sondern darum, zu welchem Zeitpunkt der L2-Lerner bei der Sprachproduktion zu wie komplexen *procedural skills* (der Unifizierung) in der Lage ist. Darauf weist Pienemann, wie den Zitaten in Abschnitt 2.3. zu entnehmen war, selbst unmissverständlich hin, und nicht umsonst lautet der Titel von Pienemann (1998b) „Language Processing and Second Language <u>Development</u>" (in der Produktion, möchte man noch ergänzen), während im obigen Zitat noch unvorsichtigerweise von einem „model of language <u>acquisition</u>" die Rede ist. Insofern ist die PT in einem zu hohen Grade „parsimonious", denn die *procedural skills* werden zwar auf eine Grammatik bezogen, doch wo andere Hypothesen zum Spracherwerb das Postulat aufstellen, das von ihnen verwendete Grammatikmodell, z.B. das Prinzipien- und Parameter-Modell, sei auch die mentale Grammatik, macht die PT einfach gar keine Aussage (außer, dass der LFG psychologische Plausibilität zugesprochen wird). Eine prinzipielle Überlegenheit darf sie deshalb nicht beanspruchen. Ihr Fortschritt besteht darin, dass sie einen Faktor der *channel capacities* in das ihm zukommende Licht rückt und in systematischer Weise ausbuchstabiert.

In Rahmen von Kapitel 5 werde ich diskutieren, inwieweit sich die Ergebnisse meiner Fallstudien im Rahmen der PT erklären lassen (vgl. Abschnitt 5.3).

---

[73] Auch in UG-orientierten Spracherwerbstheorien ist natürlich das Konzept eines *hypothesis space* enthalten. Die These ist, dass Lerner sich unterschiedlich verhalten, ihre Produktionen dabei aber nie gegen die UG verstoßen. *Hypothesis space* wird also durch die UG-Prinzipien konstituiert. Allerdings gilt so vom Beginn bis zum Endpunkt des Erwerbs derselbe *hypothesis space*, während der *hypothesis space* in der PT ein dynamisches Konzept ist, denn dieser entspricht ja den sich erweiternden Kapazitäten, *processing procedures* zu leisten. Im Gegensatz dazu trägt die UG als Mechanismus, Hypothesen zu restringieren, zunächst einmal nichts zur Erklärung der Dynamik von Lernervarietäten bei, es sei denn durch Zusatzannahmen wie die eines genetisch bedingten Heranreifens von Prinzipien oder einer bestimmten Reihenfolge, in der einzelne Parameter gesetzt werden können.

Auf den Funktionalismus werde ich dort nicht mehr zurückkommen, da sich aus den bestehenden, in Abschnitt 2.2 angesprochenen Ansätzen zu wenig zum Erwerb der Verbstellung ableiten lässt. Nicht etwa, weil sich generell keine Vorhersagen ableiten ließen:

„Characteristic of the approach taken by Klein/Perdue is that systematicity does not follow from strong theoretical presumptions of any kind. This does not mean that the organizational principles have no theoretical foundation. On the contrary, it is the interplay between pragmatic, semantic and phrase structure constraints with their own theoretical embedding which can account for the types of form-meaning correspondences in learner varieties." (Jordens 1997: 291)

Unabhängig davon, ob man mit Klein/Perdue konform gehen will in der Annahme, dass eine Weiterentwicklung der einfachsten Äußerungsstrukturen immer kommunikativ motiviert sein muss, ist festzustellen, dass die Phrasenstrukturregeln PH1–3 (vgl. Abschnitt 2.2) der *Basic Variety* jedenfalls nur beschrieben, nicht erklärt werden. PH1–3 haben in der *Basic Variety* eben nicht „their own theoretical embedding". Die Position des Verbs in PH1–3 wird nicht erklärt.

Sehr spezifische Vorhersagen, in welcher Phase des Erwerbs das Verb in welcher Position einer wie gearteten Satzstruktur realisiert wird, machen dagegen die am Prinzipien- und Parameter-Modell orientierten Ansätze, indem sie Grundannahmen zur An- oder Abwesenheit funktionaler Kategorien im *initial state* des Erwerbs vorschlagen. Einige solcher Vorschläge werden in Abschnitt 5.2 anhand der Fallstudien der vorliegenden Arbeit diskutiert.

Da ich derartige Grundannahmen selbst nicht übernehmen will, sondern davon ausgehe, dass die L2-Lerner im Input invariante Pattern entdecken und auf diese Weise Strukturformate inferieren,[74] wobei sie in diesem Analyseprozess ggf. ihr Wissen über Strukturformate aus der L1 mehr der weniger gewinnbringend einsetzen (vgl. Abschnitt 5.1), beschreibe ich meine Daten in Kapitel 4 strikt oberflächenorientiert. Ausdrucksweisen wie in „das Verb wird in die Zweitposition bewegt" oder „das Verb wird über die Negationspartikel angehoben" sind rein metaphorisch gemeint. Meist werde ich aber ohnehin Begriffe verwenden, die einem flachen, topologischen Modell der deutschen Satzstruktur entsprechen. Auf diese Weise werde ich auch im folgenden Kapitel den Lerngegenstand der Verbstellungsregeln im Deutschen zunächst beschreiben (Abschnitt 3.1). Die Erläuterung der deutschen Satzstruktur in der Art des Prinzipien- und Parameter-Modells (Abschnitt 3.3) dient als Hintergrundinformation für die dann in Abschnitt 5.3 vorgestellten generativen Erwerbsmodelle.

---

[74] Die Frage, ob es sich bei solchen Formaten dann um „abstract knowledge" oder „exemplar specific knowledge" handelt (Carr/Curran 1994: 207, vgl. auch Dienes/Berry 1993) klammere ich dabei aus.

3. Zu Lerngegenstand[1] und Input

Eine Studie zum Verbstellungserwerb kommt nicht daran vorbei, sich auch mit Syntaxtheorie zu befassen, denn zunächst einmal gilt es, den Lerngegenstand, d.h. die zielsprachliche Satzstruktur in Bezug auf die Strukturpositionen, die das Verb bzw. Teile davon aufnehmen können, zu beschreiben. Wie dies am geschicktesten unternommen wird, dafür gibt es eine Vielzahl von Vorschlägen. Was unter „geschickt" zu verstehen ist – z.B. „ökonomisch" oder „auf universalen Prinzipien basierend", – ist bereits theorieabhängig. Nicht alle Modelle können, manche müssen hier behandelt werden, letzteres aus zweierlei Gründen:

• Wie Lerneräußerungen kommentiert, Erwerbsverläufe interpretiert und erklärt werden, und zu welchen allgemeinen erwerbstheoretischen Schlüssen eine Studie kommt, hängt maßgeblich vom Rahmen des Syntaxmodells ab, in der sich diese bewegt (kritisch dazu, wenn auch nicht in letzter Konsequenz: Rogers 1995).

• Die das Feld beherrschenden generativen Syntaxmodelle erheben wegen ihres Lernbarkeitskriteriums den Anspruch, Erwerbsphänomene erklären zu können. Insofern kann jede Erwerbsstudie unmittelbar als Prüfstein gelten. Überhaupt gehen Syntaxtheorie und Syntaxerwerbstheorie oft eine enge Verquickung ein. Dies kann insbesondere bezüglich des Prinzipien- und Parameter-Modells, in dessen Rahmen die meisten Syntaxerwerbsstudien der letzten Jahre anzusiedeln sind, festgestellt werden (vgl. Abschnitte 2.1 und 5.2). Zwangsläufig besteht im generativen Rahmen ein wechselseitiges Abhängigkeitsverhältnis: Die generative Syntax beansprucht, Teil der Kognitionswissenschaft zu sein und den strengen Kriterien der Naturwissenschaft zu genügen. Das bedeutet aber, dass die Prinzipien, die aus der Sprachbetrachtung gewonnen werden, nur dann als wirklich existent gelten dürfen, wenn ihre Gültigkeit auch durch unabhängige Evidenz verifiziert werden kann (Fanselow 1992: 341). Wenn ein Physiker aufgrund theoretischer Überlegungen auf bestimmte Eigenschaften von Elementarteilchen schließt und so u.U. eine ganze Reihe von Phänomenen „erklären" kann, muss er doch weiterhin versuchen, diese Eigenschaften auch experimentell nachzuweisen. Die von Grammatikern formulierten Prinzipien müssen also idealiter in Form von neuronaler „Hardware" belegt werden, bzw. zumindest in Form von Spracherwerbsprozessen, die indirekt auf das Vorhandensein der Prinzipien im menschlichen Gehirn schließen lassen. Umgekehrt erlauben bzw. erleichtern es die syntaxtheoretischen Vorschläge, Datenmaterial zu interpretieren und Daten gezielt zu erheben. Darin liegt jedoch gerade die Gefahr, die Spracherwerbsstudien als das Sekundäre, als die „Sekundanten" einer bestimmten zu bestätigenden syntaxtheoretischen Hypothese, zu behandeln, wie es oft beobachtet werden kann (vgl. Abschnitt 5.2).

Im Folgenden wird zunächst ein Überblick über die in deutschen Sätzen möglichen Verbstellungen gegeben. Dabei soll bereits die Frage aufgeworfen werden, inwieweit man davon ausgehen kann, dass diese linearen Regularitäten für den Lerner transparent sind, oder ob bezüglich der Verbstellung nicht vielmehr von einem ambigen Input ausgegangen werden muss. Im Anschluss daran werden dann verschiedene syntaxtheoretische Ansätze für die

---

[1] Die Begriffe *lernen* und *erwerben* werden von mir synonym gebraucht.

60

deutsche Satzstruktur vorgestellt. So wird zum einen deutlich, dass diese eben nicht als erschöpfend studierter Gegenstand gelten kann und die eine oder andere Lösung nicht unbegründet als Grundlage für eine Spracherwerbsstudie herangezogen werden sollte. Zum zweiten ermöglicht es der folgende Überblick, bei der Darstellung von Forschungsergebnissen in Abschnitt 5.2 die grammatischen Grundannahmen und Modellierungen der jeweiligen Studien nicht mehr in aller Ausführlichkeit erläutern zu müssen.

3.1 Deutsche Satzstrukturen – die lineare Oberfläche

Die folgende Übersicht erfasst alle möglichen Oberflächenstrukturen deutscher Verberst- Verbzweit- und Verbletztsätze (V1, V2, VL) im Rahmen einer Felderanalyse (vgl. Drach [4]1963, Höhle 1986, GDS 1997: 1495ff.), und zwar im Hinblick auf die für das Verb bzw. die verbalen Elemente relevanten Strukturpositionen. Dies sind der linke und der rechte Teil der Satzklammer (SK), durch die der Satz sich weiterhin aufgliedert in Vorfeld (VF), Mittelfeld (MF) und Nachfeld (NF). Im Folgenden wird nicht mehr von Satzklammerteilen, sondern der Kürze halber von linker und rechter SK die Rede sein.

VF	linke SK	MF	rechte SK	NF
Verberstsatz				
	fin. Verb	*(Konstituente(n))*	*(inf. Verb(teil))*	
–	Wirf	(den Ball)	(weg)!	
–	Wirft	er (den Ball)	(weg)?	
–	Hat	er (den Ball)	(weg)geworfen?	
–	Hätte	er (den Ball) halt	(weg)geworfen!	
–	Hat	er ja (den Ball)	(weg)geworfen.	
–	Wirft	er (den Ball)	(weg), …	
–	Wirft	er ja (den Ball)	(weg)!	
	Hat	da plötzlich einer den Ball	weggeworfen.	
Verbzweitsatz				
Konstituente	*fin. Verb*	*(Konstituente(n))*	*(inf. Verb(teil))*	
Er	wirft	(den Ball)	(weg)	(wenn er muss).
Er	hat	(den Ball)	(weg)geworfen.	
Er	will	(den Ball)	(weg)werfen.	
Dann	hat	er (den Ball)	(weg)geworfen.	

VF	linke SK	MF	rechte SK	NF
Er	wirft	(den Ball)	(weg)?	
Wer	wirft	(den Ball)	(weg)?	
Was	hat	er	(weg)geworfen?	
Er	habe	(den Ball)	(weg)geworfen	(den er sucht).

Verbletzsatz

	Subjunkt.[2]	*(Konstituente(n))*	*(inf. Verb(teil))* *fin. Verb*	
	dass	er (den Ball)	(weg)wirft	(wenn er muss).
	ob	er (den Ball)	(weg)werfen will	
wer	–	(den Ball)	(weg)geworfen hat?	
der	–	(den Ball)	(weg)geworfen hat	

Wie die einzelnen Felder weiter aufgegliedert werden können, so dass z.B. an der Spitze des Mittelfeldes noch die sog. Wackernagelposition (und Präwackernagelposition) angesetzt werden kann, und welche Konstituentenabfolgen im Mittelfeld möglich sind, interessiert hier nicht.

Die diversen Beispielsätze zeigen, dass eine einfache Zuordnung von Stellungstypen und Satzarten nicht möglich ist. So kann ein Verberstsatz eine Frage, einen Konditionalsatz, einen Deklarativsatz in einem *dramatic narrative style* (Hawkins 1987: 133) und anderes enkodieren.[3] Dies bedeutet aber nicht, dass keine prototypischen Realisierungen bestimmter Satzarten angesetzt werden können. Vgl. Eisenberg (1994: 381):

> „As far as the basic sentence types are concerned, word order is distinctive. With a suitable intonation pattern, VSO [V1] is a yes/no-question or an imperative sentence, […]. The SVO pattern [V2] can be a wh-question or a declarative sentence […].“

Die Funktion von Verbletzt freilich sei auf einer anderen, rein syntaktischen Ebene anzusiedeln; Verbletzt signalisiert lediglich den Status eines Satzes als eingebetteten, abhängigen Nebensatz.[4]

---

[2] Unter dem Terminus Subjunktion subsumiere ich neben den adverbiellen Subjunktionen wie *als* oder *falls* auch die Komplementierer *dass* und *ob*.

[3] Sätze mit einem Verb in satzinitialer Stellung, die aus einer diskurslizensierten Ellipse eines Topiks entstehen, vgl.
Sprecher A: „Und den Ball?"
Sprecher B: „~~Den Ball~~ Hab ich weggeworfen.",
werden von mir zu den Verbzweitsätzen gerechnet.

[4] Dieser doch so wesentliche Unterschied von Verberst- und Verbzweit- gegenüber Verbletztsätzen erscheint in einem generativen Rahmen insofern oft nicht deutlich, als in der am weitesten verbreiteten Analyse allen Sätzen der Status einer CP zugesprochen wird (vgl. Abschnitt 3.3). Eine Ausnahme stellen u.a. Brandt et al. (1992) dar, die zwischen CP- und IP-Sätzen kategorisch trennen:

62

Auch gibt es keine 1:1-Zuordnung der Merkmale Finitheit und Position – finite Verben treten in der linken und in der rechten SK auf; dasselbe gilt außerdem für Vollverben gegenüber Modal- bzw. Auxiliarverben.

All dies macht die Verbstellung zu einem komplexen Lerngegenstand.

Die linke SK ist immer besetzt, sei es durch ein finites Verb oder durch eine Subjunktion. Ausnahmen sind eingebettete W-Fragen und Relativsätze.[5] Die rechte SK beherbergt infinite Verben bzw. den infiniten Verbteil bei Partikelverben, oder aber das finite Verb, wenn die linke SK durch die Subjunktion besetzt ist. Bei analytischen Verbformen wie dem Perfekt, Kombinationen aus Modalverb und Vollverb oder auch bei einfachen flektierten Formen trennbarer Verben enthält sowohl die linke, als auch die rechte SK ein verbales Element. Ist dabei das Mittelfeld nicht leer, kommt es zur Distanzstellung der Prädikatsteile, vgl. z.B.

*Er **hat** einen Apfel **gegessen**.*   vs.   *Il **a mangé** une pomme.*

Dies wird als (die Mittelfeld-Konstituenten „umklammernde") Verbklammer im engeren Sinn bezeichnet.

Die rechte SK muss weiterhin in Oberfeld und Unterfeld unterteilt werden, um den Stellungs- bzw. Linearisierungsmöglichkeiten von Verbalkomplexen in Nebensätzen gerecht zu werden (vgl. Bech [2]1983: 63). Nicht immer befindet sich das finite Verb in absoluter Letztstellung der rechten SK. In einer Reihe von Fällen steht das finite Verb *vor* allen infiniten Verbformen. Die rechte SK gliedert sich dann in ein Oberfeld (OF), das das finite Verb und eventuell eine infinite Verbform enthält, und ein Unterfeld (UF), in dem alle anderen Elemente der rechten Satzklammer stehen.

Vgl. die folgenden Beispiele aus Wöllstein-Leisten et al. (1997: 70ff.):

… dass man ihn hier _{RSK} [*liegen bleiben lassen wird*]

Der finite Teil der verbalen Kette, *wird*, regiert nach links den reinen Infinitiv *lassen*, *lassen* regiert nach links einen weiteren reinen Infinitiv, *bleiben*, und dieser regiert nach links *liegen*. Erscheint diese Rektionsrichtung nicht so an der Oberfläche, wird ein Oberfeld eröffnet:

„Während IP also die funktionale Projektion ist, die eine VP zu einem Satz macht, ist CP in unserem Modell eindeutig der Knoten, der durch die in ihm stehenden Elemente Unselbständigkeit signalisiert" (ibid.: 28).

[5] Von dialektal geprägten Sätzen abgesehen, vgl.:
Der Spieler, der wo Lothar Matthäus gefoult hat.
Sag mir, wann dass du das gesehen hast.
Derartige Belege werden manchmal als sichtbarer Hinweis darauf gewertet, dass die funktionale Kategorie C maximal projiziert, wobei nicht immer sowohl SpecCP als auch C⁰ overt realisiert sein müssen. Das Bairische gehört zu dem Typus „which license doubly filled complementizers in both indirect questions and relative clauses" (vgl. Penner 1993: 10). In Übertragung auf die obige topologische Darstellung bedeutet das, das im Bairischen sowohl das Vorfeld als auch die linke SK besetzt sind. Wenn man weiter davon ausgeht, dass eine parallele Darstellung des Standarddeutschen und seiner dialektalen Varietäten wünschenswert ist, müssen Interrogativ- und Relativpronomen wie oben bei leerer linker SK im Vorfeld stehen.

... dass man ihn hier $_{RSK}$ [$_{OF}$ [*wird*] $_{UF}$ [*liegen bleiben lassen __*]]

In diesem Fall stellt die satzklammerinterne Anhebung eine stilistische Variante dar. In verbalen Ketten mit Modal- bzw. A.c.I.-Verben und einem sog. Ersatzinfinitiv ist sie obligatorisch.[6]

*... *dass er das Buch* $_{RSK}$ [*lesen gesollt hat*]

Das Hilfsverb *haben* regiert eigentlich ein Verb im 3. Status (Partizip II). Handelt es sich dabei aber etwa um ein Modalverb und regiert dieses ein weiteres Verb, ändert sich nicht nur die Rektion

*... *dass er das Buch* $_{RSK}$ [*lesen sollen hat*],

sondern auch die Linearisierung:

... dass er das Buch $_{RSK}$ [$_{OF}$ [*hat*] $_{UF}$ [*lesen sollen __*]]

Wenn weiterhin *haben* selbst regiert wird, muss auch sein Regens im Oberfeld stehen:

... dass er das Buch $_{RSK}$ [$_{OF}$ [*wird haben*] $_{UF}$ [*lesen sollen __*]]

Auch solche Eigenschaften gehören natürlich zum Lerngegenstand Verbstellungsregeln. Die von mir ausgewerteten Daten lassen nur keine Schlüsse zu, wie bzw. ob die Lerner diese Regularitäten tatsächlich bewältigen. Nicht etwa, weil sie am Ende des Erhebungszeitraums nicht als sehr fortgeschrittene Lerner bezeichnet werden könnten, sondern weil es abwegig wäre, ein nennenswertes Aufkommen komplexer verbaler Ketten in der Sprache kindlicher Lerner zu erwarten.[7] Außerdem stellt sich die Frage, wie oft verbale Ketten mit Oberfeld im hauptsächlich mündlichen Input der kindlichen Lerner vertreten sind und somit die grundsätzliche Regel der Letztstellung des Finitums im Nebensatz lernerschwerend relativieren, zumal selbst im geschriebenen Deutsch der Anteil mehrfach besetzter rechter Satzklammern gering ist: Hoberg (1981: 32) ermittelt für die von ihr ausgewerteten Teile des Mannheimer Korpus einen Wert von knapp 6% für rechte Satzklammern mit drei Verbkomplex-Elementen, und von nicht einmal 1% mit vier. Weit über die Hälfte der rechten Satzklammern, nämlich 66%, sind überhaupt nur mit einem einzigen Verb besetzt.

An dieser Stelle sollen nun einige Überlegungen dazu, wie sich der Erwerbsgegenstand Verbstellung den Lernern tatsächlich präsentiert, die bisherigen Ausführungen ergänzen. Dabei geht es einmal um etwaige Hindernisse, auf die Lerner bei der Inputanalyse stoßen könnten, aber auch um „Hilfestellungen", die der Input eventuell für sie bereit hält.

---

[6] Ob die Sprecher und auch Schreiber des Deutschen dieser Regel tatsächlich immer Folge leisten, muss allerdings angezweifelt werden.

[7] Dies gilt auch für die Äußerungen deutscher Kinder. Komplexe verbale Ketten dürften relativ selten produziert werden, und außerdem zunächst Übergeneralisierungen aufweisen wie in „wenn Mama die Sophie essen gelasst hat" (Hörbeleg).

3.2 Zu Eigenschaften des Inputs

Der Input-Faktor ist theorieunabhängig von entscheidender Relevanz. Wenn man in einer UG-orientierten Erwerbstheorie davon ausgeht, dass der Lerner durch positive Evidenz einen Parameter fixiert, ergibt sich die Frage, inwieweit der Input auch wirklich eine unmissverständliche positive Evidenz bereithält, auf die ein angeborenes *Language Acquisition Device* zugreift. In einer allgemein kognitiven Konzeption von induktivem Lernen stellt sich das Problem, wie eindeutig oder eben wie widersprüchlich das Sprachmaterial ist, aus dem der Lerner die Regeln abstrahieren muss, erst recht.

In einigen Überlegungen zum L2-Erwerb u.a. des Deutschen formuliert Comrie mit Blick auf die Verbletztstellung (1997: 368) die folgende Vermutung:

> „[…] this word order is not salient for the second-language acquirers […], whose attention will be drawn precisely to simple sentences consisting only of a main clause."

Mit einer solchen Annahme ist er nicht allein. So gehen Clahsen/Muysken (1989) davon aus, dass „L2 learners rely more on surface strategies" (ibid.: 1) und dass der Ausgangspunkt des Erwerbs eine Regelhypothese zur Struktur von einfachen Deklarativsätzen sei. (Dass SVO die salienteste und/oder frequenteste Abfolge sei, bleibt implizit.) Doch können dies tatsächlich nur Vermutungen sein, die sich womöglich als voreilig vereinfachend erweisen können. Denn in Bezug auf die Regeln der Verbstellung im Deutschen lassen sich zu viele Gelegenheiten in Erwägung ziehen, bei denen der Lerner den rezipierten Äußerungen eine falsche Struktur zuweisen kann:

- Bei Sätzen mit einstelligen Verben (S V, Subjunktion S V) kann zwischen Verbzweit- und Verbletztstellung nicht unterschieden werden.

- In Hauptsätzen mit einfachen finiten Verben (S V X) findet der Lerner keinen Anhaltspunkt für das Vorliegen einer rechten SK.

- Andererseits ist denkbar, dass ein beginnender Deutschlerner, der längere Äußerungen noch gar nicht vollständig rezipieren und analysieren kann, bei Hauptsätzen mit einer analytischen Verbform und gefülltem Mittelfeld die Verbklammer nicht erkennt. Stattdessen könnte er zunächst nur das Vollverb wahrnehmen, da bei normaler Satzintonation das finite Hilfs- oder Modalverb nicht betont wird.

„Synsemantika […], die morphologische oder syntaktische Kategorien repräsentieren und nicht als selbstständige Satzglieder vorkommen können" können „bei nichtexpressiver Akzentuierung" nur dann den Satzakzent tragen, „wenn sie den alleinigen Fokus bilden" (Henke 1993: 7, vgl. auch Nöth 1991: 151ff.).[8] Zwar findet sich bei Jacobs (1992: 226) eine Repräsentation der neutralen Akzentstruktur des Satzes *Er hat den Kanzler geküsst* in Form eines rhythmischen Gitters, in der beide Teile einer Verbklammer die gleiche rhythmische Prominenz aufweisen. Doch ist zu bedenken, dass es sich bei Jacobs um konstruierte Beispiele handelt, die einzeln und sorgfältig artikulierten Sätzen entsprechen. Prinzipiell die-

---

[8] Zum Begriff der normale Betonung vgl. Höhle (1982), zum Begriff des neutralen Satzakzents vgl. Jacobs (1982).

selbe Art von Sprachdaten, nämlich eine Reihe von unzusammenhängenden, von professionellen Sprechern vorgelesenen Einzelsätzen untersucht Möbius (1993) in größerem empirischen Rahmen. Dort (ibid.: 96) findet sich das folgende Beispiel mit den Betonungsurteilen von 20 Sprechern bzw. Hörern. Die Zahlen über den Silben geben an, von wie vielen Hörern die jeweilige Silbe als betont empfunden wurde:

14	3	4	14	4	18	6 1
Hans	*hat*	*seinem*	*Bruder*	*immer*	*Geld*	*gegeben*

Hier weist das Hilfsverb das geringste Gewicht auf. Ebenso stuft Lötscher (1983: 40ff.) die Hilfsverben in seinen Beispielsätzen als tonlos ein, teilt Modalverben jedoch einen Nebenakzent zu.

Datenmaterial, das den Inputverhältnissen, um die es hier geht, etwas näher kommen dürfte, wird von Jin (1990) ausgewertet. Sie untersucht Akzente und Grenztöne in spontan gesprochener Sprache (dialogische Erklärungstexte). Ein Blick auf ihre Transkripte (Jin 1990: Anhang, 1–32) bestätigt die Einschätzung, dass die linke Satzklammer meist tonlos gesprochen wird, was im Übrigen auch für finite Vollverben in dieser Position gilt.[9]

Seitenblicke auf Ergebnisse der Intonationsforschung müssen hier genügen und sollen natürlich nicht als Ersatz für eine spezifische Inputstudie gelten. Es scheint aber legitim, von einer im Vergleich zur linken Satzklammer größeren Salienz des infiniten Vollverbs in der rechten Satzklammer auszugehen, einmal, weil das Vollverb Träger der begrifflichen Verbbedeutung ist, zum anderen, weil es entweder selbst den Hauptakzent erhält

Peter hat seit Stunden geSCHLAfen.

Peter muss jetzt langsam AUFstehen.

oder weil es adjazent zu der sich unmittelbar links von ihm befindlichen, den Hauptakzent tragenden Konstituente steht.

Peter hat gestern einen BRIEF geschrieben.[10]

Dies kann als unmarkierte Akzentuierung gelten (Höhle 1982 spricht von „stilistisch normal"), denn ein so akzentuierter Satz kann ausgehend vom Fokusexponenten (im obigen Beispiel: *Brief*) via Fokusprojektion verschieden weit ausgedehnte Fokusbereiche (F) haben. Der Satz

[$_{F4}$*Peter* [$_{F3}$*hat* [$_{F2}$[$_{F1}$*einen BRIEF*] *geschrieben.*]]]]

kann als Antwort auf eine ganze Reihe von Fragen fungieren:

1. *Was hat Peter geschrieben?*

---

[9] Wozu es selbstredend eine Menge Ausnahmen gibt. Sobald etwa die Äußerung *Die Mama kauft EIS* mit Pronomen realisiert wird, erhält das Verb den Satzakzent: *Sie KAUFT es.* Bei monovalenten Verben kann auch das Verb betont werden, *Die Katze FRISST.*

[10] Vgl. Jacobs (1992) zu der Frage, welche Art von Konstituenten bei sog. normaler Intonation (ohne einen engen kontrastiven Fokus) Akzent, d.h. hier *neutral stress*, tragen können, also zum Unterschied von *Peter hat seit Stunden geSCHLAfen* (und nicht: *Peter hat seit STUNden geschlafen*) vs. *Peter hat gestern einen BRIEF geschrieben.*

2. *Was hat Peter getan?*

3. *Was lässt sich bezüglich Peter sagen?*

4. *Was ist geschehen?*

Natürlich gibt es vielfältige Möglichkeiten, Informationsstruktur prosodisch zu markieren und dabei andere Einheiten zu betonen. Dabei gibt es auch das Phänomen des sog. VE-RUM-Fokus, bei dem in Verbzweitsätzen das Finitum betont ist (vgl. Höhle 1988):

> *Er HAT den Präsidenten beleidigt.*

Dies stellt aber einen hochgradig markierten Fall dar, der nichts daran ändert, dass Hilfsverben in aller Regel unbetont sind.[11] Die höhere Salienz von Vollverben in Letztstellung gegenüber Hilfsverben in Zweitstellung ergibt sich auch daraus, dass das Ende einer Äußerung eine perzeptiv prägnante finale Dehnung aufweist. Darüber hinaus zeigen auch Shady/Gerken (1999), dass das „placement of key words in utterance-final position" (ibid.: 163) im L1-Erwerb einen wesentlichen „caregiver cue" darstellt, und Naigles/Hoff-Ginsberg (1998) stellen in ihrer Antwort auf die Frage „Why are some verbs learned before other verbs?" fest, dass neben den Faktoren *total frequency* und *diversity of syntactic environments* insbesondere die *final position frequency* der Verben im Input ausschlaggebend ist. Dies gilt besonders zu Beginn des (L1-)Erwerbsprozesses, wenn es darum geht, die ersten Wörter aus dem Lautkontinuum zu filtern. Auch Cruttenden (1994) betont in seinem Überblick zu „phonetic and prosodic aspects of Baby Talk" die Schlüsselrolle der Enden von Äußerungen.[12]

Aus all den genannten Gründen – Betonung des Vollverbs in satzfinaler Position, die satzfinale Position als solche, das semantische „Gewicht" der Vollverben – könnte der DaZ-Lerner also zunächst die Verbletztposition identifizieren und eine Verbletztregel annehmen.

a) Dazu kommt, dass diskontinuierliche Einheiten wie analytische Verbformen oder Partikelverben in Distanzstellung überhaupt als schwer zu verarbeiten gelten. „[...] interruption or rearrangement of linguistic units places a strain on sentence processing – both in production and reception", folgert Slobin schon 1973 aus psycholinguistischen Forschungs-

---

[11] Das Funktionsverb ist ggf. sogar das einzige nicht betonte Element in einer Äußerung, in der bei geringerem Sprechtempo und größerer Sprechspannung ansonsten jede Konstituente Akzent erhält. Vgl. das letzte der folgenden Beispiele, die eine Akzentverteilung innerhalb eines verschieden groß ansetzbaren Fokusbereichs illustrieren (Henke 1993: 16):
   1. Was hatte der Schöpfer auch schon getan? – Der Schöpfer hatte auch schon einen VOgel erSCHAFfen.
   2. Was hatte der Schöpfer getan? – Der Schöpfer hatte auch SCHON einen VOgel erSCHAFfen.
   3. Was ist geschehen? – Der SCHÖPfer hatte auch SCHON einen VOgel erSCHAFfen.

[12] Zum Stellenwert der perzeptiven Prägnanz im Input beim L1-Syntaxerwerb des Deutschen vgl. Kaltenbacher (1990), bezüglich des salienten Vollverbs insbesondere S. 88f., wobei Kaltenbacher hier eher allgemein und nur auf Kiparsky (1966) verweisend von einem größeren Betontheitsgrad der Verben in Endposition spricht und diesbezüglich leider keine Inputuntersuchung vorlegt. Vgl. auch Mills (1985) ebenfalls zum L1-Erwerb des Deutschen, sowie Peters (1985) allgemein zu „operating principles for the perception and analysis of language".

ergebnissen (Slobin 1973: 199; vgl. auch Slobin 1985b). Ich gehe davon aus, dass dies auf den Zweitspracherwerb übertragbar ist.

Bestimmte Aufgaben, die im L1-Erwerb zentral sind, fallen im L2-Erwerb jedoch weg. Die von mir untersuchten Kinder sind alt genug, um über das Wissen von grammatischen Kategorien wie Verb und Nomen zu verfügen. Diese Kategorien müssen nicht erst herausgebildet werden, und zweifelsohne hilft dieses Wissen bei Segmentierung und Analyse des Inputs. Dies steht aber nicht im Widerspruch zu der Hypothese, dass dessen prosodische Eigenschaften und die Komplexität der Linearisierungsmöglichkeiten, also die für die Verbstellung relevanten Faktoren, wesentlich dafür verantwortlich sind, welche Einheiten und Regularitäten ihrer Kombinatorik als erste aus dem Lautkontinuum der fremden Sprache herausgefiltert werden.

b) Die tabellarische Darstellung der Stellungsmuster in Abschnitt 3.1 suggeriert, dass das Nachfeld nur in hypotaktischen Satzgefügen besetzt wird, nämlich mit dem abhängigen Teilsatz. Zwar gilt: „The filling of the final field is fully grammaticized only for subordinate clauses" (Eisenberg 1994: 383). Vor allem in gesprochenen Äußerungen von Verbzweitsätzen jedoch werden noch nach der rechten Satzklammer Konstituenten, meist Adjunkte, angefügt (vgl. Altmann 1981):

Ich habe gestern deinen Freund getroffen vor dem Kino.

Meist handelt es sich dabei um besonders lange, „schwere" Konstituenten, oder aber, wie oben, um die oft mit dem Terminus *Nachtrag* bezeichneten, zu einem vorher schon hinreichend ausgedrückten Sachverhalt hinzugefügten Ergänzungen, bzw. um Äußerungsteile, die defokussiert werden sollen (vgl. Auer 1991: 142ff. zu einer Differenzierung verschiedener Formen der Herausstellung nach rechts in Ausklammerung, Nachtrag, Reparatur, Rechtsversetzung und Apposition). Der Lerner muss erkennen, dass es sich dabei um eine abgeleitete Position handelt, die aus informationsstrukturellen Gründen für bestimmte Arten von Konstituenten eröffnet wird. Dabei dürfte ihm der Tonhöhenverlauf eine wesentliche Hilfe sein: Normalerweise bestehen Sätze mit Ausklammerung aus zwei Phrasierungseinheiten mit terminalem Fall und damit aus zwei Wahrnehmungseinheiten,[13] deren erste mit der rechten Satzklammer endet, so dass die Verbletztposition doch deutlich sein müsste.

c) Nicht alle Subjunktionen erfordern Verbletzt. Lerner, die nicht nur zu einem gefilterten Unterrichtsinput Zugang haben, hören mit Sicherheit auch sehr viele *weil*-Sätze mit Verbzweitstellung. Auch *obwohl* leitet bisweilen Verbzweitsätze ein.[14] Die Frage, ob bei *weil* und *obwohl* mit Verbzweit gar nicht mehr von Subjunktionen, sondern von parordinieren-

---

[13] Der Forschungsüberblick in Hirsh-Pashek/Golinkoff (1996) zeigt, dass Phrasierungseinheiten schon für sehr kleine Kinder relevant sind; vgl. auch den Artikel von Hirsh-Pashek/Tucker/Golinkoff (1996) zum *prosodic bootstrapping*. Ich gehe davon aus, dass dies auch auf die hier untersuchten Kinder im Zweitspracherwerb zutrifft, zumal bestimmte intonatorische Muster zur Markierung von Informationswert und -gliederung, wie etwa terminal fallende vs. ansteigende Konturen als Signal für Offenheit gegenüber Abgeschlossenheit, universal zu sein scheinen. Vgl. Bolinger (1978).

[14] Zur Erläuterung des Phänomens der „zunehmenden Verbzweitstellung nach der Konjunktion *weil* oder […] [der] zunehmende[n] Einleitung koordinierter Sätze mit *weil* statt *denn*" vgl. Wegener (2000b: 69; 1993, 2000a).

den Konjunktionen gesprochen werden sollte und somit ein *weil-1* und ein *weil-2* anzusetzen sind, ändert nichts daran, dass Lerner hier ambigen Input verarbeiten müssen. Generell existiert das Problem, dass gelernt werden muss, zwischen den folgenden drei Gruppen von funktional recht ähnlichen Verknüpfern zu unterscheiden: 1. Subjunktionen wie *weil-1*, *nachdem*, *obwohl* oder *anstatt dass*, 2. Konjunktionen, die noch vor dem Vorfeld stehen wie *weil-2, denn* oder *sondern* und 3. Adverbien wie *deshalb, darum, trotzdem, danach*. Es ist für den L2-Lerner nicht leicht, angesichts der Tatsache, dass von diesen kausalen, konzessiven oder temporalen Verknüpfern nicht gleichermaßen Verbletzt oder Inversion gefordert wird, nicht in Verwirrung zu geraten.[15]

d) Der Lerner des Deutschen wird in seinem Input natürlich nicht nur auf so transparente Evidenzen für die Verbzweiteigenschaft des Deutschen stoßen, wie sie die tabellarische Darstellung suggeriert, in der das Vorfeld immer nur mit einem einzelnen Wort besetzt ist. Die das Vorfeld besetzende Konstituente kann mehr oder weniger komplex sein, vgl. etwa

$_{VF}$ [*Weil er nicht mehr trainieren will,*] $_{LSK}$*wirft* $_{MF}$ [*er den Ball*] $_{RSK}$*weg.*

Unterschlagen wird außerdem, dass auch im Vorfeld nicht-finite Verben stehen können, und ein Verb im Vorfeld Argumente und Adjunkte zu sich ziehen kann, im Falle eines ergativen Verbs sogar das Subjekt:

WErfen will er den Ball.

GeWORfen hat er den Ball.

Der LIsa ZUgeworfen hat er den Ball.

Die FLAsche RUNtergefallen ist ihm in seinem Suff.

Allerdings sind solche Sätze als hochgradig markiert zu bewerten (vgl. Höhle 1982, zu ihrer verschwindend geringen Frequenz im geschriebenen Deutschen Hoberg 1981: 180ff.) und sie werden hier nicht weiter einbezogen. Vergleichbares spielt in den später präsentierten Lernerdaten auch keine Rolle und man kann wohl davon ausgehen, dass eine so unübliche Vorfeldbesetzung im Input der hier untersuchten Kinder eher selten vorkommt. Wenzel (1998) findet in einem in Berlin erhobenen Korpus bestehend aus 8 Stunden Mutter-Kleinkind-Interaktion[16] in den Äußerungen der Mütter insgesamt nur drei Verb(phrasen)-Topikalisierungen. Dabei handelt es sich um Daten aus dem Erstspracherwerb, und die Kinder sind sehr jung, d.h. zwischen 17 und 36 Monaten alt. Insofern sind Ergebnisse dieser Inputstudie für den kindlichen Zweitspracherwerb nicht mehr als ein Indikator. Dazu kommt, dass regionale Unterschiede berücksichtigt werden müssen. Eine Untersuchung zum Input eines österreichischen Jungen (vgl. Köhler/Bruyère 1996, Köhler 1998, 1999–2000,

---

[15] Zu dem Problem, „daß die korrekte Generalisierung oft eine korrekte Kategorisierung einzelner Sprachelemente voraussetzt", vgl. N. Müller (1998: 93). Sie berichtet exemplarisch von einem bilingualen Kind, das Präpositionen als Nebensatzeinleiter gebraucht: *das ist für der Rauch geht hoch.*

[16] Daten aus dem Projekt „Die Bedeutung der emotionalen Qualität der Mutter-Kind-Interaktion für den Erwerb der Dialogfähigkeit des Kindes" von Gisela Klann-Delius, Freie Universität Berlin, vgl. Klann-Delius (1997); ausgewertet wurden jeweils fünf Minuten Mutter-Kind-Dialog zu vier verschiedenen Zeitpunkten bei 25 Paaren.

Schaner-Wolles 1996) kommt nämlich zu ganz anderen Ergebnissen, vgl. dazu die folgende Tabelle aus Köhler (1999–2000: 48):

VP-Topikalisierung im Input von Nico, Aufnahme 1–17 (Alter 2;02.09-2;07.24)

	MV-Konstr.	*tun*-Periphrase	gesamt
keine VP-Topikalisierung	470 = 88,2%	83 = 43,7%	553 = 76,5%
VP-Topikalisierung	63 = 11,8%	107 = 56,5%	170 = 23,5%
Σ	533 = 73,7%	190 = 26,3%	723 = 100%

Der im Vergleich zu den Berliner Daten hohe Wert von 23,5% VP-Topikalisierungen steht in Zusammenhang mit der häufigen Verwendung der *tun*-Periphrase, in der *tun* die Finitheitsmerkmale trägt und mit einem Vollverb im Infinitiv kombiniert wird, wie z.B. in *Die Puppen tun jetzt schlafen*. Vgl. auch die folgenden Beispiele zur VP-Topikalisierung aus dem Nico-Korpus (Köhler 1999–2000: 50, 35; 1999):

Situation: N. bettelt um Schokolade.
Mutter: „Nein! Spieln tun ma."

Nico: „Aussteign. Aussteign."
Mutter: „Der Mann steigt EIN, nicht aus. Einsteign tut der Mann."

Nico: „Kaffee trinken Mama. Kaffee trinken Mama."
Mutter: „Kaffee trinken tut die Mama, ja."

e) Weist der Input die nicht-standardsprachliche *tun*-Periphrase auf, so ist dies zwar ein wichtiger Aspekt, aber nicht unbedingt ein Ambiguitätsfaktor, wie er für die potentiell verwirrenden VP-Topikalisierungen, die mit der *tun*-Periphrase einhergehen können, vermutet wird. Diesem eventuellen „Schaden" steht der Nutzen gegenüber, dass der Lerner durch Äußerungen mit der *tun*-Periphrase zusätzliche Evidenz für das Phänomen der Verbklammer und natürlich der Vollverb-Letztstellung erhält.

Die in der vorliegenden Studie untersuchten Kinder lernen Deutsch in Augsburg. Auch im bairisch-schwäbischen Raum wie generell in Süddeutschland ist die *tun*-Periphrase fester Bestandteil der Umgangssprache (Erb 1995, 1996 zeigt sogar, dass die *tun*-Periphrase nicht nur in süddeutschen Dialekten verbreitet ist). Mills (1985: 161) erwähnt in ihrer Gesamtschau zum L1-Erwerb des Deutschen Daten von drei Müttern aus dem schwäbischen Sprachraum mit einem hohen Anteil solcher Konstruktionen. Allerdings kann eine dieser drei Gewährsfrauen nicht als schwäbische Dialektsprecherin gelten, und trotzdem weist die an ihr Kind gerichtete Sprache – und angeblich nur diese – viele *tun*-Periphrasen auf. Mills folgert daraus, dass es sich dabei um ein spezifisches *baby talk feature* handeln könne. Dass es sich ausschließlich um ein solches handelt, kann sicher ausgeschlossen werden, eine besonders hohe Frequenz in der Mutter-Kind-Dyade ist allerdings denkbar.

Mills stößt noch auf eine andere Instanz von „syntactic baby talk", nämlich auf Sätze mit Vollverbinfinitiv in Letztstellung ohne Modalverb in Zweitstellung wie in *Mama Bonbon essen?*, anstelle von: „Soll die Mama das Bonbon essen?" (Mills 1985: 161). Dieser Befund ist wichtig im Hinblick auf das empirisch abgesicherte Phänomen, dass deutsche Kinder in ihren frühen Mehrwortäußerungen Verbletztstellung deutlich bevorzugen. Dies wird im generativen Paradigma damit erklärt, dass die Kinder eben gleich den richtigen (= OV-) Parameterwert setzen. Möglicherweise wird aber die Annahme eines angeborenen Spracherwerbsmechanismus wie das sog. *parameter setting*, das für das rasche Erkennen der im Deutschen zugrundeliegenden Verbletztstellung verantwortlich gemacht wird, obsolet, wenn Mills punktuelle Beobachtungen sich anderweitig und in größerem Umfang bestätigen.

Dies ist natürlich nicht der Rahmen, um die alte inputzentrierte Spracherwerbshypothese vom *motherese* als Syntax-Lehrinstrument zu diskutieren oder sich gar zu Spekulationen über eine Übertragung des Konzepts auf den *foreigner talk* hinreißen zu lassen, dem die türkischen und russischen Kinder möglicherweise ausgesetzt sind, denn ob DaZ-Lerner dank Äußerungen wie *Du Geld bezahlen* die OV-Natur des Deutschen erwerben, sei dahingestellt. Es bleibt aber – neben der generellen erwerbstheoretischen Schlüsselfrage, welcher Stellenwert dem Input überhaupt zugewiesen werden soll – die Frage, ob und in welchem Maße der Input der hier untersuchten Lerner dank der *tun*-Periphrase eine Hilfestellung in Form von zusätzlichen Verbklammern enthält. Um diesbezüglich Hypothesen aufzustellen, bleibt derzeit nur der Blick auf Ergebnisse aus der Forschung zur deutschen Umgangssprache und zum L1-Input, da eine spezifische Inputstudie leider nicht zur Verfügung steht.[17]

f) Zu wenig bekannt ist auch darüber, wie oft im Input insgesamt das Vorfeld mit einer anderen Konstituente als dem Subjekt besetzt ist, so dass es zur Inversion von Subjekt und Prädikat kommt. Solche Evidenz ist aber nötig, damit der Lerner die Verbzweiteigenschaft des Deutschen erkennen kann. Eine Untersuchung von Haberzettl (1998: 129ff.) zur Wortstellungsvariation in der deutschen Kindersprache zeigt, dass eine Vorfeldbesetzung durch das Subjekt stark bevorzugt wird. Diese Untersuchung hat den Vorteil, einen Blick auf das Sprachverhalten potentieller Inputlieferanten der kindlichen DaZ-Lerner zu werfen.[18] Um eine wirkliche Inputuntersuchung handelt es sich jedoch nicht, zumal es sich um ausschließlich narrative Daten zu Bildergeschichten handelt – womit erklärbar ist, dass die nach dem Subjekt häufigste Vorfeldbesetzung Adverbien wie *dann* oder *da* aufweist. Dennoch sind Ergebnisse dieser Studie zur Vorfeldbesetzung in Bezug auf die hier gestellte Inputfrage aussagekräftiger als deutsche Korpora bestehend aus Zeitungs- und anderen Texten, die meist durch eine elaborierte Markierung der Thema-Rhema-Progression und Kohäsion und damit durch viel Wortstellungsvariation gekennzeichnet sind.[19] Relativ nied-

---

[17] Überhaupt stehen im Hinblick auf syntaktische Phänomene aussagekräftige, quantitative Inputuntersuchungen noch aus, zum (natürlichen) L2-Erwerb ohnehin, aber auch zum L1-Erwerb des Deutschen. Neben den bisher genannten analysiert auch Kaltenbacher (1990) bestimmte Aspekte des Inputs einer Lernerin, und zwar im Hinblick auf die Äußerungen, die von ihr dann als unanalysierte Formeln übernommen werden, aber auch auf Merkmale von Äußerungen z.B. bezüglich der perzeptiven Prägnanz bestimmter Teile, die die Herausbildung produktiver kombinatorischer Regeln provozieren. Die von Mills (1985) beobachtete hohe Frequenz von (Voll-)Verben in Letztstellung kann Kaltenbacher im Input des von ihr untersuchten Kindes nicht feststellen. Der Grund für das vom Kind bevorzugte Verbletzt liegt ihrer Meinung nach im größeren Betonungsgrad der Verben in Letztstellung, von dem weiter oben schon die Rede war. – Eine in Mills (1985) angekündigte große Inputstudie „in Vorbereitung" wurde leider nie veröffentlicht.

[18] Ausgewertet wurden Aufnahmen mit fünfzehn 6–7-Jährigen von je ca. einer halben Stunde.

[19] Auch die Radio-Interviews aus dem Freiburger Korpus bestehen zu einem Gutteil aus narrativen Passagen, allerdings bietet sich im mündlichen Sprachgebrauch der Rückgriff auf prosodische

rige Werte für Subjekt-Vorfelder von 63% und die Tatsache, dass nur knapp mehr als die Hälfte aller in Sätzen mit Vorfeld belegten Subjekte auch tatsächlich im Vorfeld stehen, wie Hoberg (1981: 162f.) es zum (schriftsprachlichen) Mannheimer Korpus ermittelt, müssen vor diesem Hintergrund betrachtet werden.

Als Arbeitshypothese gilt deshalb zunächst, dass Subjekt-Verb-Abfolgen im Input deutlich vorherrschen und – wenn man Frequenzverhältnisse als relevant erachtet – der Erwerb der Inversion und damit der Erwerb von Verbzweit Schwierigkeiten bereiten könnte.

Die Erwerbsverläufe in Kapitel 4 werden zeigen, mit welchen Regularitäten des komplexen Lerngegenstands die untersuchten Lerner tatsächlich Schwierigkeiten haben – Verbzweit- oder Verbletztstellung, Distanzstellung der Verbklammerteile, Inversion. Es wird abzuwägen sein, ob diese Schwierigkeiten auf den Input zurückzuführen sind, der wie soeben skizziert Gelegenheit zu falschen bzw. nicht ausreichenden Hypothesen gibt oder auch arm an Evidenzen für die richtigen Hypothesen ist, oder ob andere bzw. welche anderen Faktoren berücksichtigt werden müssen.

Auf keinen Fall soll der Eindruck erweckt werden, die oben skizzierten Vertracktheiten des Inputs machten es unmöglich, die Regularitäten der Verbstellung zu erkennen. Ganz im Gegenteil gehe ich von der grundsätzlichen Annahme aus, dass die hier untersuchten L2-Lerner die Verbstellung induktiv aus dem Input inferieren können, auch wenn ihr Input weniger homogen und klar sein mag, als Wenzel (1998) dies in ihrer L1-Input-Studie nachweist.

In diesen oft zitierten Schlüsselbegriffen steckt die Prämisse der UG-orientierten Spracherwerbsforschung, die sie im Wesentlichen begründet: Der Input enthält zu wenig positive Evidenzen, als dass Spracherwerb allein durch den Zugriff allgemeiner induktiver Kognitionsleistungen auf die zur Verfügung stehenden Sprachdaten möglich wäre. Stattdessen müsste die Auseinandersetzung mit dem Input von Anfang an durch ein angeborenes, sprachspezifisches kognitives Modul, ein nicht-einzelsprachgebundenes Vorwissen über Strukturierungsprinzipien, gesteuert sein.

In den folgenden Abschnitten wird dargestellt, wie der Lerngegenstand deutsche Satzstruktur beruhend auf solchen universalgrammatischen Prinzipien modelliert wird.

3.3 Der deutsche Satz in der generativen Standardanalyse

Das im Hinblick auf das Thema Satzstruktur zunächst wichtigste universalgrammatische Prinzip ist das X'-Schema:

[Spezifizierer + [Komplement + Kopf]] – $_{X''=XP}$[YP $_{X'}$[ZP X^0]]

Der Satz selbst kann als eine X'-schematische X'-Schema-in-X'-Schema-Schachtelkonstruktion verstanden werden. Lexikalische Projektionen (NP, VP, AP, PP), die dem X'-Schema entsprechen, werden in eine Konfiguration von funktionalen Projektionen (IP, CP,

---

Markierung von Informationsstruktur an, so dass hier auf Serialisierungsvarianten ggf. verzichtet wird.

DP) integriert, die ihrerseits dem X'-Schema entsprechen. Unterschiede zwischen den Einzelsprachen werden nicht als Unterschiede dieser Architektur betrachtet – diese ist eben universal –, sondern ergeben sich aus unterschiedlichen Eigenschaften der beteiligten Köpfe (Stichwort: Verzweigungsrichtung) oder der Konfigurationen für Kasuszuweisung.

Die entscheidende Rolle des X'-Schemas gilt zumindest für die Theorien vor dem Minimalistischen Programm (MP, Chomsky 1995). Da aber neue syntaxtheoretische Ansätze nicht von einem Tag zum anderen Eingang in die Spracherwerbsforschung finden, und man sich keineswegs schon darüber einig geworden wäre, ob das MP der Erwerbsforschung einen größeren Dienst erweist als das Prinzipien- und-Parameter-Modell (PPM),[20] herrschen Analysen im Rahmen dieses Modells noch vor und werden hier deshalb als generative Standardanalysen bezeichnet.

Die Standardanalyse der deutschen Satzstrukturen geht auf Thiersch (1978) bzw. den Besten (1983) zurück. Danach wird ein nach links regierendes Verb, also die XV-Reihenfolge, als für das Deutsche grundlegend betrachtet, die Verbzweitstellung als abgeleitet. Das Verb bewegt sich im Hauptsatz aus seiner Basisposition in eine satzinitiale funktionale Kopfposition, Verbpartikeln, Infinitive und Partizipien hinter sich lassend. Bevor das Verb in seiner endgültigen Position landet, muss es – je nach Konzeption – andere Positionen passieren. Allen Satzmodellen gemeinsam ist nur die Annahme einer VP mit XV-Abfolge.

In einer Konzeption ist die IP rechtsköpfig. Das Verb bewegt sich daher zunächst nach rechts, um in I^0 Finitheitsmerkmale abzuholen, und dann erst nach links in den Kopf C^0 der CP (vgl. Grewendorf 1988, 1992, von Stechow/Sternefeld 1988, Vikner/Schwartz 1996).

In einer anderen Konzeption bewegt sich das Verb von vornherein nach links, weil alle funktionalen Projektionen, in deren Köpfen sich das Verb sukzessive Merkmale abholen muss, linksköpfig sind (vgl. Haftka 1996: 127, außerdem Pollock 1989 und Grewendorf 1992 zur Split-INFL-Hypothese, d.h. zur Aufspaltung der ursprünglich angenommenen IP in verschiedene V-affine getrennt projizierende funktionale Merkmale von Kongruenz, Tempus u.a.).[21] Die Letztstellung des finiten Verbs in Nebensätzen erfordert dann zusätzliche Annahmen, z.B. dass das finite Verb in dieser Position basisgeneriert wird – nach Bierwisch (1990) stehen flektierte Verbformen als Produkte des Lexikons direkt in V^0. Darüber hinaus wird innerhalb der VP ein Verbalkomplex (VK) aus infinitem und rechtsstehendem finitem Teil angesetzt (so auch Haftka 1996, Brandt et al. 1992: 18). Eine andere Möglichkeit ist, dass „the finite features, which are located in I^0, must be licensed by either (a) V^0-to-I^0-movement or (b) lexicalised C^{0}" (Zwart 1991: 85, zitiert nach Schwartz/ Vikner 1996: 27), oder dass „proper government by a lexical complementizer of the (phonetically) empty I^0 blocks movement of the verb there" (Schwartz/Vikner 1996: 46, zur Annahme von Travis).

Uneinigkeit besteht auch bezüglich der Frage, in welchem funktionalen Kopf das finite Verb letztendlich landet, ob es in subjektinitialen und nicht-subjektinitialen Sätzen überhaupt in dieselbe Position bewegt wird. So fallen bei Haider in subjektinitialen Sätzen die C- und die I-Projektion zusammen in CP/IP-*matching projections*, und Travis (1984, 1991)

---

[20] Erste Anwendungen des MP auf Spracherwerbsdaten liegen von Roeper (1996) und Powers (2000) für den L1-Erwerb (*merger theory*), von Platzack (1994/1996) und in Ansätzen von Parodi (1998) für den L2-Erwerb vor.

[21] Im Folgenden wird der Einfachheit halber nur der Ausdruck IP verwendet, also auch in Bezug auf Autoren, die an entsprechender Stelle z.B. von AgrSP sprechen würden.

bringt Subjekte in SVO-Sätzen in der Spec-IP, Objekte in OVS-Sätzen jedoch in Spec-CP unter, was dann das Verb von I^0 nach C^0 zieht (asymmetrische V2-Analyse). Andere schieben zwischen IP und CP eine weitere Ebene ein, die Topik-Phrase (vgl. Müller/Sternefeld 1993), die alle möglichen präverbalen Konstituenten beherbergen kann, also Subjekte wie Objekte, lediglich keine W-Phrasen, denn diese befinden sich in Spec-CP.

Weitere Uneinigkeit besteht darin, welche funktionalen Projektionen für das Deutsche angenommen werden müssen. Von Haider (1993b) wird z.B. die Notwendigkeit einer IP im Deutschen angezweifelt (vgl. bereits Kratzer 1984). Brandt et al. (1992), Höhle (1991) oder auch Diesing (1990) wiederum verzichten darauf, bei Verbzweitsätzen überhaupt, also unabhängig von der jeweiligen Besetzung der präverbalen Position, eine CP anzunehmen. Solche Sätze „sind nur" IPs (V2-in-IP-Analyse), wobei z.B. bei Diesing der Status von Spec-IP (A- oder A'-Position) je nach Besetzung durch ein Subjekt oder Nicht-Subjekt variiert und daher auch dieser Ansatz asymmetrisch genannt werden könnte. (Vgl. Schwartz/Vikner 1996: 30; vgl. Brandt et al. 1992: 1–28 zu einer V2-in IP-Analyse mit einer allerdings von der üblichen abweichenden Bedeutung von I^0 als Satzmodusfunktionsträger und mit einheitlichem A'-Status für das Vorfeld).

Hier nochmals die grundsätzlichen Analysetypen im Überblick und ein Versuch, sie in das topologische Modell aus Abschnitt 3.1. einzuordnen:

	VF	l. SK	MF	r. SK
„Uniformitäts-[22]	$_{CP}$[XP	$_{C'}$ [C^0	$_{IP}$[XP $_{I'}$ [$_{VP}$[XP $_{V'}$ [XP V^0]]	I^0]]]]
„V2-in-IP- bzw. Differenz-	$_{IP}$[XP	$_{I'}$ [I^0	$_{VP}$[XP $_{V'}$ [XP	V^0]]]]
für V2-Sätze (aller Art)				
	$_{CP}$[XP	$_{C'}$ [C^0	$_{IP}$[XP $_{I'}$ [I^0 $_{VP}$[XP $_{V'}$ [XP	V^0]]]]]]
für Verbletztsätze				
„asymmetrische V2-Hypothese"[23]	$_{IP}$[XP	$_{I'}$ [I^0	$_{VP}$[XP $_{V'}$ [XP	V^0]]]]
bei SVO				
	$_{CP}$[XP	$_{C'}$ [C^0	$_{IP}$[XP $_{I'}$ [I^0 $_{VP}$[XP $_{V'}$ [XP	V^0]]]]]]
bei OVS				

Es wird deutlich, dass es nicht nur verschiedene Analysen der deutschen Satzstruktur gibt, zwischen denen gewählt werden muss, sondern dass ggf. auch innerhalb einer bestimmten Analyse ein- und derselben Oberflächenstruktur (was die Verbstellung betrifft) unterschiedliche Strukturen unterlegt werden – in der asymmetrischen V2-Hypothese werden Verbzweitsätze mit Subjekten anders behandelt als diejenigen mit Nicht-Subjekten in präverbaler Stellung. Wenn Spracherwerb bedeuten soll, dass der Lerner wissen/lernen muss, dass das

---

[22] Problem: Wenn man für V2-Sätze nicht eine leere rechte Satzklammer annehmen will, gelangt man stattdessen zu einer mit V^0 und I^0 „doppelt besetzten" rechten Satzklammer.

[23] Diese Übersicht ist in vielerlei Hinsicht stark vereinfacht:
– Es gibt auch eine Uniformitätshypothese mit linksköpfiger IP.
– Brandt et al. (1992) vertreten die sog. hybride Differenzhypothese, in der sich V2- und Verbletztsatz nicht durch die Zahl der Knoten unterscheidet, sondern dahingehend, dass die oberste Projektion einmal eine IP, im anderen Fall eine CP/IP ist. Außerdem erfährt der V1-Satz auch eine eigene Behandlung, denn seiner obersten Projektion wird keine Spec-Position zugewiesen.

präverbale Element einmal in Spec-IP, ein andermal in Spec-CP steht, so darf wohl schon an dieser Stelle einmal von einem Problem bezüglich des Lernbarkeitskriteriums gesprochen werden – dies wohlgemerkt mit der Grundidee im Hinterkopf, die generative Grammatik sei ein attraktiver Rahmen zur Erklärung des Spracherwerbs, weil sie disparate Oberflächenerscheinungen auf vereinheitlichende Prinzipien abbilden kann. In diesem Sinne ist es auch wünschenswert, Haupt- und Nebensätze in **einer** Satzstruktur repräsentieren zu können.[24]

Es erstaunt also nicht, dass sog. Differenzhypothesen von Spracherwerbsforschern oft ignoriert werden, obwohl sie syntaxtheoretisch relevant sind:

> „Man fragt sich [...], weshalb man überhaupt eine uniforme CP annehmen sollte, wenn die Daten eine kategorielle Differenzierung verlangen. Eine Theorie, die erlaubt, zwischen Verbzweit- und Verbletzt-Satz als unterschiedliche kategoriale Strukturen zu unterscheiden, ist [...] der Uniformitätshypothese vorzuziehen."

Zu diesem Schluss kommen Brandt et al. (1992: 21) nach Überprüfung der These, dass alle Sätze die gleiche kategoriale Struktur einer CP hätten.[25] Da das Lernbarkeitskriterium nicht das einzige an eine Grammatik anzulegende ist (wobei Brandt et al. es keineswegs außer Acht lassen, vgl. ibid.: 28), sondern es ebenso um deskriptive Adäquatheit geht, müssten die Einwände der Uniformitätskritiker eigentlich mehr Gehör oder zumindest Erwähnung finden. Doch wie schon gesagt stützen sich die meisten UG-orientierten L1- und L2-Forscher auf die folgende, hier nur in einigen wesentlichen Eigenschaften skizzierte Analyse der deutschen Satzstruktur (vgl. Meisel/Müller 1992: 114, Müller 1998: 110, Parodi 1998: 25, Tracy 1991, 1994, Schwartz/Sprouse 1994, 1996, Vainikka/Young-Scholten 1994, 1996 u.v.a.). Diese erfasst die Komplementarität von finitem Verb und Komplementierer in C^0, und man könnte sie in zweierlei Hinsicht symmetrisch nennen, da sowohl subjekt- und nicht-subjektinitiale Sätze als auch Haupt- und Nebensätze auf die gleiche Struktur zurückgeführt werden, in der immer eine CP realisiert ist und in der eine rechtsköpfige IP vorliegt.

---

[24] Dies gilt insbesondere natürlich für Vertreter der Kontinuitätshypothese (vgl. Abschnitt 2.1.2), denn diese gehen davon aus, dass der Lerner im *initial state* des Erwerbs schon über das Wissen von einer CP verfügt, und demzufolge alle Daten aus dem Imput auf eine voll ausdifferenzierte, maximale Satzstruktur beziehen „will". Für Ansätze, die von einem schrittweisen Aufbau der diversen Projektionen ausgehen, dürften syntaxtheoretische Differenzhypothesen weniger unattraktiv sein.

[25] Problematisch sind u.a.
– die unterschiedliche Besetzbarkeit von Spec-CP in V1/2- vs. Verbletztsätzen,
– die unterschiedliche Positionierbarkeit eingebetteter Verbletztsätze (überall möglich, allenfalls schlecht im Mittelfeld) und eingebetteter Verbzweitsätze (nur gut im Nachfeld),
– Scrambling sowie prosodische Markierung von Informationsstruktur in Verbletztsätzen (also unterhalb von CP) analog zu Topikalisierung und Brückenakzent im Verbzweitsatz (der folglich auch unterhalb einer CP gesehen werden sollte),
– Unterschiede bei der Koordination.

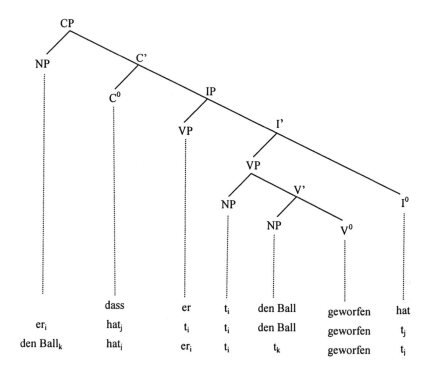

Von welchem Lerngegenstand man ausgehen muss, hängt nun immer noch davon ab, welches Wissen im *initial state* bereits als vorhanden gelten soll. Werden Sprecher – salopp ausgedrückt – mit einer CP geboren (Annahme der Kontinuitätshypothese zum L1-Erwerb) bzw. transferieren sie CP-Wissen (Annahme des FA/FT-Modells zum L2-Erwerb, wird vorgestellt in Abschnitt 5.2), so müssen sie nicht lernen, dass über der VP eine IP und darüber eine CP projiziert. Andernfalls gehört zum Erwerbsprozess das Entdecken dieser Projektionen. In jedem Fall muss (neben der Government-Bedingung für Kasuszuweisung) für jede Phrase der Parameterwert für die Verzweigungsrichtung gesetzt werden, links für VP und IP, rechts für die CP. Hier sind Modelle mit einer rechtsverzweigenden IP und damit einheitlich verzweigenden funktionalen Phrasen (CP, IP und DP) natürlich attraktiver. Aber auch in anderer Hinsicht wird die Eleganz der Eine-für-alle-Struktur mit Nachteilen erkauft:

- Die C^0-Position kann so verschiedene Elemente wie Komplementierer und finite Verben beherbergen. Wenn man von der Vorstellung ausgeht, dass in Positionen Merkmale überprüft werden, stellt sich die Frage, um welches Merkmal es sich handeln könnte, oder ob nicht zwei verschiedene Arten von C^0s angenommen werden müssen.

- Spec-CP darf nicht immer auf dieselbe Art besetzt sein. Befindet sich in C^0 das finite Verb, kann es sich dabei um jedwede XP handeln. Befindet sich das finite Verb jedoch in I^0, ist Spec-CP eine Operatorposition (für Frage-W-Phrasen, relative W- oder D-Phrasen, exklamative W-Phrasen, *je*-und *so*-Phrasen) vgl.

  ... welchen Ball C^0 ich geworfen habe

- Für Sätze wie diesen muss wiederum geklärt sein, warum sich das Verb nicht aus I^0 in das leere C^0 bewegt – wieder wird ein spezielles Merkmal benötigt, das das verhindert, z.B. dass eingebettete Fragesätze von einem Matrixverb selegiert werden und C^0 daher das dazu passende Merkmal enthält, es sei denn, die W-Phrase befindet sich selbst dort, was dann aber gegen das allgemeine Prinzip verstößt, dass nur Köpfe in Kopfpositionen bewegt werden dürfen. (Die Differenzhypothese hat hier kein Problem, da C^0 ausschließlich der das Subordinationsmerkmal tragende Kopf ist, das ggf., d.h. bei gefülltem Spec-CP, leer bleibt, auf keinen Fall aber ein Verb aufnehmen kann.)

Inwiefern es leichter sein soll, all diese Ergänzungen zu dem auf dem ersten Blick einfachen Modell zu lernen, als von vornherein eben verschiedene Satzstrukturen zu lernen, ist eine legitime Frage.

Da ich wie in Abschnitt 2.4 schon gesagt nicht von einer angeborenen UG, und schon gar nicht von angeborenen konkreten funktionalen Kategorien etc. ausgehe, werde ich bei der nun folgenden Darstellung der Daten weder die im Baum dargestellte Standardstruktur, noch sonst irgendeine PPM-Struktur als Deskriptionsinstrument heranziehen, sondern bei den Begriffen des flachen topologischen Modells aus Abschnitt 3.1 bleiben.

4. Die Befunde

4.1 Zu den Daten

Die von mir untersuchten Daten stammen aus dem Korpus einer Langzeitbeobachtung, die zwischen 1989 und 1992 in Augsburg mit insgesamt 12 Kindern mit L1 Türkisch, Russisch und Polnisch von Heide Wegener durchgeführt wurde. In diesem Projekt habe ich ab 1991 Teile der Daten erhoben und konnte so die Kinder auch persönlich kennen lernen. Sie waren zu Beginn der Erhebung 6 bis 8 Jahre alt und besuchten zum größten Teil die erste Klasse. In monatlichen Abständen wurden Aufnahmen gemacht, die aus freien Gesprächen, dem Erzählen von Bildergeschichten, Act-out-Aufgaben sowie Grammatikalitätsurteilen und anderen Tests bestanden.[1] Die Interviews wurden in normaler Rechtschreibung transkribiert, unter Angabe aller Pausen, Versprecher u.Ä.; kontrahierte Formen werden als solche wiedergegeben.

Ich berücksichtige hier zwei Mädchen mit L1 Türkisch, Me und Ne, und ein Mädchen und einen Jungen mit L1 Russisch, An und Eu, und zwar nur die freien Gespräche und das Erzählen von Bildergeschichten. Äußerungen innerhalb von Tests wurden ausgewertet, wenn sie mit der eigentlichen Testaufgabe nichts zu tun hatten.

Me und Ne, beide aus Mittelschichtfamilien, sind kurz vor ihrer Einschulung aus der Türkei nach Deutschland gekommen. Sie besuchen eine sogenannte zweisprachige Klasse des „Bayrischen Modells", in der nur türkische Kinder unterrichtet werden. Sie sind also während des Unterrichts nicht mit deutschen Kindern zusammen. In der 1. und 2. Klasse erhalten sie je 6, später 16–19 Wochenstunden Unterricht auf Deutsch. In ihrer Freizeit haben sie auch Kontakt mit deutschen Spielkameraden, in der Familie wird aber nur Türkisch gesprochen.

An und Eu sind Kinder aus Spätaussiedlerfamilien, die der unteren Mittelschicht zugeordnet werden können. An wohnt zunächst mit ihrer Familie, zu der auch eine Großmutter gehört, die noch Deutsch spricht, in einem Übergangswohnheim. In diesem Heim spielt sie vor allem mit anderen Aussiedlerkindern. Nach dem Umzug der Familie hat sie deutsche Spielkameraden.

Eu kommt mit seiner Mutter nach Deutschland, die dann bald einen deutschen Lebensgefährten hat. Da der Freund der Mutter kein Russisch kann, spricht Eu auch zuhause Deutsch. Er besucht außerdem von Anfang an einen deutschen Hort.

An und Eu besuchen vor ihrem Übertritt in eine deutsche Regelklasse eine sog. Übergangsklasse, in der nur Neuankömmlinge, die noch kein Deutsch sprechen, unterrichtet werden. Da hier Kinder verschiedener Nationalitäten zusammen kommen, wird in der Klasse Deutsch gesprochen.[2]

---

[1] Ich beschränke mich hier auf die wichtigsten Informationen und verweise auf Wegener (1992: 16ff., 563f.).

[2] Während einer dreiwöchigen Hospitation konnte ich mir davon ein Bild machen und außerdem feststellen, dass die Lehrerin in dieser Klasse keinen DaZ-Unterricht im engeren Sinn erteilt, sondern versucht, mit den Kindern den Unterrichtsstoff der deutschen Kinder durchzunehmen.

78

In den Daten habe ich die im Hinblick auf mein Vorhaben relevanten

- morphosyntaktischen Kategorien wie z.B. Vfin (finites Vollverb), Vinf/ (Infinitiv statt Vfin), Vst/ (Verbstamm statt Vfin),

- syntaktischen Funktionen wie S (Subjekt), LOC (Adverbiale lokaler Bedeutung) sowie

- strukturellen Muster wie –INV (fehlende Inversion), V2 (Verbzweitstellung)

kodiert und teilweise automatisch ausgezählt. Vgl. dazu folgende Passage als Beispiel („I“ steht für „Interviewer“, „Me17“ für „Me im 17. Kontaktmonat“):

I:	Und dann?	
Me17:	*Dann Willie geh in die Bett.*	–INV
		Adv S Vst/ LOC

I:	Und dann?	
Me17:	*Willie und ___ Willie und ___ Willie und ___*	
I:	Mama.	
Me17:	*Mama gehen die Kauf- äh-.*	V2
		S Vinf/ LOC

I:	Und da?	
Me17:	*Die Mama ___ äh ___.*	
I:	Was macht die Mama? Und hier?	
Me17:	*Die Mama nimmt zwei - nein, ein Brot.*	V2
		S Vfin O

4.2 Erwerbsverlauf bei Me, L1 Türkisch

Mes Deutscherwerb ist ab dem 6. Kontaktmonat (KM) dokumentiert.

In den Aufnahmen Me6, Me7 und Me8 produziert sie (neben einer formelhaften Äußerung in Me6: „Ich weiß(t) es nicht") fast ausschließlich Strukturen mit den Kopulaformen *ist* und *sind* in Zweitstellung, und dies, wohl aufgrund großer Schüchternheit, in sehr geringer Zahl. Wie die folgende komplette Auflistung zeigt, handelt es sich überwiegend um Kombinationen mit dem deiktischen Pronomen *das*. Belegt sind auch die aus vielen Lernervarietäten (und Sprachen) bekannten Subjekt-Prädikativ-Abfolgen ohne Kopula, wobei in einigen Fällen akustisch nicht eindeutig ist, ob die Kopula *ist* tatsächlich fehlt oder ein enklitisches *'s* gesprochen wird. Trotzdem kann festgestellt werden, dass die Kopula von Anfang an einen festen Platz in Mes früher Interlanguage einnimmt, und dies spielt für deren weiteren Ausbau eine Schlüsselrolle, wie im Anschluss gezeigt wird.

Me6:

Ich weiß(t) es nicht. (Formel)
Schmeckt gut. (Übernahme)

Sätze mit Kopulaverb (KV)
Das ist ein Mädchen.
Das ist swei Mädchen.
Das's eine Kopf oder Haare. (auf die Frage „Was hat denn das Kind an, das Mädchen? Hier auf dem Kopf?")

Me7:

KV-Sätze
Äh, Schule ist skule. (auf die Frage „Wo ist das andere?" [Kind])
Die sind blau, die sind mm _____ (als Fortführung von „Die sind-.")
Ja, türkisch ist lemon. [Zitrone auf türkisch]
Is ein Elefant. (als Fortführung von „Gut, und das?")

erstes Vollverb (VV)
Schreiben. (als Reaktion auf „Oder habt ihr was geschrieben?")

Me8:

Übernahmen: *Ich bin Gricke, Ich bin Gregel* [beim Kasperlpuppenspiel]

In **Me9** sind einige Vollverben belegt, zum Teil in unmittelbaren Übernahmen.

Schlafe. [...] Schlafen. (jeweils auf die Frage „Und was macht der Junge?")
Papa, komm schnell, _ (Übernahme)
Ich weiß nicht. (2 Belege);

I:	mhm, die spielen da Fußball _ und was, was hat der dabei, schau mal
Me9:	*Junge ist- hat _*
I:	der hat ein Schiff

I:	mhm, wo hat er denn die her?
Me9:	*ind die komm _ s*
I:	die hat er vielleicht gekauft, da kann man Eis kaufen

I:	der sitzt
Me9:	*ja, sitz, und die Junge, der ah die unter die nicht drei*
Me9:	*der, der Hund ist, der, der kommen her und die Wasser, [...]*

I:	was macht man denn mit einem Buch? Schau, was mach ich jetzt? __ Was ist das? _ lesen
Me9:	*ja, lesen*
I:	also, was macht die Frau?
Me9:	*lesen*

Ansonsten besteht Me9 ausschließlich aus Äußerungen, in denen *ist* mit nominalen Konstituenten kombiniert wird, allerdings zu durchaus verschiedenen, im Anschluss an die Übersicht zu erläuternden Zwecken, die aus dem Kontext sowie aus Intonationsunterschieden erschlossen werden können.

Übersicht Me9 (ohne Vollverben)

Struktur	Belege	Beispiele
Kopula-Sätze (insges. 52)		
das + ist* + X	39	*ja _ und das is ein Schwein* *[...] das is ein awawawa* [ein Indianer, hier vertreten durch Indianergeheul] *und das's ein Birne*
was ist das?	1	*Was ist das?*
ist + X	5	*is ein Löwe*
S + ist + X	7	*und die, die und die Mädchen ist die Wasser.* *__ Sonne ist weg* *es ist großes Hut*
*Dummy-ist** (insges. 34)*		
X + dummy-ist	13	*und das Junge, Junge, der Junge ist,* [Handlung unklar]
X + dummy-ist + X	15	*so, und die Junge ist die Boot,* [Der Junge macht etwas mit dem Boot.]
X + dummy-ist + X + X	2	*der die Mädchen ist die Junge Wasser de* [Der Junge zieht das Mädchen ins Wasser.]
X + dummy-ist + so	4	*[...] und das Junge ist so,* [Er macht etwas.]
„Auxiliar"-ist S + PSAUX*** + X + Vinf	1	*de ah de, de eine Junge und ein, und ein Junge ist* *die schpuss, sutball spielen, Fußball spielen.*
Σ	87	

*   bzw. enklitisches *'s*
**   Vollverb-Ersatz, Erläuterung im Text unten
*** Pseudo-Auxiliar, Erläuterung im Text unten

Im größten Teil der Fälle (52 = 60%) kann *ist* problemlos als Kopula interpretiert werden. Dies gilt für die 40 Äußerungen mit deiktischem *das* + Prädikatsnomen, in denen ein Referent benannt wird, bzw. für die mit Interrogativpronomen *was*; in 5 weiteren liegt Ellipse von *das* vor. Dazu kommen nur 7 Belege mit Subjekt und Prädikatsnomen bzw. Ortsergänzung (S + *ist* + X). Vgl. jeweils die Beispiele in der Übersicht.

Die hohe Zahl von deiktischen *das ist (ein) X*-Sätzen ergibt sich natürlich daraus, dass in diesem Interview über weite Strecken gefragt war, Gegenstände in Einzelbildern zu benennen. Allerdings muss an dieser Stelle auf einige in den obigen Zahlen nicht enthaltene Belege von *das* + enklitisches *'s* + X hingewiesen werden, die nicht die Funktion einer Referentenbenennung haben. Vgl. als Beispiel die folgende Passage:

I: Ja, das ist kein Boot, sondern eine Luftmatratze.

Me9:   *ja, das das ein, die so das äh und die, die kleines Junge, die's ein, und das's*
        kleines Junge der ah die ha-,

I: die haben eine Luftmatratze

Me9:   *ja*

I: ja, und die nehmen sie mit ins Wasser

An diesem Beispiel wird schon deutlich, dass Me in Kontexten, in denen es nicht damit
getan ist, Gegenstände oder Personen aus dem Bildmaterial zu bezeichnen, versuchen muss,
komplexere Vorgänge mit sehr geringen sprachlichen Mitteln zu beschreiben. *Ist* erscheint
deshalb in vielen Fällen als eine Art Platzhalterverb für die in ihrem Wortschatz fast gänz-
lich fehlenden Vollverben und kann auch transitiv verwendet werden, vgl. das Beispiel *Die*
Junge ist die Boot. Me will hier ausdrücken, dass der Junge etwas mit dem Boot anstellt,
sich nicht etwa im Boot befindet. Me9 enthält 34 Belege eines solchen Vollverb-„Dum-
mys".

Andererseits gibt es einen ersten Beleg als Anzeichen dafür, dass Me *ist* möglicherweise
auch wie eine Art Hilfsverb (PSAUX) einsetzt, das die Verbzweitposition besetzt hält und
mit einem Vollverb in Letztstellung kombiniert werden kann, wodurch dann eine Satzklammer entsteht:

I: [...], was siehst denn da für Kinder, was machen denn die Kinder da?

Me9:   *de ah de, de eine Junge und ein, und ein Junge ist die schpuss, sutball spielen,*
        Fußball spielen.

Es ist möglich, dass sie in den anderen Äußerungen mit einem Dummy-*ist* ebensolche
Strukturen intendiert, aber nicht vollenden kann, da ihr entsprechende Vollverben noch un-
bekannt sind. Vgl. dazu die folgenden Passagen als Beispiel:

I: und och, schau mal, was macht denn der?

Me9:   *ah, dien Mädchen, j, Junge ist Mädchen die w, die Wasser*

I: der schüttet dem Mädchen Wasser drüber

Me9:   *ja, die Mädchen ist hahahaha*

I: ja, die lacht ihn aus

Me9:   *so, und die Junge ist die Boot, Junge ist, die Wasser, die Junge ist (dicht)*

I: ja, der möcht den Stöpsel rausmachen,

Me9:   *äh die Frau ist die Buch, de*

I: mhm, was macht sie mit dem Buch?

Me9:   *die*

I: was macht sie?
        [längeres erfolgloses Nachfragen]

I: was macht man denn mit einem Buch? Schau, was mach ich jetzt? __ Was ist
        das? _ lesen

Me9:   *ja, lesen*

I: also, was macht die Frau?

Me9:   *lesen*

I: die liest ein Buch

Die Tatsache, dass Me so gut wie keine Vollverben benutzt, machen die Transkripte ihrer Äußerungen für sich genommen sehr schwer interpretierbar. Dabei darf nicht vergessen werden, in welchem *setting* die Daten erhoben wurden. Me äußert sich hier frei oder auf konkrete Fragen zu Bildmaterial, das sie gemeinsam mit der Interviewerin betrachtet. Sie kann der Aufgabe, die Bilder zu beschreiben, nachkommen, indem sie die jeweiligen Referenten benennt, sei es durch ein Substantiv oder durch ein Pronomen, und dies mit einem quasi indexikalischen Dummy-Verb kombiniert, das auf die für die Interviewerin ja sichtbaren Aktionen, Zustände oder Vorgänge referiert. Sie muss nicht davon ausgehen, dass die Interviewerin nicht nachvollziehen kann, was gemeint ist.

Diese Fähigkeit, das Erzählen zu imitieren, Äußerungen um des Äußerns willen und somit auf ein zum Teil rein formales, syntaktisches Minimum zu produzieren, bestehend aus einem Prädikat-Dummy plus Argument(en) sowie ggf. Adjunkten, wird in der Folgezeit weiterentwickelt. Die Äußerungsstrukturen in Me10 werden formal komplexer, ohne an Interpretierbarkeit zu gewinnen. Ohne das entsprechende Bildmaterial vor Augen zu haben, kann man Mes Kommentaren, die größtenteils aus Funktionswörtern bestehen, schwer irgendwelche Inhalte zuordnen. Vollverben sind nach wie vor selten,[3] nominale Konstituenten meist pronominal,[4] und selbst wenn Me statt der vorherrschenden Pronomen Substantive verwendet, ist oft unklar, um welche Art von Argument es sich dabei jeweils handeln mag.

Die Spärlichkeit von Autosemantika und die Unklarheit bezüglich der Subjekt- oder Objektfunktion einer nominalen Konstituente[5] ändert aber nichts an der Relevanz der Belege, wenn es um den Prozess des Verbstellungserwerbs geht, ganz im Gegenteil. Hinter dem beim ersten Herangehen verwirrenden und beliebig erscheinenden „Geplapper" verbergen sich reguläre Muster (in einigen Variationen) mit wesentlichen zielsprachtypischen Merkmalen. Me mag auf der kommunikativen Ebene nur bedingt erfolgreich sein, auf der formal-syntaktischen aber kommt sie der zielsprachlichen Satzstruktur mit linker und rechter Verbklammer und Verbzweit schon sehr nahe, wie im Folgenden detailliert dargestellt werden soll.

Übersicht Me10

Struktur	Belege	Beispiel
S + VVfin*	*11*	*und der komme; und sie schauet*
S + VVinf	*1*	*die schau*
S + Vfin + X	*2*	*ich nimm Vogel*

---

[3] Die Vollverben in Me10: *essen, hören, kommen, machen, malen, schauen, schlafen, schwimmen, Fußball spielen.*

[4] Warum die Lerner wann welche Formen von Artikeln oder Pronomen verwenden, kann hier nicht diskutiert werden. Vgl. dazu Wegener (1992) zum Erwerb von Kasus-, Numerus- und Genusmarkierung. Natürlich ist dieser Verzicht nicht unproblematisch. In einem generativen Ansatz müssen die Themen Kasus und Verbstellung aufeinander bezogen behandelt werden, da es schließlich darum geht, in welchen strukturellen Konstellationen die nominalen Konstituenten Kasus erhalten. Da sich die vorliegende Studie dem generativen Ansatz nicht verpflichtet fühlt, gehe ich hier aber nicht auf dieses Thema ein.

[5] In den folgenden Übersichten wird folgendermaßen verfahren: Wenn eine Konstituente mit großer Sicherheit als Subjekt interpretiert werden kann, wird sie als S markiert, ansonsten als X.

Struktur	Belege	Beispiel
X + S + VV	*1*	*alles kaputt _ sie macht, gemacht*
das/da/wo KV (*ist*) + X	*8*	*das ist ein Krakadil*
S+ KV (*ist, bin*) + X	*17*	*ich bin Göggingen*
KV (*ist*) + S + X	*1*	*und ist die raus*
S + dummy-*ist, sind*	*6*	*der Junge ist*
S + dummy-*ist so*	*6*	*die Katze ist so*
S + dummy-*ist,bin* + X	*9*	*die Frau Fenberger ist ein Blatts*
S + PSAUX (*ist,bin*) + VV	*14*	*den Junge is schlafen*
X (+X) + S[6] + *gemacht*	*6*	*de _ de ein Blatt die ein „S" gemacht*
so gemacht	*2*	*so gemacht _ Krokodil*
die /das /eine + so gemacht	*14*	*ein Frosch, die so gemacht*
S + *die so gemacht*	*1*	*ich die so gemacht*
S + PSAUX (*ist, bin*) + so gemacht	*11*	*die Kinder ist so gemacht*
Gemacht + PSAUX (*ist*) + X	*1*	*gemacht ist Junge*
S + AUX-*ist* (?) + X + Partizip	*1*	*_ de Sauber [Zauberer] ist nicht Schule gehabst, gekö*
S + AUX-*habst* (?) (+X) + Partizip	*8*	*die habst den ahm die Fest gemacht*
X + AUX-*habst* (?) (+X) + VV** + *gemacht*	*1*	*und denn hast äh die essen und die, äh die schlafen gemacht*
S + dummy-*habst* + X (+*so*)	*10*	*der habst die so*
S + *raus gemacht*	*2*	*die raus gemacht, äh die ein Katze*
S + *raus gemacht ist*	*1*	*und de, de raus gemacht ist*
Kombinationen mit PSAUX, inf. VV und *gemacht*	*3*	*ich bin die Bruder gemacht ah dem äh dem Fußball spielen* *de Schlange ist komm, gemacht*
Kombination mit VV und *gemacht*	*2*	*und de esse gemacht*
Σ	*139*	

* Vfin ist hier weit gefasst. Als Vfin gelten alle Formen, die vom Infinitiv bzw. vom Verbstamm abweichen, sowie Formen mit -*en*, die als 3. oder 1. Person Plural interpretiert werden können. Eine differenziertere Auswertung bezüglich Flektiertheit folgt weiter unten.

** Es ist unklar, ob Me in der Äußerung ein pronominales Subjekt realisiert oder ein nominalisiertes Verb mit Artikel, s.u.

---

[6] Ob eine, zwei oder gar drei nominale Konstituenten vorhanden sind, ist schwer zu entscheiden. Bei zwei Äußerungen ist es aufgrund der Intonation sehr plausibel, dass mehr als eine Konstituente vorhanden ist; nur diese werden später berücksichtigt, wenn es um die Ermittlung der Verbposition geht (vgl. Tabelle 1 unten).

Es kann noch nicht davon die Rede sein, dass Me Verben systematisch flektiert, allein deswegen, weil in diesem Interview zu wenig verschiedene flektierte Formen vorkommen (ganz davon abgesehen, dass die belegten nicht unbedingt korrekt flektiert sind). Neben falsch verwendeten, aber existierenden Formen (Beispiele: *sie schauet, der komme, ich nimm Vogel*) verwendet Me auch idiosynkratische Formen, nämlich als einzige flektierte Form von *haben* die Eigenkreation *habst* und einmal das unanalysiert aus einem anderen Äußerungszusammenhang importierte Amalgam *haste*[7] (*dem haste Fußball dann*, statt *Er hat den Fußball*). Doch unter diesem Vorbehalt betrachtet gilt, dass in 77% (108) der Äußerungen ein finites Verb an zweiter Stelle steht, wohingegen nur 2% (3) mit dem finiten Verb in Letzt- statt in Zweitstellung[8] und 20% (28) mit nur einem infiniten Verb in Letztstellung realisiert werden – zumindest auf den ersten Blick.

Bei näherem Hinsehen stellt sich nämlich die Frage, ob tatsächlich das Merkmal Finitheit an die Zweit- und das Merkmal Infinitheit an die Letzt-Position geknüpft ist, oder möglicherweise ein anderes Merkmal, das mit der Eigenschaft +/–Vollverb in Zusammenhang steht. Es gibt nämlich nur 2 Belege für S+VV+X mit einem Vollverb in eindeutiger Zweitstellung (entspricht 1%). S+VV-Äußerungen ohne postverbales Material (*die schlafe, sie schauet* etc.), die für die obigen Prozentwerte als Vfin-Zweitstellung gezählt wurden, sind in Bezug auf das Problem, ob das Verb in Zweit- oder Letztstellung steht, nicht aussagekräftig.

Sehr aussagekräftig dagegen ist die folgende Tabelle, in der die Belege auf die folgende Art und Weise quantifiziert werden: Jedes vorkommende Verb wird für sich betrachtet (also zählen Verbklammern mit dem Pseudohilfsverb sowohl als Vollverbletzt als auch als Funktionsverbzweit). Gewertet werden nur in Bezug auf Verbletzt und Verbzweit aussagekräftige Äußerungen, d.h. solche, die außer dem jeweiligen Verb mindestens zwei weitere Konstituenten enthalten.

Tabelle 1: Position der Verben in Me10

	insges.	mit mindestens 2 weiteren Konstituenten	Verb in Zweitstellung	Verb in Letztstellung	andere
Vollverb	82	64 = 100%	2 = 3%	60 = **94%**	2 = 3%
Funktionsverb	97	91 = 100%	89 = **98%**	1 = 1%	1 = 1%

Vollverben werden also von Me mit der Letzt-, Funktionsverben mit der Zweitstellung assoziiert.

Das Merkmal, das insgesamt betrachtet auf die größte Gruppe von Äußerungen (95 von 139, das entspricht 68%) zutrifft, ist das Auftreten der Funktionsverb-Form *ist* (bzw. vereinzelt *sind* und *bin*) bzw. der Form *habst*, die nicht als Form eines Vollverbs *haben* gelten

---

[7] Solche noch nicht aufgebrochenen als Einzelelement verwendeten Einheiten sind aus dem Erstspracherwerb bekannt, vgl. zum Beispiel Kaltenbacher (1990), Tracy (1991) oder Wenzel (1998).

[8] Diese 3 Ausnahmen sind:
alles kaputt _ sie macht, gemacht (wegen der längeren Pause vor *sie* und wegen der Autokorrektur am Ende ist allerdings fraglich, ob hier ein flektiertes VV *machen* in Letztstellung angenommen werden darf),
de ganz kleine ganz kleine Vogel ist; und de, de rausgemacht ist.

kann. Allerdings erfüllen diese „Multi"-Funktionsverben ganz unterschiedliche Funktionen. Folgende Typen können unterschieden werden:

- Prädikationen mit *ist* bzw. *bin* (konsequent für die erste Person gebraucht) als Kopulaverb: 25 Belege = 18%.

- Kombinationen von *habst* mit einem Partizip: 9 Belege = 6%. Ob diese schon zielsprachenkonform als intendierte Perfektbildungen gelten dürfen, ist schwer zu entscheiden, denn Me verwendet Sätze wie *die habst die so gemacht* nicht in anderen Zusammenhängen wie etwa *die Kinder ist so gemacht* bzw. *ein Katze und ein Junge, die so gemacht*. Bei allen diesen Beispielen (von denen es viele gibt) kommentiert Me auf dem Bildmaterial dargestellte gegenwärtige Handlungen jeweils für sich. Insofern kann von einem voll zielsprachkonformen Hilfsverb noch nicht die Rede sein (vgl. dazu das Pseudoauxiliar *ist* unten). Allerdings gibt es zwei Belege innerhalb eines rudimentären Erzählstrangs, wo sich Me tatsächlich auf etwas Vorzeitiges zu beziehen scheint und vor allen Dingen nicht das Partizip des „Blanko-Vollverbs" *machen* verwendet, sondern das Wahrnehmungsverb *hören: und sein habst die gehört* bzw. *in die nicht habst den gehören*.

- Äußerungen mit einem *ist* (bzw. einzelne Belege von *bin* und *sind*), wobei dieses *ist* nicht als Kopula zu werten ist, sondern einen Ersatz für ein Vollverb darstellt, über das Me noch nicht verfügt: 21 Belege = 15%. Dieser Vollverb-Dummy steht alleine (*die Katze ist* (= springt), *Mama ist* (= sagt): „Ja, gut.") oder mit Ergänzungen (*die Katze ist so* (= springt), *die Katze ist uuh* (Bedeutung unklar; die Katze im Bildmaterial schreit und springt), *die Frau Fenberger ist* (= gibt) *ein Blatts*). Natürlich darf *ist* in dieser Art von Vorkommen mit einem vollverbgemäßen Subkategorisierungsrahmen in funktions- und nicht ausdrucksorientierter Weise nicht unter den Begriff Funktionsverb subsumiert werden. Möglicherweise handelt es sich hierbei aber doch um intendierte Pseudoaux-Konstruktionen, die unvollständig bleiben, weil Mes Wortschatz noch nicht die entsprechenden Vollverben enthält (s.u.).

- Äußerungen mit *habst* als Vollverb-Dummy (*miau die habst die Haare* – auf dem Bild zerzaust die Katze die Haare eines Jungen): 10 Belege = 7%.

- Kombinationen aus *ist* (oder *bin*) und einem nicht-partizipialen Vollverb (*den Junge ist schlafen, die mein Bruder ist die komme, ich bin schwimmen;* vgl. dazu auch den erwähnten Beleg in Me9: *ein Junge ist die Fußball spielen*): 14 Belege = 10%. *Ist* erscheint hier wie eine Art Hilfsverb, das die Position des Finitums einnimmt und mit dem infiniten Vollverb eine Verbklammer bildet. Die Assoziation zur englischen *progressive form* liegt natürlich nahe, allerdings verwendet Me diese Pseudoaux-Konstruktion nicht nur bei Bildbeschreibungen, wo ein Ereignis aus der Binnenperspektive dargestellt wird o.Ä., sondern auch in damit nicht kompatiblen aspektuellen Verhältnissen. So kommt z.B. der Bruder in *die mein Bruder ist die komme* nicht gerade zur Tür herein, sondern es handelt sich um eine Beschreibung üblicher Ereignisse am Nachmittag.

- Kombinationen aus *ist* oder *bin* und *(so) gemacht* (*die Kinder ist so gemacht, und ich bin ein so gemacht*), die nicht als Perfekt- oder Passivbildungen gelten können, sondern eher an den gerade genannten Typ anzunähern sind: 12 Belege, sowie ein Beleg mit *ist+gehabst*, der allerdings als Perfekt durchgehen könnte, und 3 Belege, in welchen *ge-*

macht noch mit einem Vollverb kombiniert wird (*de Schlange is komm gemacht*); also 16 Belege = 12%. *Gemacht* ist eines der frequentesten Wörter des gesamten Interviews und ersetzt ebenfalls die noch fehlenden Vollverben. In einigen Äußerungen wird es aber auch mit Vollverben kombiniert, wobei diese dann meist wie Nominalisierungen erscheinen, vgl. z.B. *und denn habst äh die essen und die, äh die schlafen gemacht; ich bin die esse, ge- so gemacht.* Me setzt *gemacht* in Letztstellung auch ohne vorangehendes *ist* bzw. *habst* ein (*de, de Hause gemacht* = Dann gehen wir wieder nach Hause; *ein Katze und ein Junge, die so gemacht*; 27 Belege = 20% aller verbhaltigen Äußerungen insgesamt!). Ob das Partizip Vorzeitigkeit ausdrücken soll, ist natürlich auch hier fraglich.

Die Tabelle fasst die verschiedenen Funktionsverben zusammen:

Tabelle 2: Funktionsverben in Me10 (Prozentwerte; ausgewertet sind insgesamt 68% aller verbhaltigen Äußerungen)

Kopula-*ist*	Dummy-*ist*	PSAUX-*ist*	Dummy-*habst*	PSAUX-*habst*
18%	15%	22%	7%	6%

Von einigen wenigen Belegen abgesehen, ist, wie noch einmal betont werden soll, in fast allen Äußerungen die Regularität zu beobachten, dass Vollverben in Letztstellung erscheinen, sei es als einziges Verb im Satz (S+VV, S+X+VV), sei es in Kombination mit *ist* (dieses in Zweitstellung), mit dem es dann eine Verbklammer bildet, sei es in Form eines Vollverb-Partizips (meist *gemacht)*, das teilweise auch mit *ist* oder *habst* zur Klammer verbunden wird.

In Mes Interimssyntax gibt es also bereits zwei Strukturpositionen für verbale Elemente, deren Besetzung sich sauber unterscheidet. In den Pseudoaux-Konstruktionen verwendet Me idiosynkratische analytische Formen, wo die Zielsprache keine vorsieht, weshalb ja auch von „Pseudo-Auxiliaren" die Rede sein soll. Die Äußerungsstrukturen, die sich daraus ergeben, spiegeln rein formal betrachtet aber durchaus wesentliche Eigenschaften der Zielsprache wider. Im Deutschen gibt es schließlich analytische Formen mit einem Hilfsverb *sein* und einem infiniten Vollverb, die das Mittelfeld umschließen, sei es als Perfekt oder als Zustandspassiv.

Außerdem scheint die mit *ist (bin, sind)* bzw. *habst* besetzte Zweitstellung tatsächlich eine „echte" Zweitstellung zu sein. Darauf weisen Fälle hin, die man als sog. Inversionen interpretieren kann, in denen es also möglich ist, eine dem Verb (*ist* als Kopula bzw. als Dummy bzw. als Pseudo-Auxiliar) folgende Konstituente als Subjekt zu interpretieren und die Konstituente im Vorfeld als Nicht-Subjekt.[9] In nur 2 Fällen wird – wenn überhaupt – gegen die Inversionsregel verstoßen:

---

[9] In Zusammenhang mit der Verbzweitfrage sind Negationsdaten sehr wichtig, die in Me10 noch kaum belegt sind. Aber in drei von vier Fällen befindet sich *nicht* da, wo es hingehört, nämlich im Mittelfeld, das finite Verb ist „angehoben":
ist nicht schau
de Sauber [Zauberer] *ist nicht Schule gehabst, gekö* [es kam kein Zauberer in die Schule]
ich bin nicht kleine, ich bin große
versus
in die nicht habst den gehören

alles kaputt _ sie macht, gemacht
de ganz kleine _ ganz kleine Vogel ist!

versus

ja, in die Schule ist nicht Zauberer
ja, die Schnee ist den Junge [der Junge schaufelt Schnee]
die ganz schneller ist ein Mädchen [kommt schnell heran]
ja, ganz schneller ist die Mädchen
de Morgen ist den noch eins Gummi und ein Fußball spielen [morgens spielen wir Gummihüpfen und Fußball]
ja, in de großes Wasser ist die so gemacht

Die so unnötig verkomplizierende Pseudoaux-Konstruktion stellt offenkundig für den weiteren Verlauf des Verbstellungserwerbs einen entscheidenden Nutzen dar, worauf ein schon an dieser Stelle eingeschobener Ausblick hinweisen soll. Das Pseudo-Hilfsverb ist tatsächlich eine Hilfe, denn mit dem so frühen Übergeneralisieren der Verbklammer geht einher, dass die Lernerin Me später keinerlei Probleme mehr mit der Distanzstellung hat, sobald sie zielsprachadäquate komplexe Verbformen produziert, also beim Perfekt und bei Modalverbkonstruktionen oder bei trennbaren Verben. Dies ist keineswegs bei allen DaZ-Lernern der Fall, wie später noch gezeigt werden wird. Me hingegen produziert, von 2 Ausnahmen abgesehen, diesbezüglich keinen Fehler.

Tabelle 3: Verbklammer (VK) versus Adjazenzstellung (–VK)
bei Perfekt, Modalverbkonstruktionen,[10] trennbaren Verben bzw. bei Pseudoaux-Konstruktionen; absolute Zahlen

	Me 9	Me 10	Me 15	Me 16	Me 17	Me 19	Me 20	Me 21	Me 22	Me 24	Me 26	Me 28	Me 30	Me 31
–VK		–	–	*1*	–	–	–	–	–	–	*1*	–	–	–
VK (davon mit PSAUX)	*1*	23 *(23)**	2 *(2)*	15 *(3)*	4 *(3)*	9 *(3)*	*1*	3 *(1)*	2	3	84	71	57	66

* viele Belege von *x ist so gemacht*, s.o.

Zwischen Me10 und Me11 liegt ein guter Monat ohne Kontakt zur Zielsprache. Nach den in der Türkei verbrachten Ferien ist Me unsicher, hat vieles vergessen und spricht dann bis zum 14. KM während der Interviews wenig, wie aus den folgenden Übersichten hervorgeht.

Eine den gesamten Beobachtungszeitraum erfassende Tabelle mit den Werten für Verbanhebung folgt weiter unten im Text.

[10] Modalverben werden von Me überhaupt erst spät benutzt. Abgesehen von einigen direkten Übernahmen sind belegt: *können* ab Me20, *wollen* ab Me26, *müssen* ab Me31, *sollen* ab Me31 (1 Beleg, später auch nur wenige); *dürfen* ist nicht vorhanden.

Übersicht Me11

Struktur	Belege	Beispiel
S / X + VVinf	6	I: Ja. Was macht sie? Me11: *Die anmalen.*
(S) + VVinf + X	1	I: Ja. Also, nochmal. Die Mama __? Me11: *Sitzen Stuhl.*
S + Vfin + X	1	*Ich wohne in Inningen.*
S + X + Vfin	1	*Zwei Junge, ein Ball, die - Ball spielen.*
S *heißt* Y	4	*Mein Schwester heißt Nurhayet.*
das + KV + X	2	*Des's ein Blatt.*
S + KV + X	2	*Du bist weg!*
KV + X + X	1	I: Ja? Sie fährt mit dem Bus, weil sie schon groß ist? Me11: *Ja, is Bus groß.* [Bedeutung unklar]
S + PSAUX + VV	2	*Mama ist aufstehn.* *Fahrrad ist komm, ne?*
S+ Verbpartikel	1	I: Mama ist weg, na, noch nicht ganz. Mama ___? Me11: *Ist ___. Die raus.*
Σ	21	

Übersicht Me12

Struktur	Belege	Beispiel
VVinf	3	I: Die Ente schwimmt. Und hier? Me12: *Schlafen.*
S + VVinf*	12	*Ein Hahn, -- die- die schlafen.* *Er schlafen.*
S + VVfin + X (nur Formeln)	2	*Ich heiße Melike.* *Ich komme aus der Türkei*
Σ	17	

* In einigen Fällen wäre es möglich, das Verb als adäquat eingesetzte korrekte 3. Person Plural zu interpretieren.

Übersicht Me13

Struktur	Belege	Beispiel	
VVinf (korrekterweise)	5	I:	Nein. Und was macht der Junge hier?
		Me13:	*Lesen.*
Vpart	1	I:	Hm? Was habt ihr gemacht?
		Me13:	*Gemalen.*
S + VVinf	4	I:	Kuck mal, was machtn der Vogel da?
		Me13:	*Der schlafen.*
Pseudoaux-Konstruktionen	4	Me13:	*De Elefant ist mm – mmde Blatt*
			Blatter ist s- essen.
		Me13:	*Die Katze-- (ist)- hm-.*
		I:	Springt runter.
S + X + Verbpartikel	1	I:	Mhm. Wo sitzt die Katze?
		Me13:	*Die- Wasser rein.*
		I:	Ja. Die ist ins Wasser reingefallen.
Σ	15		

Übersicht Me14[11]

Struktur	Belege	Beispiel
VVinf (korrekterweise)	8	I: Und was tut der da? Me14: *Schlafen.*
S + VVinf	2	I: Und was macht das Pferd da? Me14: *Das schlafen.*
S + VVfin +	1	*Die Mama sagt, - hm - `was ist das`.*
Prädikativ-Konstruktionen	4	*Nein. Meine Bett ist hier, meine Schwester ...*
WH KV *das*	1	`Die Mama sagt,` *- hm -* `was ist das`*.*
Pseudoaux-Konstruktionen	1	Me14: *Pferd -* I: Das Pferd - Me14: *ist essen.*
Σ	17	

Die geringe Zahl der Belege lässt nur vorsichtige Kommentare zu, aber es scheint, dass Me über den ganzen Zeitraum Vollverben erstens nicht flektiert (was im Vergleich zu Me10 einen Rückschritt darstellt) und zweitens nur in Einzelfällen eindeutige Verbzweitsätze realisiert, und auch dabei handelt es sich meist um Äußerungen, die als formelhaft gelten

---

[11] Teile der Äußerungen, die nicht den in der linken Spalte aufgeführten Strukturen entsprechen, sind in Courier gesetzt.

können (*Ich heiße Melike, Ich komme aus der Türkei*). Der status quo – Assoziation von Funktionsverb mit Verbzweit und von Vollverb mit Verbletzt – bleibt bestehen.

Sichtbare Fortschritte bzw. ein Anknüpfen an den Stand vom 10. Kontaktmonat werden erst wieder in den Daten aus dem 15. Kontaktmonat erkennbar:

Übersicht Me15

Struktur	Belege (davon Vfin)	Beispiel
VV	2 (–)	I: […]. Und was macht er im Kindergarten? Me15: *Malen.*
S+VV	10 (7)	*Der les(t).* *Der lesen.*
S / X+VV+X	2 (2)	*Ich weiß nichts.* *So viele Kaugummi hat der (Willi).*
S+VV+X+X	2 (2)	*Die Mama gibt den Willie eine Ei.*
S+X+VV	12 (5)	*Der Willie Bär mal(en).* *Der Mama eine Brot such(t).*
S+KV+LOC	4 (4)	*Meine Mama ist hier.*
S+dummy-*ist so*	2 (2)	*[…] der - der - äh der Bär ist so*
S+PSAUX-*ist*+X+VVinf	2 (2)	*[…] - der Willi sch - ist Schere schneiden.*
S+*so gemacht*	2 (–)	*Der Willie so gemacht-*
S+PSAUX-*ist*+*so gemacht*	1 (1)	*Der Willie ist so gemacht, […]*
COMP+S+*so gemacht*	1 (–)	*(Wenn) der Bär (wenn) der Willie so gemacht,*
Σ	40 (25)	

Me beginnt wieder, Vollverben zu flektieren, wobei auch flektierte Vollverben meist in Letzt- statt Zweitstellung erscheinen (zu 75% in den insgesamt 16 Äußerungen mit einem Vollverb und zwei nominalen Konstituenten; ohne Pseudoaux-Konstruktionen). Dazu kommen die infiniten Vollverbformen in Pseudoaux-Konstruktionen und die Äußerungen, in denen keinerlei finite Verbform belegt ist und in denen das einzige verbale Element aus dem Partizip des Ersatzvollverbs *machen* besteht. Bezogen auf alle Äußerungstypen mit Vollverb und mindestens einer weiteren Konstituente (insgesamt 32) gilt die Regularität, dass Vollverben in Letztstellung erscheinen, zu 87,5%.

Dieses Bild ändert sich jedoch nur einen Monat später sehr deutlich.

Übersicht Me16

Struktur	Belege	Beispiel
VV	*3*	I: Weg ist er noch nicht. Me16: *Rausgefallen.*
S + VVfin	*4*	*Er, er schläft nicht.*
S + VVinf/*	*5*	*Er schaun.*
S + VVfin + Partikel	*3*	*Die macht so, äh - weg.* [läuft weg]
S / X + (X) + Partikel	*7*	*Die Kind und Hund Wasser rein --*
S + Vfin + X	*22*	*Ich sehe eine Kind, und eine Hund, [...]*
S + X + VVinf/	*1*	*Er Haare kämmen.*
S + KV + X	*25*	*Der Frosch ist weg.*
(S) + dummy-*ist* + X	*2*	I: Er schüttelt den Baum, und was machen die Bienen? Me16: *Ist raus.* [fliegen raus]
S + *so gemacht*	*2*	Me16: *Der - so gemacht.-* I: Er wäscht sich das Gesicht. [...]
S + PSAUX + VVinf	*1*	*Die, die Kind und Hund sch - ist schlafen,*
weil + S + KV	*1*	*Weil der kleine - kleine Frosch und die Papa und die kleine Frosch bleiben,*
Perfekt:		
S + AUX*haben*+ (X) + Vpart	*4*	*Er, er - er - hm - er hat so gemacht,*
S + AUX*sein* + Vpart	*6*	*Äh. Die Bienen ist runtergefallen,*
S + AUX*machen* + O + *gemacht*	*4*	*Wir machen Monats gemacht.*
S / X + (X) + Vpart	*6*	*Äh zwei Frosch, äh Kind Frosch gesehn.*
S / X + Vpart + X	*3*	*Die- hm die Kopf gerein der Glas. -* [ins Glas gesteckt]
S + *ist* + (X) + (*so*) *gemacht***	*6*	*Er ist die so gemacht, die Kinder - [...]* [der Hirsch wirft das Kind herunter]
Futur:		
S + AUX*werden* + Vinf + X	*1*	*Er wird gehen die Hund, so, Biene ssst, äh-* [die Bienen werden dem Hund folgen]
Σ	*106*	

* Gebrauch einer infiniten statt einer finiten Form
** Perfekt-Lesart zweifelhaft, aber gut möglich, da Handlungsabfolgen erzählt werden

Infinitive oder Verbstämme anstelle von flektierten Formen treten kaum mehr auf. Von den 35 Äußerungen mit Vollverb und ein bis zwei nominalen Konstituenten sind 83% flektiert (80% dann in Me17). Nur eine Äußerung weist in Me16 Verbletzt- statt Verbzweitstellung auf (in Me17 sind es dann wieder 4 von 38 Äußerungen mit mindestens 2 nominalen Konstituenten, also 11%).

Nur noch eine Pseudoaux-Konstruktion ist belegt, dafür eine Reihe von anderen analytischen Verbformen, denn Me beginnt, Perfekt zu bilden. Erste Anzeichen dafür, dass Me das Perfekt erkennt und in ihre Interlanguage übernimmt, gibt es schon früher, vgl. dazu nochmals das zu Me10 Erläuterte und die folgende Passage aus Me13:

I: Und was habt ihr da gemacht?
Me13: *Ein Vogel.*
I: Ein Vogel, was?
Me13: *(Angemal)--.*
I: Hm? was habt ihr mit dem Vogel gemacht?
Me13: *--.*
I: Hm? Gezeichnet?
Me13: *--.*
I: Hm? Was habt ihr gemacht?
Me13: *Gemalen.*
I: Ja. Nochmal.
Me13: *Malen.*

Doch wirklich produktiv verwendet Me das Perfekt erst jetzt. Zwar ist nicht immer zweifelsfrei klar, ob Me den Ausdruck von Vorzeitigkeit intendiert. Im folgenden Beispiel etwa fragt die Interviewerin, was auf dem vorliegenden Bild gerade passiert, und Me antwortet im Perfekt.

I: Und des Kind?
Me16: *Äh - Kind hat so gemacht, er gesehen, Frosch ist nicht da.* [Der Junge schaut ins Froschglas und sieht, dass der Frosch nicht da ist.]

Insofern besteht der wesentliche Unterschied zu den *X ist so gemacht*-Äußerungen einige Monate vorher (und auch im 16 KM noch belegten, vgl. Übersicht) hier im nun korrekten Auxiliar. Doch daneben gibt es Perfektbelege, die tatsächlich in einem eindeutig perfektiven Kontext fallen. Vgl z.B.:

I: Aha, aber ihr habt nicht gleich geschrieben. ___
Me16: *Er hat sieben erst so gemacht.*
I: Hm? Was hat der Frosch gemacht? __ Der Frosch ...?
Me16: *Die Frosch ist - äh - raus- äh - (rausge-) ___*
I: Der Frosch ist aus dem Glas rausgeklettert, nicht?

Natürlich sind nicht alle Perfektbildungen vollkommen zielsprachkonform. Me bildet Perfektformen mit *haben* und *sein*, aber auch ganz idiosynkratisch mit einem Auxiliar *machen*:

I: So, jetzt kommt die Me. Me, was habt ihr gerade gemacht in der Stunde?
Me16: *Wir machen Monats -- gemacht.*

I: Nochmal.
Me16:   *Wir machen Monats gemacht.*

I: Und vorher?
Me16:   *Wir machen Monat geschrieben.*

Oft lässt Me das Auxiliar auch weg:

Me16:   *Äh zwei Frosch, äh Kind Frosch gesehn.*

Außerdem zeigt sie große Unsicherheiten bei der Partizipbildung. Vgl. dazu die folgende aufschlussreiche Passage, die nicht in die obige Auszählung eingegangen ist:

I: Wo hat der Hund seinen Kopf?
Me16:   *Glas -- gefährt- gerein, nm rein. Der hm der Glas äh - der äh die Kopf gerein.*
        Hund. Er gehund glas, glas ge- gekopf gerein.

Zielsprachkonform und im Hinblick auf Wortstellungsregeln relevant ist jedoch, dass Auxiliar und Partizip, wenn beide vorhanden sind, in Distanzstellung realisiert sind, was in Anbetracht der Pseudoaux-Konstruktionen, mit Hilfe derer Me dies bereits automatisiert hat, nicht erstaunlich ist. Die Verbklammer als solche „beherrscht" Me ja schon länger.

Einzige Ausnahme ist der Erstbeleg eines Futurs ohne Distanzstellung (*Er wird gehen die Hund*; die Futur-Lesart ist dabei möglich, aber nicht zwingend).

Das *canonical sentence schema* nach Bever (Nomen-Verb-Nomen, unmittelbar semantisch interpretierbar als Referent-Aktion-Referent, vgl. Bever 1970) steht bei Me nicht am Anfang, sondern am Ende eines Erwerbsprozesses. Denn auch in Me17 (vgl. unten) sind immerhin noch 13% der Äußerungen, die ein Vollverb und mindestens zwei nominale Konstituenten enthalten, mit Verbletzt statt Verbzweit realisiert, die Hälfte davon außerdem mit flektiertem Verb (daneben gibt es noch 3 nur aus X+VV bestehende Äußerungen). Insgesamt werden 84% der Vollverben flektiert.

Übersicht Me17

Struktur	Belege	Beispiel
so V V	*1*	I: Ja. Und was macht der Willie mit dem Löffel? Me17: *So essen.*
S + Vfin	6	*(Der) Kind und Hund ___ Kind und Hund schaut,*
S + VVinf/	1	*Ein Papier, äh der Willie aufschneiden*
X + Vfin	1	*Ein Bär macht, eine kleine.*
X + Vinf/fin	2	*Eine Bär, mal.*
S + Vfin + X	17*	*Der Mama gibt Ei und ___*
S + VVfin (*sagt*) + Zitat	8	*Er sagt, wo ist mein Frosch?*
S + Vfin *so*	5	*Die Tier macht so, [...]*
S + Vinf/ + X	4	*Aber die Kind gehn zu hause, wieder.*

Struktur	Belege	Beispiel
S + X + Vfin	2	*Die Mama ein Brot eßt.*
S + X + VVinf/	2	*Die Mama ein Wurst kaufen. Und äh -.*
S + Vfin + X + Vpartikel	1	I: Schau mal, was is mit der Jacke? Du hast gesagt, er zieht die Jacke an, aber ___? Me17: *Er macht Pullover an.*
S + (X) + Vpartikel	2	*[...] der Frosch ___ aus Glas ___. Die Frosch Glas raus.*
Vimperat. + X + X	2	Der ___ er sagt, *gib mir meine Bonbon,*
WH + Vfin	2	*__ wie heißt__.* *Was heißt?*
S + KV + X	8	*Der, äh - äh - dieser Bär ist unten.*
WH + KV + S	3	*Er sagt, wo ist mein Frosch?*
S + dummy-*ist* +	1	*[...] Alle Bienen ist ___ heraus ___.* [fliegen]
S + PSAUX (+X) + VVinf	3	*Er macht deine - äh, deine Zähne putzen.* *Nein, Kind ge- ja, Frosch ist hierbleiben.*
S + modales *sein* + Vinf	1	*Er sagt, du - du bist hierbleiben,* [musst]
COMP + S + modales *sein* + Vinf	2	*Weil (der) du bist hierbleiben.*
COMP + S + O + Vfin	1	I: Du darfst nicht kaufen, weil ___? Me17: *Weil die soviel Geld kaufen.*
COMP + X + S + KV + X	1	*Weil da kleine Kind ist da.*
Perfekt:		
so gemacht	1	I: [...] Was macht der mit dem Messer? Me17: *So gemach(t).* [Perfektbedeutung zweifelhaft]
S + *so gemacht*	1	*Die Hund so gemacht.*
S + AUX*sein* + Vpart	1	*der - die Kind ist gerunter gefalln.*
S + (X) + Vpart	3 (5)	*Die Kind die Wasser gefallen.*
S + Vpart + X	1	*Er - er gesehn äh - ein - zwei Frosch. [...]*
Σ	85	

* davon drei im Sinne eines Zustandpassivs: *Er schreibt „ich"* im Sinne von „Da steht ‚ich' geschrieben"

Die folgenden Tabellen fassen die Werte für den Erwerb von S V X statt S X V und für die Flektiertheit der Verben zusammen. Es wird ersichtlich, dass Me zwischen dem 15. und 16. Kontaktmonat realisiert, dass das Deutsche in Hauptsätzen mit einer einfachen Verbform die Serialisierung VX erfordert, auch wenn nicht-zielsprachkonforme Vollverben in Letzt-stellung, also Äußerungen mit XV, nicht von einem Tag zum anderen vollkommen ver-schwinden. Der Anteil falscher Verbletztstellungen (SXV) sinkt von Me15 zu Me16 jedoch von 75% auf 6%.

Tabelle 4: Verbstellung in Deklarativsätzen mit Vollverb und mindestens 2 nominalen Konstitu-enten; nur Vollverben, ohne Vpart+NP-Konstruktionen, ohne Formeln, ohne Übernah-men, ohne *X sagt* + Zitat

	Me10	Me11	Me12–14	Me15	Me16	Me17	Me19	Me20	Me21
SVX in %	*2*	*1*	–	*4* 25	*16* 94	*27* 87	*53* 95	*41* 98	*14* 100
	Vfin	Vinf/		Vfin	Vfin	davon 4mal Vinf/			
SXV in %	*1*	*1*	–	*12* 75	*1* 6	*4* 13	*3* 5	*1* 2	–
	Vfin	Vfin (aber 3. Ps. Pl.)		5mal Vfin, 7mal Vinf/	Vinf/	davon 2mal Vinf/	davon 1mal Vinf/		

Ein deutlicher Sprung, wenn auch längst nicht in gleichem Maße, ist bei der Zunahme flek-tierter Verbformen zu beobachten. Vom 15. zum 16. Kontaktmonat sinkt der Anteil der Verben, bei denen Finitheitsmerkmale fehlen (= Vinf/) von 43% auf 19%.

Tabelle 5: Flektiertheit;
alle Sätze mit zu flektierendem Vollverb (einfache Verbformen)
Vfin(f): nicht zielsprachliche Form mit korrektem Suffix (z.B. *er schlaft*)
Vfinf: falsches Suffix (z.B. *ich schlaft*)

	Me9	Me10	Me11	Me12	Me13	Me14	Me15	Me16	Me17	Me19	Me20	Me21	Me22
Vinf/ in %	*1*	*1* 7	*6* 75	*12** 92	*4*	*2*	*13* 43	*7* 19	*9* 16	*3* 2	–	–	–
Vfin in %	–	*6* 40	*2* 25	–	–	*1*	*8* 27	*30* 81	*38* 68	*116* 83	*39* 75	*20* 91	*73* 81
Vfin(f) in %	–	–	–	–	–	–	*7* 23	–	*2* 4	*11* 8	*1* 2	*2* 9	*11* 12
Vfinf in %	–	*8* 53	–	*1* 8	–	–	*2* 7	–	*6* 11	*10* 7	*12* 23	–	*6* 7
Σ	*1*	*15*	*8*	*13*	*4*	*3*	*30*	*37*	*55*	*140*	*52*	*22*	*90*

* manchmal als 3. Person Plural interpretierbar

Tabelle 6: Zusammenfassung zu nicht-flektierten versus flektierten Vollverben
Werte in % (wo angemessen)

	Me9	Me10	Me11	Me12	Me13	Me14	Me15	Me16	Me17	Me19	Me20	Me21	Me22
Vinf/		7	75	92			43	19	16	2			
Vfin		93	25	8			57	81	84	98	100	100	100

Das plötzliche und simultane Auftreten von Flektiertheit und Zweit- (statt Letzt-)Position des Verbs ist ein oft im Erstspracherwerb des Deutschen beobachtetes Phänomen und weitverbreitet ist die These, dass hier ein ursächlicher Zusammenhang besteht: Das Erkennen von Finitheit gilt als Auslöser (*trigger*) für die sog. Anhebung des Verbs (vgl. z.B. Clahsen/Penke 1992, Wexler 1994).

Die erwerbstheoretischen Implikationen einer solchen Annahme, die Möglichkeit einer generellen Übertragung dieses erwerbstheoretischen Hintergrunds auf den Zweitspracherwerb sowie die Frage, ob das zeitliche Zusammenfallen von Finitheit und Verbzweitposition des finiten Verbs a) allgemein für den DaZ-Erwerb gilt und b) zueinander in Bezug zu setzen ist, werden im Anschluss an die Deskription der Erwerbsverläufe der anderen hier untersuchten Lerner und unter Berücksichtigung schon existierender DaZ-Studien in Kapitel 5 diskutiert.

An dieser Stelle sei bereits darauf hingewiesen, dass zwar die Parallelität der Finitheits- und VX-Zunahme für die Hypothese einer hier zu beobachtenden Parallelität von Erst- und Zweitspracherwerb sprechen; die Tatsache, dass schon vor Me16 bei einer einzelnen Erhebung ein sehr hoher Wert für flektierte Verben erreicht wird (vgl. Me10 mit dem „Ausreißerwert" von 93%), spricht nicht gegen Finitheit als Auslöser für Verbzweit. Aber von entscheidender Bedeutung ist in diesem Zusammenhang, inwiefern die Zweitposition tatsächlich mit Finitheit assoziiert werden kann. Bei Me sind Zweifel diesbezüglich angebracht, denn die Verbletztposition wird auch mit flektierten Formen besetzt (in Me15 zu 42%), die Verbzweitposition wiederum auch mit nicht-flektierten Formen.

Eine sich daran anschließende Frage ist außerdem, ob der in Tabelle 4 dokumentierte Erwerbsfortschritt von SXV zu SVX tatsächlich den Erwerb von Verbzweit im Hauptsatz darstellt oder zunächst einmal nur die Abfolge VX. Tabelle 4 ist diesbezüglich nämlich unter Vorbehalt zu betrachten. In ihr sind nur Äußerungen erfasst, die ein Vollverb in einer einfachen Form enthalten, und diese Äußerungen weisen keinen Verstoß gegen Verbzweit auf. In einigen befindet sich sogar in der Erstposition nicht das Subjekt, sondern eine andere Konstituente, nämlich in Me16 in zwei, in Me19 in drei und in Me20 in sechs Fällen, was auch für Verbzweit, und nicht nur für VX spricht. Beispiele:

Me16: *Da sagt Junge, oh, armer, arner Hund.*
Me19: *Willie kommt, ein Banane kauft die Mutter.*
Me20: *Ja, ein große Kugel macht er, [...]*

Das Bild wird jedoch weniger eindeutig, sobald alle verbhaltigen Äußerungen, also auch solche mit analytischen Verbformen oder mit Kopulaverben, daraufhin ausgewertet werden, ob Me Inversion durchführt oder nicht. Vgl. Tabelle 7 und die folgenden Beispiele:

Tabelle 7: Inversion
in allen verbhaltigen Äußerungen;[12] in Me11–13 und Me21 keine Belege

	Me10	Me15	Me16	Me17	Me19	Me20	Me22	Me24	Me26	Me28	Me30	Me31	Me34	Me35	Me38	Me40
INV in %	6	1	2	–	3	6 55	4	9 75	48 76	27 87	53 95	35 100	36 92	7	16 100	17 100
–INV	1	–	1	2	2	5	4	3	15	4	3	–	3	–	–	–

Me10: *[...] de Morgen ist den noch eins Gummi und ein Fußball spielen*

versus

Me16: *[...] dann Kind ist, äh - äh runtergefallen.*

Festzustellen ist, dass der Erwerb von Verbzweit keineswegs mit Me16 als abgeschlossen gelten kann, wie es Tabelle 4 zur Verbstellung in Deklarativsätzen nahe legt, denn zumindest bis Me26 können die Verstöße gegen die Inversionsregel nicht als sporadisch gelten.

Einigermaßen sporadisch sind leider innerhalb der ersten beiden Erwerbsjahre die Belege für Inversion bzw. für unterlassene Inversion überhaupt, wie ein Blick auf die absoluten Zahlen in Tabelle 7 zeigt. Nur unter diesem Vorbehalt kann festgestellt werden, dass Me von Anfang an Inversion häufiger durchführt als nicht. Die Lernervarietäten aller hier untersuchten Kinder, nicht nur die von Me, zeichnen sich nämlich dadurch aus, dass über einen langen Zeitraum Objekt-vor-Subjekt-Abfolgen[13] kaum produziert werden (zu diesen Befunden und ihrer Interpretation vgl. Haberzettl 1998). Allerdings sprechen die Werte in der obigen Tabelle insofern eine deutliche Sprache, als es viele Monate dauert, bis Me keine oder zumindest nur noch wenige Verstöße gegen die Inversion unterlaufen.

Zusätzliche Abhilfe bezüglich der Frage nach der Verbzweiteigenschaft schafft der Blick auf Daten zur sog. Verbanhebung bei Negation[14] mit *nicht* und bei Fokuspartikeln (belegt ist nur *auch*), da hier schon zu einem früheren Zeitpunkt mehr Belege in Betracht gezogen werden können.

---

[12] Ab Me19 sind alle Sätze mit Inversion mit flektiertem Verb realisiert, vorher nicht. Die Zahlen wären aber ohnehin zu niedrig, um Aussagen über den Zusammenhang von Finitheit und Inversion zu machen:

	Me10	Me13	Me15	Me16	Me17
INV	*6* (Vfin)	*(1)*	*1* (Vfin)	*2 (1* Vfin, *1* Vinf*)*	–
–INV	*1* (Vfin)	–	–	*1* (Vfin)	*2 (1* Vfin, *1* Vinf*)*

[13] Auch andere Äußerungen mit einem Nicht-Subjekt vor dem Subjekt werden als Belege für Inversion gezählt.

[14] Eine Reihe von Erstspracherwerbsstudien zum Deutschen heben darauf ab, dass der Erwerb der Negation und der Verbzweiteigenschaft eng miteinander zusammenhängen, vgl. z.B. Schaner-Wolles (1996).

Tabelle 8: Verbanhebung (VA) vs. keine Verbanhebung (–VA)
in allen verbhaltigen Äußerungen;[15] keine Belege in Me11–15

	Me10	Me16	Me17	Me19	Me20	Me21	Me22	Me24	Me26	Me28	Me30	Me31
VA in %	*4*	*8* 80	*4*	*17* 85	*3*	*5*	*10* 91	*7*	*33* 97	*21* 100	*32*	*21*
–VA	*1*	*2*	*2*	*3*	–	*2*	*1*	–	*1*	–	–	–

Auch hier gibt es Verstöße gegen Verbzweit. Vgl. die Beispiele:

Me17: *[...] Der - die Mann - die Mann gibt nicht Bonbon, äh -.*
Me17: *[...] die Frosch ist nicht da.*
Me17: *weil die kleine vier Frosch ist auch hierbleiben.*
Me19: *Nein, er sagt nicht pri- prima.*
Me19: *Nein, ich gebe nicht deine Bonbons.*

versus

Me17: *Kinder auch hierbleiben.*
Me19: *Ja, geh - die große auch geht. Kommt.*

Diese Verstöße halten sich in engen Grenzen, doch da die Inversionsdaten ein deutlich anderes Bild vermitteln, darf man Mes Interlanguage wohl erst im dritten Erwerbsjahr eine stabile Verbzweitregel zusprechen. Dies bedeutet dann allerdings auch, dass Me mit den Pseudoaux-Konstruktionen der frühen Erwerbsphase zwar einen wichtigen Schritt auf die Zielsprache hin unternimmt, da sie so die Distanzstellung von Funktions- und Vollverb in späteren Perfekt- und Modalverbkonstruktionen vorwegnimmt. Von der korrekten Zweitstellung des Pseudoauxiliars darf aber nicht schon auf die Installation einer festen Zweitposition in der Satzstruktur geschlossen werden.

Was jedoch den Erwerb der Nebensatzstellung betrifft, kann Mes frühe Interlanguage, die auf XV-Abfolgen aufbaut und diese in den Pseudoaux-Konstruktionen konserviert, ohne Relativierung als günstige Vorbereitung gewertet werden. Dass der Verbletzt-*Slot* in der Satzstruktur nicht aufgegeben, sondern nur um einen weiteren Slot für ein Verb ergänzt werden muss, scheint dafür zu sorgen, dass Me keine Schwierigkeiten dabei hat, später eingebettete Sätze von vornherein mit Verbletzt zu produzieren, wie Tabelle 9 belegt:

Tabelle 9: Nebensätze mit vs. ohne Verbletzt (NSL vs. NS–L)

	Me26	Me28	Me30	Me31	Me34	Me35	Me38	Me40	Me43
NSL in %	*3*	*11* 73	–	*6*	*10* 100	*3*	*2*	*2*	*49* 98
NS–L	*1*	*4*	–	–	–	–	–	–	*1*

---

[15] Bis auf je 2 nicht angehobene Verben in Me16 und Me17 sind alle hier relevanten Verben flektiert.

Vielleicht scheint es angesichts der Tatsache, dass erst ab dem dritten Erwerbsjahr überhaupt Nebensätze belegt sind,[16] übertrieben, hier einen schnellen oder mühelosen Nebensatzerwerb zu konstatieren. Eine solche Einschätzung kann aber im Folgenden durch den Vergleich mit anderen Lernern motiviert werden (vgl. Kapitel 5). Dabei ist unabhängig vom Zeitpunkt und von der Quantität des Aufkommens von Hypotaxe entscheidend, dass es nur wenige Belege wie den Folgenden gibt, in dem Me die Hauptsatz-Verbstellung auf Nebensätze übergeneralisiert.

I: Ja, er denkt, dass der Frosch -.
Me26: *Dass der Frosch ist da.*

Siehe im Vergleich dazu die Beispiele für die von Anfang an meist zielsprachkonformen Verbletztsätze:

Me26: *Ich mag in der Schule nicht, dass sie immer kämpfen und immer sprechen, - aber sie können wenn die Lehrerin was fragt, die können dann sprechen.*

Me26: *Und da is ein Fluss, und das wird immer son Schnee und wenn mer da runter fährt, da - eh - da sind so zwei - ehm - zwei Stück solche Berge, eines so klein und eines so groß.*

Me43: *Ich geh nächstes im nächstes Jahr 4. Klasse und geh in Friedrich-Ebert, ich weiß nicht, ob ich in deutsche Klasse oder türkische Klasse gehe.*

Me43: *Nee. Und der Sindi kauf ich. Eh wir ham Emine, ich, Emel ham wir solche Blatt genommen, ein Kieserblatt, dann haben wir drei geschrieben, was wir kaufen sollen.*

Zusammenfassung:

Ausgangspunkt von Mes sich entwickelnder Interimsgrammatik ist eine rechtsköpfige VP, so dass Me zunächst nicht-zielsprachkonforme SXV-Sätze produziert, wobei SXV auch mit finiten Verbformen belegt ist. Der Erwerb von SVX im Hauptsatz verläuft über einen Umweg, bei dem das Verb *ist* eine Schlüsselrolle spielt. *Ist* steht von Anfang an in Zweitstellung und wird hier, abgesehen von den zielgrammatischen Verwendungen als Kopula, entweder wie ein transitives Vollverb verwendet (Dummy-*ist*), oder es wird wie ein Auxiliar mit einer rechtsköpfigen VP mit Vollverbinfinitiv verbunden, so dass die so entstehende analytische Verbform eine Satzklammer bildet (Pseudoauxiliar-*ist*), womit Me bereits eine wichtige Eigenschaft ihrer Zielgrammatik realisiert. Dabei sind Zweit- und Verbletztpostion noch nicht mit Finitheit gegenüber Infinitheit, sondern mit Funktionsverb gegenüber Voll-

---

[16] Vor Me26 liegen nur 2 Nebensätze vor, die nicht vollständig sind bzw. keine Auskunft über Verbletzt vs. Verbzweit geben können:
I: Und warum schreit der Willie?
Me19: *Er schreit, warum - warum du meine Bonbons -- äh -- mein --.* [intendierter Kausalsatz oder intendierte Wiedergabe wörtlicher Rede?]
I: Nein, er kauft nich, aber er will, dass die Mutter das tut. Also, er will, dass die Mutter - dass die Mama ___?
Me20: *Er will, dass die Mama tut.* [Übernahme]

verb assoziiert. Diese „Hilfskonstruktion" zieht dann aber einen umbruchartigen Wandel der Interlanguage nach sich, in Form einer systematischen Produktion von SVX-Sätzen (mit finitem Vollverb) statt von SXV. Allerdings zeigen die Daten zur Inversion, dass von einer echten Zweitposition in den frühen Erwerbsphasen noch nicht die Rede sein darf.

Der Vorteil des Umwegs über die unnötig kompliziert scheinende Pseudoaux-Konstruktion besteht darin, dass Me, sobald sie Perfekt- und Modalverbkonstruktionen bildet, so gut wie keine Fehler bei der Distanzstellung von Funktions- und Vollverb macht, so wie sie auch Nebensätze korrekt mit Verbletzt realisiert, sobald sie überhaupt Satzgefüge produziert. Indem Me von einer rechtsköpfigen VP ausgeht und zugleich mit Hilfe von *ist* schon von Beginn des Erwerbs an die Zweitposition in ihrer IL installiert, stellen die Verbklammer und die Nebensatzstellung für sie keine Schwierigkeiten dar.

4.3   Erwerbsverlauf bei Ne, L1 Türkisch

Auch Nes Deutscherwerb ist ab dem 6. Kontaktmonat dokumentiert, und wie bei Me sind anfangs nur wenige verbhaltige Äußerungen in den Interviews vorhanden. Allerdings kommt Ne in der Folgezeit schneller voran als ihre Klassenkameradin Me, was z.B. durch einen Vergleich der Tabellen zu den Nebensätzen, die bei Ne weitaus früher belegt sind als bei Me (vgl. Tabellen 9 und 12), schnell nachzuvollziehen ist. Die Frage nach dem Grund für diese Überlegenheit von Ne als Lernerin soll keinen Anlass zu Vermutungen geben. Hier ist nicht der Vergleich von Interesse, welche Interlanguage in welchem Kontaktmonat zu beobachten ist, sondern, ob die Erwerbssequenzen ganz unabhängig von den absoluten Zeitpunkten der einzelnen Entwicklungen Analogien aufweisen. Das ist in der Tat der Fall.

Nes allererste dokumentierte Äußerungen im 6. KM bestehen aus einem übernommenen infiniten Vollverb,

I: Weißt du auch nicht. Gelesen? Habt ihr grade gelesen?
Ne6:   [flüstert] *lesen.*

einer eventuell als solche interpretierbaren Kombination aus Komplement und Vollverb

I: Eine Nuss, zum Essen, nicht.
Ne6:   *Ja. Zwei Essen?*
I: Nein, Nu-
Ne6:   *Nusst esse.*
I: Nein, zum Essen ist das.

einer unvollständig erhaltenen (formelhaften?) Äußerung mit dem Modalverb *kann*

Ne6:   *Blume _ mm __* [flüstert] *kann nicht.* [Ne findet ein Wort nicht]

und ansonsten aus Äußerungen mit der Kopula, die aber auf Formeln beruhen:

I: Osan? _ Und wie alt ist der Bruder? Wie alt?
Ne6:   *Mm sssehn Jahre.*

I: Zehn Jahre alt, nochmal
Ne6:   *Sehn Jahre alt ist-.*
I: Prima, noch mal
Ne6:   *Zehn Jahre alt bist du.*

Das Interview aus dem 7. Kontaktmonat besteht, abgesehen von einem weiteren Beleg für X+VV,

I: Ja, und darfst du auch fahren? Mhm, und was für Spiele habt ihr noch?
Ne7:   *Ball.*
I: Ball spielen, und?
Ne7:   ___ *mm Tennis spielen.*

fast ausschließlich aus Äußerungen mit *ist*; vor allem fungiert *ist* zielsprachkonform als Kopula, – in 14 Belegen vom Typ *das ist X* wie

Ne7:   *Das is Wolke.*
Ne7:   *Das ist ein Katze.*

in 12 Belegen vom Typ *S ist* + Prädikatsnomen wie

Ne7:   *Haare ist _ schwarz.*
Ne7:   *Das Pullo ist _ blau und rosa.*

und in einem Beleg vom Typ *S ist LOC*:

Ne7:   *Mm das is auch unten.*

Aber auch Ne scheint *ist* als Vollverbersatz (Dummy-*ist*) zu verwenden, worauf folgender Beleg hindeutet:

Ne7:   *Bub ist Haare.*
I: Ja
Ne7:   *Rot und rosa.*
I: Ja, er hat rote Haare.

Vergleichbare Verwendungen von *ist* als Vollverb-Dummy sind auch im 9. KM belegt (insgesamt aber nur 5; im 10. KM dann nur ein einziger, im 13. KM[17] keine mehr), vgl. z.B.:

Ne9:   *das Kind ist mm das Kind ist Bett.*
I: das Kind nimmt das Bett. [die Bettdecke]

Wie Me setzt auch Ne das Versatzstück *gemacht* in Endstellung in Äußerungen ein (mit Pseudo-Auxiliar in Zweitstellung oder ohne), für das sie eigentlich ein Vollverb, d.h. ein spezifischeres, benötigte. Der Blick auf die letzten Zeilen der folgenden Übersicht zu Ne9 und der Vergleich mit den Übersichten zum 9. und zum 10. Kontaktmonat bei Me in Ab-

---

[17] Zwischen Ne10 und Ne13 wurden wegen der Sommerferien keine Daten erhoben.

schnitt 4.2 zeigt aber, dass es sich ebenfalls insgesamt nur um einige wenige Belege handelt.[18]

In den Aufnahmen vor Ne9 sind so gut wie keine Vollverben belegt. In dieser Hinsicht kann Ne9 als das erste zugängliche Dokument zu Nes Einstieg in den Erwerb der Satzstruktur gelten, und deshalb erfolgt in der Übersicht unten noch eine exhaustive Auflistung aller (verbhaltigen) Satzstrukturen. Im Folgenden werde ich mich aber bei der Darstellung von Nes Erwerb der deutschen Satzstruktur auf die wesentlichen Punkte, wie sie sich aus der Auswertung der Daten bei Me herauskristallisiert haben, konzentrieren und in Form von übergreifenden Tabellen erfassen.

Übersicht Ne9:

Struktur	Belege (davon Vfin)	Beispiel
S / X + VV	*11* *(2)*	I: [...], und was spielen die Kinder? Ne9: *Ball _ spielen.* I: die spielen mit den Ball
S + VV + X	*3* *(0)*	*ja, _ das Kind zumachen ein Watz, [...] [das Kind hält dem anderen. die Augen zu]*
S + X + VV	*7* *(2)*	*das Kind äh Eis do, Eis, Eis kaufen.*
das/da + KV (*ist*) + X	*54*	*hm, das ist ein Huhn.* *das ist Elefante.*
das + KV (*sind*) +X	*1*	*das sind zwei Blatt, [...]*
das + KV (*ist/sind*) +X	*12*	*das ist zwei Apfel.*
das + KV (*ist*) + neg + X	*1*	*ja, das ist nicht Kind,*
S+ KV (*ist*) + X	*2*	*Meltem ist krank.*
S + KV (*ist*) + LOC	*1*	*Mann ist Sonne.*
LOC + KV (*ist*) + S	*2*	*das Wasser ist s Kind.*

---

[18] Das bleibt auch so. Im Gegensatz zu Me greift Ne längst nicht so massiv auf dieses Versatzstück zurück. Es gibt nur noch einen einzigen weiteren Beleg:
Ne10: *da äh, da Kind ist Bett gemacht auch.* [nimmt die Bettdecke]
Damit soll nicht gesagt werden, dass Ne in den folgenden Monaten das Verb *machen* überhaupt selten einsetzt – das Gegenteil ist der Fall. Solange ihrem L2-Wortschatz Vollverben fehlen, greift sie oft auf *machen* zurück. Vgl. dazu die folgende Passage:
Ne13: *Eine -- mach ich ein äh ein Schaufel, äh, und dann Sandkasten mach ich die äh die Sand, und dann Eimer mach ich so.*
Solche Verwendungen von *machen* sind aber im Prinzip zielsprachlich und werden natürlich weder als „Versatzstück" gewertet, wie *gemacht* in der letzten Position nicht-perfektiver Äußerungen, noch als Funktionsverb, sondern als Vollverb.

Struktur	Belege (davon Vfin)	Beispiel
S + Dummy-*ist* + X	*5*	I: das Kind? Ne9: *das Kind ist Auto.* [spielt mit dem Spielzeugauto]
S + PSAUX *(ist)* (+ X) + VV	*11*	*ja, Schwimmbad, das ist da Picknick machen.* [die Kinder]
S + PSAUX *(ist)* + X+ *gemacht*	*1*	Ne9: *Kind ist Beet _ ah, gemacht.* I: also das Kind wacht auf
S +X + *gemacht*	*1*	*ein Kind su uu gemacht,*
S + VV + gemacht	*1*	I: Blinde Kuh heißt das Spiel. Und was spielen die für ein Spiel? Ne9: *so und sehen.* I: mhm Ne9: *das sehen gemacht.*
Σ	*113*	

Weitaus häufiger vertreten ist die in Abschnitt 4.2 für Me ebenfalls schon erläuterte Verwendung von *ist* als Pseudoauxiliar in Zweitstellung in Kombination mit Vollverben in Endstellung, die also keine Kreation nur der einer türkischen Lernerin zu sein scheint. Anders als Me greift Ne – selten – zum Zwecke einer Funktionsverb-Vollverb-Klammer allerdings auch auf *machen* zurück. Solche Belege wirken weniger idiosynkratisch, da sie an die umgangssprachliche *tun*-Periphrase erinnern.[19] Meines Erachtens sind sie trotzdem zu den Pseudoauxiliar-Konstruktionen zu rechnen. Beispiele:

Ne9:   *Das Kind ist so machen, [...] _ das Kind ist Hotel mach, macht.*

Ne9:   *Hotel, das ist Hotel mo, das Kind ist Hotel Mama gehen.*
I: Das Kind geht mit der Mama zum Hotel.

Ne9:   *Das ist Eis komm.*
I: mhm, der Bub hat sich ein Eis gekauft, was macht sie?

Ne9:   *[...] das Kind ist _ äh das Kind ist Spiele machen.*

Ne13:   *[...] er ist „nicht frei" sagen.*

I: nein, was können sie noch mahen?
Ne10:   *nn noch macht _ mm auch spielen.*

I: ja, was machst du denn, Hund?
Ne10:   *ich macht _ vviel esse.*

Ne13:   *Ich mache (...) in (...) Kiihauses spielen (...) Baby (...)*

---

[19] Die *tun*-Periphrase selbst ist nicht belegt.

Ne13: *Ich mach der fangt.*

I: Lauter.

Ne13: *Ich mach äh ich fangt ihn.*

I: Ja, mach mal weiter. So, jetzt ist er nicht mehr auf dem Traktor. Wo ist er denn jetzt, der Mann?

Ne13: *Motorrad. Er macht den Motorrad. Motorrad. Äh, -- Motorrad ___ .*

I: Was macht der mit dem Motorrad?

Ne13: *Mm, er macht ähm Motorrad. Äh-- fahren.*

I: Wie macht ma das? Bist du schon mal aufm Motorrad gefahrn?

Ne13: *Ich mach Fahrrad fahrn und die Auto fahrn.*

Solche Klammerkonstruktionen bildet Ne noch bis in den 14. KM, wenn auch vereinzelt, wie die mittlere Spalte von Tabelle 10 zeigt:

Tabelle 10:   Äußerungen mit Vollverb und Komplement(en) in Prozent[20]
              (kein Perfekt, keine Modalverbkonstruktionen, keine Nebensätze)

	Ne9	Ne10	Ne13	Ne14	Ne15
X + VV	51	20	20	3	
PSAUX + X + VV[21]	41	6	10	9	
VV + X	8	74	70	88	100

Diese Konstruktionen sind das Bindeglied zwischen den Äußerungen, die aus einer rechts-köpfigen VP bestehen oder eine solche enthalten (X + VV, S + X + VV) und den ziel-sprachlichen, einfachen SVX-Hauptsätzen, indem sie die zunächst nur mit dem „Pseudo-Auxiliar" besetzte Zweitposition einrichten, in der dann in einem nächsten Schritt auch das Vollverb (das deswegen noch nicht flektiert sein muss), untergebracht wird – vereinzelt auch zusätzlich zum Pseudo-Auxiliar, vgl.:

Ne10: *Und der Mann ist mach so Haare.*

Ne13: *[...] äh er ist er ist fangt mich oder mein'n Bruder oder (...)*

Denn wie Me startet Ne mit einer rechtsköpfigen VP (vereinzelt mit flektierter Verbform), vgl. z.B.

I: ja, das nimmt die Bettdecke, tut sich's übern Kopf und dann geht es zum

Ne9:   *Papa, Papa geh.*

I: mhm, und was liest sie?

---

[20] Die Prozentwerte beziehen sich auf jeweils mindestens 35 Äußerungen. Die Äußerungen enthalten eventuell auch Subjekte – ggf. auch mehr, so dass die VX-Serie Teil einer XSVX-Äußerung sein kann. Da es hier auf die Abfolge von Verben und Nicht-Subjekten ankommt, wird das nicht weiter aufgeschlüsselt. Zum Erwerb der Inversion vgl. weiter unten.

[21] In diese Rubrik zähle ich auch die (vereinzelten) Äußerungen mit *gemacht* in Endstellung, auch wenn dieses nicht immer mit Pseudoaux-*ist* in Zweitstellung kombiniert wird; entscheidend ist hier, dass Ne Konstruktionen bildet, die eine XV-Abfolge aufweisen.

Ne9:   *ein, ein.*
I: eine Zeitung
Ne: ja, Seitung liest.

und muss lernen, ihre Interlanguage dahingehend zu erweitern, auch VX-Abfolgen zuzulassen (vgl. Tabelle 10, Spalte 3). Eine Zeitlang koexistieren XV und VX; vgl. dazu die folgenden kontrastierten Beispiele aus dem 10. KM, wobei das letzte Beispiel sogar VX und XV in einer Reihung kombiniert:

Katze Maus essen.	*Katzen essen Maus* [die Katze frisst die Maus].
Aber Sie Türkei gehn?	*Ich gehe Kindergarten.*
Der Kinder Spiel macht.	*Ich spiel Kinder* [mit den Kindern].
I: Und was macht der Bruder?	*Ich schlafe de Balkon* [auf dem Balkon].
N: *Der 3. Klasse geh.*	

Er macht die Kind [er schlägt es ab, beim Spiel] *und dann die Kind dreißig zähle.*

Aber Tabelle 10 zeigt auch, dass vom 9. zum 10. KM, also innerhalb eines Monats, der entscheidende Sprung stattfindet. Der Umweg über die Pseudoaux-Konstruktion nimmt also nicht viel Zeit in Anspruch, und scheint dann später außerdem zu bewirken – auch dies in Analogie zu Me –, dass zielsprachliche Verbklammern bei Perfekt oder Modalverbkonstruktionen oder bei trennbaren Verben (sobald all dies ab dem 15 KM nennenswert vorhanden ist) von Anfang an korrekt produziert werden:

Tabelle 11:   Verbklammern (in Sätzen, die neben Subjekt und Verb mindestens noch eine weitere Konstituente beinhalten)

	Ne15	Ne16	Ne17	Ne18	Ne19
Verbklammern absolut	*8*	*37*	*79*	*98*	*70*
korrekte Distanzstellung (in %)	(100)	100	99	99	100

Beispiele:

I: Deine Mutter hat ihn gekauft?
Ne15:   *Nein. Er hat das gemacht, ja?* [den Pullover gestrickt]

Ne15:   *Die Frau sagt, warum hast du mein Fenster ge- Ball geschlagen.*

Ne17:   *Die Blätter hat er geschrieben [...]* [= beschrieben]. *Dann hat er das Tesafilm geklebt, an Tafel.*

Ne17:   *Da schläft die Kind. Dann geht der Frosch -dann geht die Frosch raus, [...].*

I: Und was macht er mit seinem Kopf?
Ne17:   *Er tut sein Kopf rein in Flasche.*
I: Lauter, deutlicher.
Ne17:   *Er tut sein Kopf im Flasche rein.*

Ne17:   *Aber sie kann auch da festhalten. Bei, den da so.* [das Kind kann sich am Geweih festhalten]

Ne17:   *Man muss erst Schneebälle machen, eine groß, eine bisschen größer, und eine so kleine.*

Ebenso wenig als Problem erweist sich die Verbletztstellung im Nebensatz, die Ne nur ganz vereinzelt verletzt:

Tabelle 12:   Nebensätze mit Einleiter[22]
in Sätzen, die neben Subjekt und Verb mindestens noch eine weitere Konstituente beinhalten

	Ne13	Ne15	Ne16	Ne17	Ne18	Ne19	Ne20
Nebensätze absolut	*1*	*1*	*1*	*3*	*24*	*27*	*27*
mit Verbletzt (in %)	(100)	(100)	(100)	(100)	96	93	100

Interessanterweise stößt man bei Ne auf ein ähnliches Phänomen, wie es – viel massiver allerdings – auch im Erstspracherwerb des Deutschen beobachtet wird (vgl. Tracy 1991: 286, Rothweiler 1993: 43f.), auf Strukturen nämlich, die ganz offenkundig eingebettete Sätze darstellen und die entsprechende Verbletztstellung, aber keinen Nebensatzeinleiter aufweisen:

Ne14:   *Melike wohnt in Inningen, [...]. Ich weiß nicht Össlin wohnt.*

I: Nochmal. Die Kinder setzen die Kugeln aufeinander, nachdem sie sie gerollt haben.
Ne17:   *Die Kinder setzen die Kugeln noch ein anderer, den Kugeln gemacht haben.*

I: Und wann kommt der Willie runter?
Ne17:   *Den Bär rauf ist.*
I: Aha, wenn der rauf geht.

Ne19:   *Ein Penner ist ein - sie haben Haare so schwarz, blau, und sie hat so Kleid net ihn passt.*

Beispiele zu Nebensätzen:

I: Hier ist es schlimmer.
Ne17:   *Ja. -- Weil Fenster rein ist, der Ball.*

I: Nochmal. Hilft er ihm, den Reißnagel rauszuziehn?
Ne18:   *Nein. Nein. Sie hilfen ihm nicht, weil sie muss - sie will den was ihn klaun [...] Oder wenn sie was tö- den Mann oder den Papa tötet - den Kind tötet.*

---

[22] *weil*-Sätze mit Verbletztstellung werden als korrekte Nebensätze gewertet, *weil*-Sätze mit Verbzweitstellung werden nicht beachtet (vgl. Abschnitt 3.2 zur Einordnung von *weil* als Subjunktion oder als Konjunktion).

Ne18: *[...] da hat der Junge dann gewurft, den Reißnadel. Dann hat sein Fuß weh wo der Junge das gewurft hat, der Räuber, und dann -*

I: Der Junge denkt also?

Ne18: *Dass Mann - äh, dass Mann tot ist.*

I: Ja. Und er zieht die Schuhe aus, damit ___?

Ne18: *Sie net hören können.*

Bleibt abschließend noch die Frage, ob mit Nes Erkennen von VX-Abfolgen in Hauptsätzen die Erkenntnis einhergeht, dass das Deutsche eine Verbzweitsprache ist. Dazu muss wieder überprüft werden, ob bzw. in welchem Maße Inversion (Tabelle 13) sowie Verbanhebung über die Negations- bzw. Fokuspartikel (Tabelle 14) vorhanden ist.

Tabelle 13:   Inversion
 in allen verbhaltigen Äußerungen[23]

	Ne10	Ne13	Ne15	Ne16	Ne17	Ne18	Ne19
INV in %	*4*	*5* *45*	*4*	*27* *53*	*85* *86*	*88* *88*	*76* *95*
–INV	*2*	*6*	*3*	*24*	*14*	*12*	*4*

Beispiele ohne Inversion:

Ne10: *[...] und da Schuhe hat äh geht ka.*
I: er hat die Schuhe da hingeschmissen,

Ne13: *Ja. Und dann ein Kind kommt her [...]*

Ne17: *Dann Kind ist aufgewacht.*

Ne17: *Und dann sie gehen raus, mit dem Hund.*

Beispiele mit Inversion:

I: was ist denn mit der Katze?
Ne10: *hmm sagt.*
I: hm?
Ne10: *ei ii! sagt sie.* [die Katze faucht]

Ne13: *[...] und dann sagt er „nicht frei".*

Ne13: *[...] und dann essen wir das Kuchen.*

Ne17: *[...], dann haben wir geschrieben Juli, September, Oktober so.*

---

[23] SXV-Sätze gehen hier nicht in die Auswertung ein, weil es sich bei diesen „noch" um Verbletztstrukturen (vgl. Tabelle 10) handeln kann und mithin nicht um VX-Abfolgen. Schließlich soll hier geprüft werden, ob Ne eventuell zwar VX produziert, aber nicht Verbzweit; vgl. dazu die oben angeführten Beispiele.

Tabelle 14:   Verbanhebung (VA)
in allen vollverbhaltigen deklarativen Hauptsätzen mit Negations- oder Fokuspartikeln[24]

	Ne10	Ne13	Ne15	Ne16	Ne17	Ne18	Ne19
VA	*1*	*4*	*4*	*12*	*23*	*26*	*32*
in %				100	100	96	100
–VA	–	*1*	–	–	–	*1*	–

Alle Belege für –VA und Beispiele für VA:

Ne13: *Ich--. Ein Kind fangt ihn, ein Kind auch fangt ihn, ich oder meine Freundin, mein Bruder--.*

Ne18: *[...] und der Kind auch lacht.*

Ne13: *[...] er macht auch die äh -- Tomaten – .*

Ne15: *Nein. Wir machen nicht in der Schule.*

Ne17: *Weil sie haben da gebaut, und sie bauen noch.*

Ne17: *[...] sie können nicht so machen.*

Wie bei Me (vgl. die Tabellen 6 und 7 in Abschnitt 4.2) wird auch bei Ne ersichtlich, dass die Übernahme von VX-Abfolgen in die Interlanguage nicht mit Verbzweit einhergeht, denn zu dem Zeitpunkt, an dem Ne regelmäßig zielsprachkonform VX statt XV produziert, also im 15. Kontaktmonat (vgl. Tabelle 10), produziert sie auch noch – und noch lange – Verbdrittstellungen. Ebenso wird auch bei Ne offenkundig, dass die Daten zur sogenannten Verbanhebung, d.h. zur Positionierung des finiten Verbs vor eine Negations- oder Fokuspartikel, über Verbzweit wenig aussagen, da Ne noch weniger als Me gegen diese Regel verstößt, und dennoch die Inversion nur graduell über mehrere Monate erwirbt. Die Daten weisen hier nicht auf einen Zusammenhang hin.

4.4   Erwerbsverlauf bei An, L1 Russisch

Anastasias Deutscherwerb ist ab dem ersten Kontaktmonat dokumentiert.

Vor der Beschreibung der Verbstellungsmuster fassen die folgenden Tabellen 15 und 16 die Ergebnisse zur Verbflexion zusammen, da ich in Kapitel 5 auch auf die Frage eingehen werde, inwieweit der Erwerb der Positionierung mit dem der Flexion des Verbs zusammenhängen könnte. Denn ein solcher Zusammenhang wird in der UG-orientierten Spracherwerbsliteratur behauptet bzw. diskutiert, wenn auch vor allem bezüglich des L1-Erwerbs (vgl. insbesondere Wexler 1994): Sobald das Verb aus der VP heraus nach I bewegt wird,

---

[24] Formeln wie *ich weiß nicht* oder *ich kann nicht* werden nicht berücksichtigt. Ebenfalls nicht berücksichtigt werden Sätze mit Inversion, die ohnehin ein Beleg für Verbzweit sind, sowie Sätze mit fehlender Inversion, die ohnehin kein Beleg für Verbzweit sein können.

sollte es auch die Finitheitsmerkmale erhalten (vgl. Parodi 1998 zum bilingualen L1 und zum L2-Erwerb).

Im ersten Kontaktmonat weisen bereits 23% der vollverbhaltigen Äußerungen von An flektierte Verben auf, der Anteil steigt kontinuierlich auf nahezu 100% schon im 5. Kontaktmonat:

Tabelle 15: Verbflexion
nicht-finite versus finite Vollverben
(bezogen auf die Äußerungen, wo ein einfaches flektiertes Verb gefordert ist)

	An1	An3	An4	An5	An8	An10
nicht flektiert (in %)	77	50	30	2	8* (0)	–
flektiert (in %)	23	50	70	98	92 (100)	100

* Bei allen nicht-flektierten Verben handelt es sich um nicht-realisierte [ət]-Endungen bei Verben mit auf [t] endendem Stamm in der 3. Person Singular (z.B.: er „badt", er „schneidt"). Berücksichtigt man diese Belege nicht (immerhin enden sie auf [t]), ergibt sich schon in An8 der Wert 100% für flektierte Vollverben.

Die folgende Tabelle liefert detailliertere Informationen; sie gibt in jeweils absoluten Belegzahlen an, wie viele der nicht-finiten Verben als Infinitive statt als finite Verben auftreten (= Vinf/), wie viele als Verbstämme (= Vst/), wie viele korrekt flektierte Verben es gibt (= Vfin), wie viele zwar mit einem korrekten Suffix, aber ohne Stammvokaländerung realisiert sind (= Vfin(f), z.B. *Willi esst* in An4) und wie viele mit einem falschen Suffix versehen werden (z.B. in *er mache* in An4).

Tabelle 16: Verbformen
in allen Sätzen mit zu flektierendem Vollverb (einfache Formen)

	An1	An3	An4	An5	An8	An10
Vinf/	*19*	*18*	*20*	*–*	*–*	*–*
Vst/	*5*	*4*	*2*	*1*	*7**	*–*
Vfin	*6*	*19*	*37*	*41*	*70*	*38*
Vfin(f)	*1*	*3*	*8*	*3*	*8*	*1*
Vfinf	*–*	*–*	*7*	*4*	*1*	*1*
Σ	*31*	*44*	*74*	*49*	*86*	*40*

* In allen Fällen handelt es sich um nicht-realisierte [ət]-Endungen, s.o.

Wie bereits betont, ist ein Vergleich der russischen und türkischen Kindern im Hinblick auf den absoluten Zeitpunkt des Auftretens bestimmter Interlanguage-Eigenschaften aufgrund der so divergierenden Input-Situation nicht sinnvoll ist. Es fällt jedoch auf, dass Ans Verbformen der Zielsprache innerhalb weniger Monate sehr nahe kommen.[25]

Auch ihre Satzstruktur scheint von Anfang an zielsprachnah. Vgl. zunächst die folgende ausführliche Bestandsaufnahme zum Interview des ersten Kontaktmonats, die für das Fol-

---

[25] Siehe zum Vergleich Tabelle 5 in Abschnitt 4.2. für Me; zwar liegt mit Me10 ein „Ausreißer-Wert" vor, doch dann dauert es noch viele Monate, bevor Me an Ans Leistungen herankommt.

gende als Referenzpunkt dienen soll. Sie enthält alle von An produzierten Typen von Äußerungen. Äußerungen, die nur aus einer oder mehreren NPs bestehen, und alle anderen ellip-
tischen Antworten, die kein Verb aufweisen, werden nicht beachtet, seien sie im jeweiligen
Dialogkontext nun adäquat oder nicht. Auch für die folgenden Beschreibungen von Ans
Interimsgrammatiken gilt dann, dass als Bezugsgröße für die Prozentwerte (wenn nicht
extra angegeben) die Gesamtzahl der verbhaltigen Äußerungen herangezogen wird, nicht
die Anzahl der Äußerungen in einem Interview überhaupt.

Im Interview des ersten Kontaktmonats produziert An keine Äußerungen mit Kopulaverben (KV). Die Kopula-Sätze der Folgemonate werden in der jeweiligen Übersicht mit auf-
geführt, aber zunächst nicht weiter kommentiert, da Ans KV-Verwendung im Gegensatz zu
der bei Me und Ne nicht von den Funktionen, die das KV in der Zielsprache hat, abweicht.

Übersicht: Strukturtypen-Inventar zu An1

Struktur	Belege (davon finit)	Beispiel	
V inf (adäquate Antwort)	4	I:	[...] Was macht er vorher?
		An1:	Essen.
V inf/ bzw. V st/	10	I:	Und der Willie?
		An1:	Weinen.
		I:	Wo ist der Willie jetzt?
		An1:	Schlaf.
V fin	1	I:	Er bastelt eine Laterne. Dann ist Pause.
		An1:	Spielt.
V X	3 (1)	I:	Ja. Was macht die Mama hier?
		An1:	Schau Brot.
S V	9 (1)	I:	[...] Was ist denn da?
		An1:	Pap - Papa lesn.
S neg V	1 (0)	I:	Ja, der Papa isst schon, und die Mama? Was macht die Mama?
		An1:	Mama nicht essen.
S V X	6 (3)	Katze essen Maus. Katze --. Mama kauft Banane.	
S V X X	1 (1)	Willi bringt Mama Lutscher.	
S neg V X	2 (1)	Mama nicht kauft Lutscher.	

Ohne hier bereits nach Ursachen zu suchen (vgl. dazu Abschnitt 5.1), soll auf den auffälligen Befund hingewiesen werde, dass An keine einzige X-V-Abfolge produziert. Die Verben
erscheinen immer vor der XP, und, was besondere Beachtung verdient, dies gilt auch, wenn
An das Verb nicht flektiert, wie in:

I: Und der Esel?
An1:   Spielt - spieln Ball.

An1:   *Katze essen Maus. Katze --.*

An1:   *Mama schau Brot.*

An1:   *Mama kauf Wurst.*

Wohlgemerkt ist VX nicht mit Verbzweit gleichzusetzen; An positioniert das Verb – auch das flektierte – noch nicht vor der Negationspartikel:

An1:   *Mama nicht kauft Lutscher.*

An1:   *Mama nicht essen.*

Im Folgenden werden nur noch die Daten aus An3, An4 und An5 in Übersichten dokumentiert, die jeweils die absoluten Belegzahlen für die von An produzierten Äußerungsstrukturen angeben (ggf. informiert die in Klammern gesetzte Zahl wieder über den Anteil der flektierten Verben). Die Daten werden im Hinblick auf eine quantitative Auswertung der Verbstellungsmuster weiter unten in Tabellen, die dann auch einen Beobachtungszeitraum bis An17 abdecken, zusammengefasst.

Übersicht An3

Struktur	Belege (davon finit)	Beispiel	
S KV LOC	4	*Der Willie ist unten, und der kleine Bär ist hoch.*	
Vinf (adäquate Antwort)	4	I:	Mhm. Und was macht sie?
		An3:	*Malen.*
fok / neg Vinf	2	I:	Und was macht der Papa?
		An3:	*Essen.*
		I:	Und der Willie?
		An3:	*Auch essen.*
		I:	Und die Mama?
		An3:	*Nicht essen.*
Vinf/	6	I:	Die Mutter, ja. Wo ist die Mutter?
		An3:	*Sitzen.*
Vfin	2	I:	Und der geht nicht in die Schule?
		An3:	*Geht.*
X V	5 (0)	I:	Und geht in den Kindergarten. Was macht er da?
		An3:	*Ein Bär malen. Spielen.*
V X	3 (0)	I:	Schau mal. Was passiert da?
		An3:	*Spielen Ball.*
fok V X	1 (0)	I:	Prima. Und das Kind?
		An3:	*Auch sitzen auf dem Stuhl.*
S V	9 (7)	I:	Und was ist da alles?
		An3:	*Willie essen.*

Struktur	Belege (davon finit)	Beispiel
		I: Und wer ist da noch? An3: *Mutter schaut.*
V S	*1 (1)*	*Und kommt Mama.*
Vfin S	*1*	*Und kommt Mama.*
S V X (X)	*9 (4)*	*Der Willie spielt im Polizei und im Teufel.*
S V neg X	*1 (1)*	Sie sagt, *ich kaufe nicht das Lutscher.*
S X V	*3 (1)*	*Des Fahrrad Umfall machen.*
S Vinf/ X	*7*	I: Weißt du, wie das geht? Wie geht denn das? An3: *Willie sitzen im oben, und ___.* I: Also, was macht er hier? Der Willie ___? An3: *De Willie spielen ___ Polizei, und ___.*
Fragen		
W S V X	*1 (1)*	*Warum du nimmst das Lutscher?*
Nebensätze		
W S V	*2 (2)*	I: Und hört zu. Was hört er denn zu? Radio? An3: *Nein. Was Papa lest.*
W[26] S neg V X	*1 (0)*	I: Sehr gut. Und warum weint der Willie? An3: *Warum Mutti nicht kaufen Lutscher.*
Perfekt		
X S Vpart X	*1*	I: Nein, er hat ___ wie sagt man? Jacke nicht angezogen. Und jetzt? An3: *Und jetzt Willie angezogen Ja- Jacke.*
S AUX neg Vpart X	*2*	I: Ja. Und die beiden Eier, was hat sie mit denen gemacht? Mama hat ___? An3: *Mama hat nicht gelegt auf den - dein Teller.*

---

[26] Die Kodierung ist oberflächenorientiert; *warum* hat hier die Funktion von *weil*, also die Funktion einer Konjunktion oder Subjunktion (das kann an dieser Stelle noch nicht entschieden werden, sondern erst, wenn sich eine Hauptsatz- und eine Nebensatzstellung systematisch unterscheiden lassen).

Die Tendenz zum zielsprachkonform scheinenden SVO-Satz (sieht man von der z.T. fehlenden Morphologie ab) setzt sich fort, vgl. die Beispiele:

An3:   *Willie sitzen im oben, und ___ .*

An3:   *Der Willie mach ein Laterne.*

An3:   *Der Papa lest Buch, [...].*

Freilich finden sich neben Verbzweitsätzen, wie sie eindeutig ja nur durch Belege mit Inversion (in An3 nicht belegt), Negations- oder Fokuspartikel konstituiert sind, vgl. z.B.

An3:   *Sie sagt, ich kaufe nicht das Lutscher.*

An3:   *Die Mama hat nicht gelegt ___ in seinen Teller.*

auch eine Reihe von Belegen ohne Verbanhebung bzw. ohne Inversion und außerdem Äußerungen mit XV- statt VX-Stellung, vgl. z.B.

An3:   *Warum du nimmst das Lutscher?*
I: Sehr gut. Und warum weint der Willie?
An3:   *Warum Mutti nicht kaufen Lutscher.*

An3:   *Nein. Der Willie ___ auf dem Bett liegt.*
I: Ja, es liegt auf der Straße. Warum liegt es denn auf der Straße? Wie ist des passiert? Des Fahrrad ___ ?
An3:   *Umfall mach.*
I: Nochmal.
An3:   *Des Fahrrad Umfall machen.*

Das letzte Beispiel wirft allerdings die Frage auf, ob An hier einen Perfektsatz intendiert, und der Infinitiv dann eher als satzfinales Partizip zu interpretieren wäre, denn Perfektsätze mit Partizip sind in An3 ja schon belegt. Dagegen spricht wiederum, dass die Partizipien sich gerade nicht in Endstellung befinden (vgl. die letzten Zeilen der obigen Übersicht), sondern wieder die von An präferierte, insgesamt frequentere V(ollverb)-X-Abfolge vorliegt.

Als Zwischenbilanz lässt sich also feststellen, dass es voreilig wäre, Ans Interlanguage eine zielsprachliche Satzstruktur zuzuschreiben. Stattdessen kann ihr zu diesem Zeitpunkt eine gerade nicht zielsprachkonforme linksköpfige VP „unterstellt" werden. Vgl. dazu die folgende Tabelle für den Zeitraum bis zum 11. KM, die allerdings nicht nur Infinitive erfasst. Die Werte in Klammern geben an, wie viele der Belege ein flektiertes Verb aufweisen. Auch nach dem 11. KM produziert An noch reine VPs, die dann allerdings im jeweiligen Dialogkontext immer adäquate Antworten darstellen und die zielsprachliche XV-Abfolge aufweisen.

Tabelle 17: Reihenfolge von Verb und Objekt bzw. Adverbial (= X) in Äußerungen, die keine Subjekte enthalten:

	An1	An3	An4	An5	An8	An10	An11
VX(X)	3 (1)	4 (0)	13 (6)	5 (5)	4 (4)	–	–
X(X)V	–	5 (0)	2 (0)	–	2 (0)	3	–

Die linksköpfige VP geht zwar in eine Reihe von zielsprachnahen SVX-Äußerungen ein, zeichnet sich dafür aber als eine Art Pferdefuß im Hinblick auf die Besetzung der satzfinalen Strukturposition mit einem verbalen Element wie beim Perfekt ab, ein Eindruck, der in den Folgemonaten Bestätigung findet.

Übersicht An4

Struktur	Belege (davon finit)	Beispiel
S KV Prädikatsnomen	4	*Das Kogel ist kaputt.*
KV Prädikatsnomen	*1*	I: Kuck mal, wieso kann die nicht rollen. An4: *Ist keine Kugel.*
X KV neg Prädikatsnomen	*1*	*Jetzt ist nicht noch fertig ___ die Laterne.*
X S KV fok Prädikatsnom.	*1*	*Und hier-- der Laterne ist schon fertig.*
S KV LOC	3	*Die Lutscher ist beim Kassiere.*
Vinf (adäquate Antwort)	2	I: Und freut sich das Kind? ___ Was macht das Kind? An4: *Weinen.*
Vinf/	*1*	I: Und was macht er dann mit dem Papier? An4: *Machen ein Laterne.* I: Wie denn? An4: *Kleben.*
Vimp	*1*	I: Ruft oder schreit. Was schreit das Kind? Papa-. An4: *Schau, ein Herr im Wasser.*
X V	2 (0)	I: Ja, er geht in den Kindergarten, und was macht er da? An4: *Ein Bär malen.*
V X	12 (5)	I: Eine Laterne macht der Bär. Und wie macht er das? An4: *Schneiden ein Papier--.* I: Dann geht der andere Bär nach oben. Was machen sie jetzt? An4: *Geht nach Hause-*

Struktur	Belege (davon finit)	Beispiel
V Satz	*1 (1)*	I: Was macht der Papa? An4: *Lest ( ) __ Willi willst.*
MV Vinf X	*1*	I: Wo ist das Ei, was vorher hier war? An4: *(bei) Vater, -- und der Bär, und die zwei___ bei Mutter.* I: Ja, die sind auch-. An4: *Muss, muss, muss legen bei Mutter.*
S V	*7 (4)*	I: Genau Und der Willi, was macht der jetzt? An4: *Der Willi weinen.* I: Was macht er, schau! An4: *Er läuft.*
V X X	*1 (1)*	I: Der Mann freut sich gar nicht – Was macht dieser Mann? An4: *Schlägt der Papa auf dem Kopf.*
S V (neg) X (X)	*32 (28)*	*Banane. Die Mutter kaufen Banane.* *Sie kauft Wurst-.* *[...] ich kaufe nicht Lutscher.*
S V X Vt	*1 (0)*	*Der Papa zieln [ziehen] das Baum heraus.*
S V (neg) Satz	*6 (5)*	*Die Mama sagt, ich kaufe nicht Lutscher.* *Der Willi hört -- was Papa lest.* *Der Friseur sehen, was macht der Papa und, und weiß nicht, was machen.*
X S V X	*4 (3)*	*Jetzt die Willi geht in Baden.*
X S V X Vt	*1 (1)*	*Und jetzt de Papa zieht -- der Baum raus-.*
S neg V X	*1 (1)*	*Er noch nicht ___ mache ein Laterne.*
S X V	*2 (0)*	*Der Friseur alles Haare abschneiden.*
S MV neg Vinf X	*1*	*Der kann -- nicht kaufen den Lutscher.*
MV S X Vinf	*1*	*Kann er Russisch sprechen.*
Perfekt		
S Vpart	*2*	I: [...] Wie ist das Ei da hingekommen? An4: *Die Mama gelegen.*

Struktur	Belege (davon finit)	Beispiel	
Vpart X	*1*	I:	Was hat die Mama mit dem Ei nicht gemacht?
		An4:	*(___) telegt auf seinen Teller.*
X neg Vpart	*1*	I:	[...] Fang mit der Jacke an! Was hat er noch nicht angezogen?
		An4:	*Die Jacke noch nicht angezogen.*
S (neg) Vpart X (X)	*11*	*Der Bär noch nicht angezogen Jacke.*	
		Der Papa geseh sein Kind-.	
S Vpart Satz	*1*	An4:	*Der Mann gesehn___ ___*
			[...]Dass Vater so viele___.
		I:	Viele Kraft, denkst du?
S X neg Vpart	*1*	I:	[...] Kann die Mutter die Wurst einfach nehmen?
		An4:	*Nein, die Mutter die Wurst nicht genehmt.*
X S X Vpart	*1*	I:	Und was macht er hier?
		An4:	*und jetzt der Bär ___ Jacke angezogen.*
S AUX neg Vpart	*1*	I:	[...] Die Mama soll die Lutscher kaufen, nicht?
		An4:	*Nein. Die Mama hat nicht gekauft.*
S AUX neg Vpart X (X)	*5*	I:	Hat die Mutter Apfelsaft gekauft?
		An4:	*Nein. Die Mutter hat nicht gekauft Apfelsaft.*
X AUX neg Vpart	*1*	I:	Aber schau mal, hat er das alles jetzt schon angezogen?
		An4:	*Nein.*
		I:	Sag, mal, die Jacke-.
		An4:	*Die Jacke hat noch nicht angezogen.*
X AUX S (Ü) X Vpart	*1*	I:	Hier hat er die Mütze noch nicht aufgesetzt-. Und hier? Hier hat er?
		An4:	*Mütze angezogen.*
S AUX X (Ü) Vpart X	*1*	I:	Die Mama hat das -.
		An4:	*gelegen in Bär - .*
Nebensätze			
W V	*1*	*[...], und weiß nicht, was machen.*	
W S V	*2*	I:	[...]. Und liest der Papa vor, was der Willi will? ___ Der Papa-.
		An4:	`Der Papa lest,`___ *was Willi liest.*

Struktur	Belege (davon finit)	Beispiel
W V S	1	*Der Friseur sehen, was macht der Papa und, [...]*
–W S V	2	I: Was macht der Papa? An4: Lest (___) ___ *Willi willst.*
COMP S X (Vt?)	2	I: [...] Was hat er gesehen? An4: *Dass Vater Baum heraus--.* [unverständlich]
–COMP S X (Vt?)	1	*Er hat gesehen, der Vater das Baum heraus und-.*

In An4 sehen zwar alle XV-Abfolgen wie zielsprachliche rechtsköpfige VPs aus, da sie alle mit Infinitiv realisiert werden.

I: Ja, er geht in den Kindergarten, und was macht er da?
An4: *Ein Bär malen.*

An4: *Der Friseur sehen, [...] Der Friseur, und die Haare alle abschneiden.*

An4: *Der Hase-- im Schaukel fahren.*

An4: *Der Friseur alles Haare abschneiden.*

Aber Partizipien stehen keineswegs systematisch am Ende, ganz im Gegenteil (s.o. die Zahlen in den mit „Perfekt" überschriebenen Zeilen der Übersicht), vgl. z.B.:

An4: *Die Mama gelegt in Willi Teller Eier.*

I: Und kannst es auch mit den Kartoffeln erzählen?
An4: *Nein. ___ Die Mama gelegt in Papa Teller Kartoffel- und die Mama gelegt Kartoffel in Willi Teller- und die Mama nicht gelegt in seinem Teller Kartoffel.*

Dies gilt unabhängig davon, ob An in ihren Vorzeitigkeit ausdrückenden Äußerungen außer dem Vollverb-Partizip auch ein Auxiliar verwendet, z.B. in:

An4: *Die Mama hat nicht gelegt auf seinen Teller Spinat.*

I: Und warum weint der Willi?
An4: *Der Mutter hat nicht gekauft -- Lutscher.*

An realisiert zwar Auxiliar und Partizip nicht als einen untrennbaren Baustein, denn die Negationspartikel tritt dazwischen. Doch mit der Verbklammer hat sie noch Schwierigkeiten, auch wenn in An4 schon erste Verbklammern mit MV-X-Infinitiv oder V-X-Verbpartikel vorhanden sind, wie die folgende Liste zeigt:

An4: *Der Papa zieln* [ziehen] *das Baum heraus-.*

An4: *Und jetzt de Papa zieht -- der Baum raus-.*

I: Kann der auch schon sprechen?
An4: *Nein.*

I: Ein bisschen schon. Ich meine Russisch. Nein.

An4:   *Kann er Russisch sprechen.* [Übernahme von I?]

versus:

I: Und warum weint er dann?

An4:   *Der kann -- nicht kaufen den Lutscher.*

Im fünften Kontaktmonat ändert sich das Bild nicht wesentlich, davon abgesehen, dass Verben nun nahezu immer flektiert sind (vgl. Tabelle 15 zu Beginn des Kapitels).

Übersicht An5

Struktur	Belege	Beispiel
S KV Prädnom	*4*	*Karotte ist eine Nase.*
S KV LOC	*4*	*Der Nadel ist auf dem Fuß.*
V	*2*	I: […]. Und das andre Kind? Guck mal, das sind zwei Steine. *An 5: Steckt ___.*
V X	*3*	I: Sehr gut. Und was machen se mit dem Besen? *An 5: Steckt ___ Hände.*
S V	*4*	I: Was machst du denn in den Ferien, Anastasia? *An 5: Ich spiele.*
S V Vt	*3*	I: Und was macht der Vater? *An 5: Er läuft weg.*
V X X	*2*	I: Mhm, steckt dem Schneemann in den Arm. Nochmal. Was macht das Kind? *An 5: Steckt Besen in den Hand.*
S V X (X)	*19*	*Er wickelt der Mann.* *Das Kind st- steckt der Besen ___ in der Schneemann Ha-nd.*
S V fok X (X)	*2*	*Er schießt - auch in Räuber.*
S V Vt X	*1*	*Er steckt raus das Baum.*
S V X Vt	*1*	*Er schmeißt Pistole drunter.*
S V Satz	*1*	*Er schaut den* Nagel *- drin ist.*
S V Inf X	*1*	*Die zwei Bub geht machen ein Schneemann.*
X V S (X)	*4*	*-- Jetzt schießt der Räuber und der Vater.*
X V S Vt	*1*	*Und dann geht er weg, nach Haus.*
X S V X X	*1*	*Und jetzt ___ ein andere(r) ___ ein andere Kind steckt den Bese in(d) ___.*

Struktur	Belege	Beispiel
Modalverbkonstruktionen		
S MV X	_1_	_Diese Bild muss hier._
S MV X Inf	_4_	_Das Bild muss hier stehn,_
S MV Inf X	_1_	_Der Räuber ___ will schießen den ___._
Perfekt		
S AUX Vpart	_1_	_(Wir) haben gerechnet._
S AUX X Vpart	_1_	I: Und Kartoffeln? Was hat sie mit den Kartoffeln gemacht? _An 5:_ _Sie hat Kartoffel gegeben - bei Willie und bei Vater._
S AUX Vpart X	_4_	_Nein. Er hat gefallen auf dem Boden._
S AUX neg Vpart X (X)	_5_	_Mama hat nicht gelegt Kartoffel bei Vater und Willie._
X AUX S fok X Vpart	_1_	_Jetzt - hat zwei Bub noch drei Kugel gemacht._
X AUX S Vpart X	_1_	_[...], jetzt hat er ___ gezieht diese._
Nebensätze		
W S V	_1_	I: Was hört der Willie? _An 5:_ _Was Vater liest._
–W S Vt V	_1_	Er schaut _den Nagel - drin ist._

Einerseits sind bei Modalverbkonstruktionen 4 Verbklammern im Gegensatz zu einer Adjazenzstellung belegt, aber zum einen befinden sich 3 der Verbklammern so gut wie innerhalb einer Äußerung:

I: Wo siehst du das? Warum sind sie vertauscht? Wie kann mans sehen?
An5: _Das Bild muss hier stehn, und das Bild muss hier stehn._
I: Und dieses Bild?
An5: _Und dieses Bild muss da stehn._

I: Was denkst du? Warum kommt der Räuber auf Strümpfen?
An5: _-- Er will leise gehn._

versus

I: Ja. Also, warum lässt das Kind jetzt den Nagel da drin?
An5: _Der Räuber ___ will schießen den ___._

Und zum anderen sehen die Verhältnisse beim Perfekt ganz anders aus (vgl. die Zahlen in der Übersicht); Belege wie der folgende herrschen vor:

I: Schau mal, was hat er grade erst gemacht?

An5:   *Er hat gesteckt das Baum, [...].*

Der Ausgangspunkt von Ans Bemühungen, die Satzstruktur ihrer Zielsprache zu realisieren, ist eine linksköpfige VP, anders ausgedrückt: Ihr entgeht die OV-Natur des Deutschen. Ein Effekt davon sind ihre Probleme mit dem rechten Satzklammerteil.

In diesem Zusammenhang lohnt es sich, Ans Umgang mit (trennbaren) zusammengesetzten Verben einmal genauer zu betrachten. Anfangs lässt sie den trennbaren Verbteil oft weg (*stecken* statt *reinstecken, lesen* statt *vorlesen*), zumindest gibt es in An5 mehrere Fälle, die sich so interpretieren lassen:

I: Gut, und was machen sie dann?

An5:   *Ein Bub steckt der Schneemann Auge.* [rein]

I: Mhm. Und der andere?

An5:   *Hm der auch, andere steckt Karotte.* [rein]

I: Und deshalb lässt der Junge den Nagel drin. - Was macht der Vater da?

An5:   *Er steckt der Baum.* [rein]

I: Sehr gut. Und was macht ganz zum Schluß der Vater?

An5:   *Er - er lest bei Willie Buch.* [vor]

I: Mhm, und was macht der Willie?

An5:   *Und Willie hört.* [zu]

Die abgetrennten Verbpartikeln, die An in ihrem Input hören kann, sind eigentlich salient (vgl. die Überlegungen zum Input in Abschnitt 3.2). Es ist unwahrscheinlich, dass sie sie „überhört". Vielmehr drängt sich der Eindruck auf, dass die Lernerin von den zusammengesetzten Verben bzw. der Distanzstellung ihrer Teile bewusst irritiert ist, weil das Phänomen nicht mit ihrer Interimsgrammatik kompatibel ist. Es fehlt eine entsprechende Position in der Satzstruktur. Auch in späteren Interviews gibt es noch Passagen mit auffälligen Verzögerungen beim Einsatz dieser Verben, An stockt sogar dabei, Interviewer-Äußerungen zu imitieren. Vgl. dazu Ans Probleme mit *abtrocknen* und *anziehen* im 8. KM:

I: Sehr gut. Er wäscht sich das Gesicht mit dem Waschlappen. Und dann?

An8:   *Abtrocknet mit Handtuch.*

I: Also, nochmal.

An8:   *Er abtrocknet mit dem Handtuch.*

I: Ja, er trock-, Da sagt ma aber: er trocknet sich mit dem Handtuch ab.

An8:   *Er trocknet sich mit den Handtuch -.*

I: Ab. Sehr gut! Und da?

An8:   *Er - zieht - an die Jacke.*

I: Ja. Und hier?

An8:   *Er hat schon angezogen - und er geht schon-.*

I: Ja, also. Jetzt frag ich nochmal. Hat er hier die Jacke schon angezogen?

An8:   *Nein.*

I: Nein. Er?

An8:   *Er zieht die Jacke-.*

I: An.

An8:   *An.*

Denkbar ist, dass die beobachteten Mühseligkeiten auch vom Typ des Partikelverbs abhängen. Komplexere zweisilbige Partikeln, die womöglich leichter semantisch interpretierbar sind, bereiten An weniger Schwierigkeiten, vgl. dazu:

I: Er weint, er schreit. Und, was macht er mit der Pistole?

An5:   *Er schmeißt Pistole drunter.*

I: Hmh? Der Willi will ja runter, oder? Wann kommt der runter, der kann ja nicht abdrücken.

An8:   *Dann der klein Bär macht abdrücken, dann der Bär - der Willi kommt runter.*

Bestimmte Lexeme unter den trennbaren Verben könnten einen guten Einstieg bieten, einen „Steigbügel" für den Erwerb der Satzklammer, die bei An, die zunächst von einer VX-Abfolge ausgeht, sozusagen nach rechts aufgespannt wird und nicht, wie im L1-Erwerb, nach links (von *Mama Schuhe anziehen* nach *Mama zieht Schuhe an*). Andererseits ist natürlich fraglich, inwieweit es nicht schon eine Überinterpretation darstellt, die letzten Beispiele überhaupt als Evidenz für Partikelverben zu interpretieren, wenn keine entsprechenden Belege der „ungetrennten" Verben vorliegen. Die Vermutungen bezüglich einer Erwerbsreihenfolge für verschiedene Typen von Partikelverben müsste also an einer größeren Datenbasis überprüft werden.

Unabhängig davon lässt sich feststellen, dass die satzfinale Stellung von Partizipien, Infinitiven und von Verbpartikeln in der Verbklammer einen Lerngegenstand darstellt, den An graduell bewältigt und der einige Monate in Anspruch nimmt:

Tabelle 18:   Verbklammer (VK) vs. Adjazenzstellung (–VK)
             bei Perfekt, Modalverbkonstruktionen und trennbaren Verben

	An3	An4	An5	An8	An10	An11	An13
–VK*	*2*	*7*	*13*	*9*	*1*	–	–
VK in %	–	*4*** *36*	*8**** *38*	*6* *67*	*35* *97*	*62* *100*	*50+* *100*

*   Äußerungen wie „X kann nicht kaufen Y" werden als –VK gewertet

**   davon 2 mit *(he)raus* als Verbteil

*** davon vier mal *X muss hier stehen* innerhalb einer Replik auf I

Der graduelle Erwerb gilt auch für das Phänomen Verbzweit, denn hier führt die feste Struktur SVX, dazu, dass bei Topikalisierung einer XP die SV-Serie zunächst beibehalten wird, was dann zu einer nicht-zielsprachlichen Verbdrittstellung führt, vgl. z.B.:

An4:   *Und jetzt der Papa steh auf dem Stuhl mit Fiß-.*

Die folgenden Tabellen 19 und 20 fassen die Werte für die diversen Verbstellungsmuster zusammen (in Klammern wieder der Anteil flektierter Verben), wobei Tabelle 20 eindeutig Auskunft darüber gibt, ob An „echte" Verbzweitstrukturen produziert.

Tabelle 19: Verbstellung in Deklarativsätzen mit Vollverb (einfache Form, keine einzelnen Partizipien), die, ggf. neben einer Negations- oder Fokuspartikel, außer dem Subjekt noch mindestens eine XP enthalten ohne Formeln, ohne Übernahmen, ohne *sagen* + Zitat und andere satzförmige Komplemente

V2   Verbzweit
V3/2   Verbdritt statt Verbzweit, wobei nach dem Verb noch eine XP folgt
VL/2   Verbletzt statt Verbzweit

	An1	An3	An4	An5	An8	An10	An11
V2	7 (4)	10 (5)	33 (27)	29 (28)	62 (57*)	32	109
V3/2	2 (1)	–	6 (5)	1 (1)	3 (3)	2	–
VL/2	–	3 (1)	2 (0)	–	–	–	–

* bei den 5 nicht-flektierten Verben handelt es sich um nicht-realisierte Schwa+*t*-Endungen

Tabelle 20: Inversion (INV) vs. keine Inversion (–INV) und Verbanhebung (VA) vs. keine Verbanhebung (–VA) bei Negations- und Fokuspartikeln, in allen Äußerungen inkl. Perfekt- und Modalverbkonstruktionen

	An1	An3	An4	An5	An8	An10	An11
INV	–		–	7 (7) (5 VV)	14 (14) = 82% (11 VV)	19 = 90%	33 = 100%
–INV	–		6 (6) (5 VV)	1 (1) (1 VV)	3 (3) (3 VV)	2	–
VA	–	3 (3) (1 VV)	13 (13) (2 VV)	8 (8) (2 VV)	15 (15) (6 VV)	15 (3 VV)	
–VA	3 (1) (3 VV)	2 (0) (2 VV)	1 (1) (1 VV)	–	–	–	

Der Blick auf den Anteil der Vollverben (VV) an den angehobenen Verben insgesamt zeigt, dass es nur schwache Anzeichen dafür gibt, dass Vollverben weniger oft oder später angehoben werden als Kopula- oder Hilfsverben. Hier nach einem etwaigen Unterschied zu suchen, liegt nahe, da ja bei den türkischen Lernern die Verbzweitposition zunächst mit der Kopula als Dummy-Verb oder als Pseudo-Auxiliar besetzt wird. Zwar sind die nicht angehobenen Verben in An1 Vollverben, doch finden sich in diesem Interview auch keine angehobenen Nicht-Vollverben. In An 3 sind die beiden nicht-angehobenen Verben Vollverben, und zwei der angehobenen sind es nicht, in An 4 ist das einzige nicht angehobene Verb ein Vollverb und von 13 angehobenen sind 11 Kopula- bzw. Auxiliarverben. Aber diese Evidenz ist nicht aussagekräftig. Wenig aussagekräftig ist auch, dass 5 von 6 Äußerungen ohne Inversion ein Vollverb aufweisen, wenn keine entsprechenden Gegenbelege mit Auxiliar- oder KV-Inversion vorliegen.

Ebenso wenig rechtfertigt es die Datenlage, einen Zusammenhang zwischen echter Verbzweitstellung und Flektiertheit herzustellen, dafür spräche lediglich, dass in An3 alle angehobenen Verben flektiert, alle nicht-angehobenen nicht flektiert sind – doch dabei handelt es sich insgesamt um nicht mehr als 5 Belege.

Es besteht also insgesamt betrachtet bei An kein Anlass, die Einrichtung der Verbzweit-strukturposition an die Flektiertheit der Verben zu knüpfen, oder Funktionsverben eine Vor-reiterrolle zuzuschreiben.

Ab dem 10. KM verstößt An in den Hauptsätzen nicht mehr gegen die Regel, den finiten Verbteil in Zweitstellung und den infiniten in Letztstellung zu realisieren (abgesehen von zwei Verbdrittstellungen in An10). Sie „weiß" aber noch nicht, dass die Vfin-Stellung eine abgeleitete ist, dass das Vfin nur dann in der linken Satzklammer steht, wenn diese Position nicht durch eine Subjunktion belegt ist. Sie bewegt sozusagen nicht Vfin nach vorne, son-dern Vinf nach hinten.

Im 10. KM, wenn die Verbklammer als erworben gelten kann (vgl. Tabelle 18), weisen noch 67% der Nebensätze Verbzweitstellung auf. Vgl. die folgende Tabelle:

Tabelle 21:   Erwerb von Verbletzt im Nebensatz (ohne *weil*-Sätze)
NSL: Nebensatz mit Verbletzt
NS–L: Nebensatz ohne Verbletzt

	An8	An10	An11	An13	An15	An17
NSL in %	*1* 20	*4* 33	*4* 29	*15* 65	*12* 71	*12* 100
NS–L	*4*	*8*	*14*	*8*	*5*	–

Die Tabelle erfasst prozentual erst den Zeitraum nach dem ersten halben Erwerbsjahr, weil vorher nur vereinzelt überhaupt Nebensätze bzw. Nebensatzeinleiter vorhanden sind. Die folgenden Belege zeigen, dass An die Nebensatzeinleiter erst einmal in ihren Wortschatz aufnehmen muss. Sie wählt falsche Subjunktionen oder produziert gar keine Nebensätze, obwohl die Interviewerin solche zu elizitieren versucht:

I: Sehr gut. Und warum weint der Willie?
An3:   *Warum Mutti nicht kaufen Lutscher.*

I: Ja, er lässt sie fallen. Und? Warum schreit er denn so?
An5:   *Der Nadel ist auf dem Fuß.*
I: Mhm, der Nagel steckt jetzt im Fuß. Warum hat er denn keine Schuhe an?
An5:   --.

I: Was denkst du? Warum kommt der Räuber auf Strümpfen?
An5:   -- *Er will leise gehn. Oder Zimmer und schießen.*

I: Und das kannst du verstehn. - So, jetzt sag mal. Warum weint der Willie?
An5:   *Der Willie will Bonbons.*
I: Mhm. Und warum weint der dann?
An5:   *Mutter hat nicht gekauft Bonbons.*
I: Aha. Also sag mal, weil? Er weint, weil?
An5:   *Er weint, weil Mutter hat nicht gekauft Bonbons.*

Es folgt eine längere Phase (bis zum 15. KM), in der An zwischen VX- und XV-Stellung im Nebensatz variiert; der Anteil von Verbletzt steigt graduell. Ein System ist in der Variation nicht zu erkennen. An verhält sich beispielsweise nicht so wie der in Müller (1998: 98ff.)

untersuchte Lerner Bruno (L1 Italienisch), der die Nebensatzstellung angeblich lexem-
spezifisch, also Subjunktion für Subjunktion, erwirbt. Es ist nicht so, dass An bei einem
bestimmten Nebensatzeinleiter keine Stellungsfehler mehr macht, und bei einem neu in
ihren Wortschatz aufgenommenen erneut damit beginnen müsste, für diesen neuen Einleiter
Verbletzt zu lernen. Ebenso wenig ist es der Fall, dass An bestimmte Nebensatztypen vor
anderen erwürbe, etwa indirekte Fragesätze vor mit Subjunktion eingeleiteten Nebensätzen.

Beispiele für Nebensätze ohne Verbletzt bzw. für Variation von Verbzweit und Verbletzt
bei bestimmten Einleitern:

I: Ja, und dann. Wenn die dann noch weiterschaukeln, wie geht des dann? Wann
        kommt dann der Willi wieder runter?
An8:   *Wenn der Bär - abdrückt - mit Füße.*

An8:   *Er will - dass die Mama kauft das Bonbons.*
I: Aha, gut. Er will, nicht als [die Interviewerin hat An falsch verstanden], sondern,
        er will, dass die Mama die Bonbons kauft.
An8:   *Er will, dass Mama kauft Bonbons.*

I: Und wann geht der dann wieder runter, der andere?
An10:   *-- Wenn der -- geht -- oben.*
I: Mhm. Und wann geht der wieder runter?
An10:   *Wenn er ist oben.*

I: Also sag mal, wie geht das, wenn man auf der Wippe sitzt.
An11:   *Wenn der Bär, welcher ist unten, drückt mit Füße, dann geht der andere Bär
        unten und der Bär oben.*

An15:   *Und dann gehst du nicht gerade, nach links -.*
I: Mhm.
An15:   *Und da gerade und wo ist ein kleines Geschäft.*

I: Doch, doch, der hat schon Kraft, aber er denkt....
An11:   *dass der Opa kann er schlagen mit den Baum.*

versus

I: Nein, das weiß der Räuber nicht, gell? Nochmal, was weiß der Räuber nicht?
An11:   *Dass der Baum nicht fest __ fest - gewachsen ist.*

An11:   *[...] Opa läuft ganz schnell hin, dann schaut er, was los ist, dann springt er.*

versus

An11:   *Ich weiß nicht, was ist das.*

Im 17. KM erreicht der Anteil der Verbletztnebensätze dann die 100%-Marke, und An
macht bis zum Ende der Aufnahmen (33. KM) so gut wie keine Fehler mehr (z.B. werden
alle der unzähligen *dass*-Sätze mit Verbletzt realisiert und nur ein einziger *wenn*-Satz weist
Verbstellungsfehler auf).

Zusammenfassung:

An startet mit verbhaltigen Äußerungen, die eine linksköpfige VP darstellen oder enthalten. Dadurch kommen schon früh zahlreiche zielsprachkonform scheinende SVX-Sätze zustande. Es zeigt sich aber, dass in der SVX-Struktur nicht schon eine Erkenntnis darüber widergespiegelt wird, dass das Deutsche eine Verbzweitsprache ist, denn An macht zunächst noch Fehler bei Verbanhebung und Inversion. Die rechte Satzklammer wird von An nicht von Anfang an in ihre IL übernommen, sondern graduell. Zu Beginn realisiert An analytische Verbformen adjazent. Ebenso dauert es einige Monate, bis sie in Nebensätzen nicht mehr die Hauptsatzstellung übergeneralisiert, sondern konsequent Verbletzt realisiert. Weil An in ihrer IL zunächst nicht über einen Verbletzt-*Slot* in der Satzstruktur und damit über die Möglichkeit einer XV-Serialisierung verfügt, stellen Satzklammer und Nebensatzstellung ein Erwerbsproblem für sie dar.

Es gibt keine Anzeichen dafür, dass der Erwerb der Verbstellungsregeln im Zusammenhang mit dem der Verbflexion betrachtet werden muss, und ebenso wenig dafür, dass Funktionsverben beim Aufbau der Satzstruktur eine Schlüsselrolle spielen.

4.5   Erwerbsverlauf bei Eu, L1 Russisch

Wie zwischen den türkischen und den russischen Lernern keine Vergleiche gezogen werden dürfen, was den absoluten Zeitpunkt bestimmter Erwerbsschritte betrifft, sondern nur festgestellt werden kann, ob sich die Interimsgrammatiken der Lerner in derselben oder einer anderen Sequenzreihenfolge aufbauen, so gilt es auch beim Suchen nach Analogien im Erwerbsverlauf der zwei russischen Kinder, wesentliche Unterschiede bei den Lernbedingungen zu berücksichtigen. Besonders wichtig ist zunächst auch, dass Eus Erwerbsprozess erst ab dem 4. Kontaktmonat dokumentiert ist. Dies hat zur Folge, dass Eu als Lerner zu Beginn der Datenerhebung schon fortgeschrittener ist als An, die bereits ab dem 1. KM aufgenommen wurde. Am ersten Interview (Eu4) wird dies nicht unmittelbar deutlich, was aber wohl einer gewissen Schüchternheit geschuldet ist; Eu antwortet auf Fragen der Interviewerin oder von Klassenkameradin An, die an der Kontaktanbahnung und Gesprächsführung beteiligt wird, fast nur mit einzelnen Wörtern. Abgesehen von einzelnen Infinitiven, die hier nicht aufgelistet werden sollen, sind folgende die einzigen Äußerungen mit einem Verb:

I: Aha, macht der Vater keinen Sprachkurs?
Eu4:   *Nnn, er kann schon...*

Eu4:   *Das ist Schere, Papier...*

An: *Was macht er?*
Eu4:   *Duschen.*
An: *Eh - duschen?*
Eu4:   *Badet.*

An:	*Warum schreit er? Was. Waru - weil -.*
Eu4:	*Weil keine.*
An:	*Weil Mama - Mama - Mama - hat -.*
Eu4:	*hat.*
An:	*nicht die Bonbons gekauft.*
Eu4:	*hat keine Bo-.*
An:	*Bonbons gekauft.*

Dass Eu in der letzten Passage die Lernerin An, die sich zu diesem Zeitpunkt schon im 11. KM befindet, korrigieren kann, ist verblüffend. Ein Blick auf die letzten Zeilen des folgenden Strukturinventars zum 5. KM, der als Ausgangspunkt wieder exhaustiv dokumentiert werden soll, zeigt außerdem, dass Eu bereits Äußerungen mit korrekter Verbklammer, mit Inversion sowie eingebettete Sätze mit Verbletzt produziert. Allerdings handelt es sich nur um einzelne Belege, die keine Generalisierungen erlauben, und die Verbletztsätze sind unter dem Vorbehalt einer gewissen Formelhaftigkeit zu betrachten. So elaborierten Strukturen stehen schließlich viele inadäquate Infinitiväußerungen (also mit Vinf/) gegenüber:

Übersicht: Strukturtypen-Inventar zu Eu5

Struktur	Belege	Beispiel	
Vinf (adäqu. Infinitiv-Antwort)	5	I: Eu5:	Und was macht der jetzt? *Aufstehn.*
Vinf/	7	I: Eu5:	Und die Ente schwimmt und dann -. *Essen.*
X Vinf	4	I: Eu5:	[...] Und was macht der Papa? *Papa? Ei essen -.*
X Vinf/	3	I: Eu5:	[...] da trocknet er sich ab und jetzt -. ___ *seine - seine Frisur machen.*
Vinf/ X	2	Eu5: I:	*[...] - Spielen Kaspertheater.* Ja. Er spielt Kaspertheater und was hat er da einen -.
S Vinf/	1	Eu5:	*[...] Kleine Bär schlafen.*
S Vinf/ X	1	I: Eu5:	Ja, dann schaukeln sie, dann wippen sie - und der? *Der spielen Ball.*
S Vfin X	1	Eu5:	*Er will[27] alles.*
X Vfin S	1	I: Eu5:	Ja. Er spielt Kaspertheater und was hat er da einen -. *Polizei - hat er -.*
Vinf MV S	1	Eu5:	*Essen möcht er.*

---

[27] Transitiv gebrauchte Modalverben (mit Objekts-NP) werden als Vollverb gewertet.

Struktur	Belege	Beispiel	
S neg MV X Vinf	*1*	Eu5:	*Mama nicht möchte so viel Bonbons kaufen.*
(X) MV S Vinf	*1*	I:	*[…]. Was hat die Mama mit dem Ei gemacht?*
		Eu5:	*Soll kleine Bär essen. Salat und Eier.*
WH das KV	*1*	Eu5:	*Ich weiß nicht,*[28] *was das ist.*
WH das Vfin	*1*	Eu5:	*Ich weiß nicht, wie das geht.*

Auch die Anzahl flektierter Verben überhaupt hält sich in Grenzen, was sich allerdings rasch ändert. Denn im Datenmaterial aus dem 6. KM[29] kommen nur 15 Belege für Vinf/ in syntaktisch als komplett betrachteten Äußerungen wie

I: […] Nochmal, wo ist der Hund? Ich hab jetzt nicht aufgepasst.
Eu6: *Hund schlafen.*

Eu6: *Nhn. Ich lieber schaun Fernseh.*

Eu6: *Ich machen mit Joghurt und Tee.* [Frühstück]

auf 209 flektierte Verben (davon 188 Vfin, 16 Vfin(f), 5 Vfinf), wie in

Eu6: *Er sitzt auf dem Stuhl.*

Eu6: *Mhm, na, ich renn und hab so Schmerzen.*

Eu6: *Mhm. Ei - Eis schmeckt gut, mhm.*

Eu6: *Und hier er esst.* [= Vfin(f)]

I: Mhm. Warum müsst ihr jetzt aufräumen?
Eu6: *Ach so - Ferien kommt hahahha.* [= Vfinf]

Somit werden 93% der zu flektierenden Verben flektiert, allerdings wird bei diesen Zahlen nicht berücksichtigt, dass es nach wie vor noch eine ganze Reihe inadäquater und hier als syntaktisch nicht komplett betrachteter Äußerungen gibt, die nur aus einer VP bestehen, oder aus einem Subjekt und einer VP mit Partizip, u.Ä., vgl. z.B.:

I: […] und du sagst, was du darauf siehst. Ja? Mhm - was kann man jetzt da sagen?
Eu6: *Sätze sagen?*

I: […] was macht man da, in einer Fabrik?

---

[28] Die Äußerung „Ich weiß nicht" wird als Formel nicht ausgewertet, das gilt für die gesamte Datenauswertung und auch für Abwandlungen. Ein Beleg für „Das weiß ich nicht" gilt also nicht als ein Beleg für die Anwendung der Inversionsregel.

[29] Da Eu im 6. KM über drei Wochen an jedem Schultag beobachtet wurde, konnten mehrere Interviews durchgeführt werden, so dass die Datenbasis hier sehr breit ist. Zu den Dialogen kommen außerdem Transkripte von Gesprächen, die Eu im Unterricht oder in den Pausen mit Mitschülern und der Lehrerin geführt hat.

Eu6:   *Machen Auto.*

I: Buntpapier, oder? Mhm. Und dann? Habt ihr da erst was gemalt?

Eu6:   *Naa, Bleistift so gemalt und dann ausschneiden.*

Eu6:   *Er noch nicht angezogen seine Hose.*

Da nun in VP-Äußerungen ohne Subjekt auch keine bestimmte Verbform als Zielform angesetzt werden kann, und in Äußerungen aus Subjekt und Partizip (und eventuell einer oder
mehrerer XPs) ein finites Auxiliar, und kein finites Vollverb, fehlt, werden sie in den folgenden Tabellen 22 und 23, die die Entwicklung der Verbflexion zusammenfassen, nicht
erfasst.

Tabelle 22:   Verbflexion
nicht-flektierte versus flektierte Vollverben
(bezogen auf die Äußerungen, wo ein einfaches flektiertes Verb gefordert ist)

	Eu5	Eu6	Eu7	Eu8
nicht flektiert (in %)	(40)	7	4	–
flektiert (in %)	(60)	93	96	100

Tabelle 23:   Verbformen aufgeschlüsselt

	Eu5	Eu6	Eu7	Eu8
Vinf/	2	15	3	–
Vst/	–	–	–	–
Vfin	3	188	64	101
Vfin(f)	–	16	–	3
Vfinf	–	5	–	3
Σ		224	67	107

Eu macht auch in den Folgemonaten noch sporadisch Fehler bei der Verbflexion, deren
Erwerb jedoch, wie die Tabellen zeigen, mit dem 6. Kontaktmonat bereits als abgeschlossen
gelten dürfte; dazu kommt, dass die oben als syntaktisch nicht komplett und als im Kontext
inadäquat beurteilten nicht-finiten Äußerungen ebenfalls nach dem 6. KM kaum mehr vorkommen. Das heißt natürlich nicht, dass sie keinen genaueren Blick verdienten. Interessant
ist hier nämlich, dass Eu die Komplemente zum Infinitiv oder zum Partizip teilweise auch
nachstellt. Das Inventar zu Eu5 listet für (adäquate oder inadäquate) Infinitiv-Äußerungen
nur 2 Belege für VX auf, gegen 7 für XV. Man kann dies als Hinweis darauf betrachten,
dass Eu im Gegensatz zu An, bei der es stärkere Evidenzen für die Annahme einer linksköpfigen VP in ihrer frühen Lernervarietät gibt, der Zielsprache eher gerecht wird. Auch in Eu6
überwiegt XV, denn auf 16 Belege für XV (jeweils 8 Belege für X+Infinitiv und
X+Partizip) kommen 8 Belege für VX (5 Infinitiv+X, 3 Partizip+X). Doch dass immerhin
ein Drittel der VPs nicht zielsprachkonform ist, fällt insbesondere in Anbetracht der Tatsache ins Gewicht, dass dergleichen bei den türkischen Lernern so gut wie gar nicht auftritt.
Insofern besteht zwischen An und Eu durchaus eine Analogie. Tabelle 24 zeigt, dass auch

im 7. KM bei Eu noch einige inadäquaterweise infinite Äußerungen auftreten, wobei die Tabelle nur diejenigen erfasst, in denen das Verb auch ein Komplement hat.

Tabelle 24: Reihenfolge von Infinitiv oder Partizip und Objekt bzw. Adverbial (= X) in VP-Äußerungen:

	Eu5	Eu6	Eu7	Eu8
VX(X)	2	8	3	1
X(X)V	7	17	2	–

Die Analogie zwischen den beiden russischen Lernern besteht nicht nur in den nicht zielsprachkonformen linksköpfigen VPs, sondern auch darin, dass Eu wie An von Beginn des Beobachtungszeitraums an SVX-Strukturen realisiert. Verbletztstellung im einfachen Hauptsatz mit SXV, ein bei den türkischen Lernern in den frühen Erwerbsphasen ja frequentes Muster, findet sich in Eu5 und Eu6 überhaupt nicht.

Die folgende Tabelle erfasst wieder die Positionen von einfachen Vollverbformen (ggf. auch Vinf/, aber keine Partizipien) in Deklarativsätzen, die u.U. neben einer Negations- oder Fokuspartikel außer dem Subjekt noch mindestens eine XP enthalten.

Tabelle 25: Verbstellung in Deklarativsätzen mit Vollverb
V2   Verbzweit
V3/2   Verbdritt statt Verbzweit, wobei nach dem Verb noch eine XP folgt
VL/2   Verbletzt statt Verbzweit

	Eu5	Eu6	Eu7	Eu8
V2	4	104	33	32
V3/2	–	10	3	1**
VL/2	–	4*	1*	–

* nur XSV, also Äußerungen ohne Inversion
** wegen mangelnder Inversion; also XSVX

Aber wie bei An auch repräsentieren die so zahlreichen SVX(X)-Sätze bei Eu nicht zwangsläufig eine Erkenntnis über die Verbzweiteigenschaft der Zielsprache. Genauso wenig – und dies gilt für alle hier beobachteten Lerner, auch die türkischen – fällt mit der Entwicklung der Verbflexion die feste Installation des Verbzweit-Slots in der L2-Satzstruktur zusammen. Zwar sind in Eu6 104 Belege für SVX zu finden und Eu flektiert Verben ab dem 6. KM regelmäßig (vgl. Tabelle 22 oben). Aber er verstößt noch gegen die Inversionsregel, und zwar in Eu6 zu 77% (vgl. Tabelle 26); 5 Sätzen mit Inversion stehen 17 ohne Inversion entgegen (bezogen auf alle Sätze in Eu6, auch mit analytischen Verbformen). Beispiele:

Eu6:   *Und hier er esst.*

Eu6:   *Auf Russisch des ist Tulpanie - Tulpane.*

Eu6:   *Dann er hat - er hat gesagt,*

Eu6:   *Aber Mathematik ich hab keine - ha.*

Eu6:   *Jetzt kommt der Papa*

Eu6: *Ersten mach ich Joghurt und dann Tee.*

Doch Verbdrittstellungen entstehen nicht nur durch die Topikalisierung einer XP vor die ansonsten unveränderte SV-Struktur, sondern auch durch SXV-Serien (6 Belege in Eu6):

Eu6: *Nhn. Ich lieber schaun Fernseh.*

Eu6: *Kopf dann geht raus.*

Eu6: *Ich 4 Uhr gehen nach Hause in Hort.*

Vor diesem Hintergrund betrachtet belegen SVX-Sätze wie die folgenden nicht Verbzweit, sondern VX.

Eu6: *Ein Pferd esst Gras.*

Eu6: *Ich liebe so was.*

Eu6: *Ich zeige dir, so was.*

Die folgende Tabelle fasst die Entwicklung des Inversionserwerbs zusammen; sie zeigt außerdem, dass, wie bei An, die Tatsache, dass Verben regelmäßig vor einer Negations- oder Fokuspartikel platziert werden („Verbanhebung"), nicht mit regelmäßiger Inversion zusammenfällt.

Tabelle 26: Inversion (INV) vs. keine Inversion (–INV) und Verbanhebung (VA) vs. keine Verb-anhebung (–VA) bei Negations- und Fokuspartikeln, in allen Äußerungen inkl. Perfekt- und Modalverbkonstruktionen

	Eu5	Eu6	Eu7	Eu8
INV	*1*	*5*	*28*	*113*
in %		23	90	99
–INV		*17*	*3*	*1*
VA		*58*	*23*	
in %		92	100	
–VA	*1*	*5*[30]	–	

Natürlich wird anhand der bisherigen Tabellen vor allem augenfällig, dass Eus L2-Erwerb offenkundig viel schneller als der von An verläuft. Eu spricht lange vor Ablauf seines ersten Erwerbsjahres schon sehr flüssig und die vielen Belege von Inversion in Eu8 kommt mit dadurch zustande, dass er längere zusammenhängende Äußerungskomplexe produziert, in denen die Besetzung der Topikposition mit *da* frequent ist. Vgl. die folgende Passage:

I: Hast du auch so was?
Eu8: *Nhn.*
I: Nee?

---

[30] Beispiele:
Eu6: *Käse, ja, er auch esst Käse.*
Eu6: *Ich hab ein Film gesehn* [unverst.] *Er nur liebt kleine. Er liebt diese Frau.*

Eu8: *Aber ich will so was haben.*

I: Du willst so was haben? Warum?

Eu8: *Warum? Weil da kann man Musik hörn.*

I: Was für Musik hörst du denn gern?

Eu8: *Ahh - zu Hause hör ich russische Musik.*

I: Ja? Kannst du auch - singst du auch manchmal russische Lieder? Nee?

Eu8: *Aber ich - da mach ich zu mein Gameboy das rein, Kopfhörer. Da kann ich auch dann Musik hören.*

Ein weiteres Indiz für seine Annäherung an die Zielsprache ist, dass Eus Interlanguage ab dem 7. KM verstärkt die dialektale Färbung seiner Umgebung annimmt. Einige Beispiele sollen darauf ein Schlaglicht werfen. Eu verwendet *mir* statt *wir*, bzw. *mer* [mɐ] als Klitikum, er sagt auch schon einmal *i* statt *ich*, immer häufiger *net* statt *nicht*, und übernimmt allmählich das für den Augsburger Dialekt typische [ʃ] bzw. [ʃt] für standardsprachlich [st].

Eu7: *[...] Hab i net in immer Russland gehabt Fernseher.*[31]

Eu7: *Weil mir warn net mit Papa -*

Eu8: *Ein Wahnsinn - hm - schwer für mich. Mir ham schon eine Stunde gebraucht.* [für die Datenerhebung...!]

Eu8: *Nicht sticken, das ist wie anderscht. Mit son - aber das braucht man - des nehmer dann so und dann muss mer das psch - psch - psch.* [Eu beschreibt eine Bastelarbeit.]

Umso mehr fällt gerade dann, wenn der Lerner sich so schnell seiner sprachlichen Umgebung anpasst und die zusammenhängenden Äußerungen immer länger, abwechslungsreicher

---

[31] Unabhängig von der dialektalen Färbung, die dieses Beispiel illustrieren soll, repräsentiert es ein Phänomen, das auch im L1-Erwerb des Deutschen beobachtet wird (vgl. Tracy 1991: 410) und das bei Eu gehäuft auftritt, nämlich die Durchführung der Inversion, wo sie nicht gefordert ist, so dass deklarative Verberstsätze entstehen (13mal +INV in Eu6, 9mal in Eu7, 7mal in Eu8; später vereinzelt), vgl. z.B.:

Eu6: *[...] ich hab nur runtergeschmeißt und ich hab so gemacht bschhh - hab ich hier so was so - gemacht.*

Eu6: *Hat sie Spiele verboten und Fernsehen verboten.*

Eu6: *Oh Mann, hast du mir geschlagen!*

Eu7: *Ich haben das rausgenommen und hab ich - eh -. gezeigt, [...].*

Eu7: *War gestern Regen, [...]*

I: Erzähl mal die Geschichte, die man dann auf den Bildern sehen kann.

Eu7: *Sitzt ihm Vater auf den Stuhl.*

Eu6: *[...] so macht die dann - so br - br noch fester und dann geht es ganz rein und hört man ehehr -.* [Wenn man gewürgt wird und der Kehlkopf nach innen gedrückt wird, kann man komische Geräusche.]

Ich finde dafür keine Erklärung; in fast allen derartigen Belegen würde ein im Vorfeld realisiertes *dann* oder *da*, was Eu ja an anderer Stelle liefert, den Satz zielsprachkonform machen. Ein gemeinsamer funktionaler Nenner dafür ist nicht festzustellen. Das gilt auch im L1-Erwerb; Tracy (1991: 307) spricht von „funktionaler Heterogenität". Dies ändert aber nichts an der Relevanz der Tatsache, dass Eu in Inversion fordernden Sätzen gegen die Inversionsregel verstößt.

132

und immer flüssiger produziert werden, ins Gewicht, dass bestimmte Fehler hartnäckig in Eus Interlanguage verbleiben – „hartnäckig" wieder verglichen mit dem generellen Lerntempo, nicht im Vergleich zu den entsprechenden Zeiträumen bei An. Im Prinzip scheint aber Eu mit denselben Phänomenen der L2-Grammatik Schwierigkeiten zu haben wie die andere russische Lernerin, und zwar mit der Verbklammer und mit den Nebensätzen. Auch Eu verfügt nicht von Anfang an über den Verbletzt-*Slot* am Ende der Satzstruktur, zumindest nicht in demselben Maße wie die türkischen Lerner. Entsprechende Fehler halten sich eine im Vergleich zu An kurze, im Vergleich zu den türkischen Lernern, bei denen sie quasi gar nicht auftreten, signifikante Weile. Die folgende Tabelle bezieht sich auf alle Äußerungen mit geforderter Distanzstellung von Modal- oder Hilfsverb und infinitem Vollverb bzw. bei trennbaren Verben, wobei das Verb noch mindestens ein Komplement nehmen muss.

Tabelle 27: Verbklammer (VK) mit gefülltem Mittelfeld vs. Adjazenzstellung (–VK)[32]

	Eu5	Eu6	Eu7	Eu8	Eu9
–VK	–	20	9	5	–
VK in %	1	39 66	30 78	44 90	41 100

Beispiele:

Eu6:   *Die Katze möchte essen Maus.*

Eu6:   *[...] diese Affe eh Affe hat abgeschießen alles.*

Eu7:   *[...] Weil da hat - [unverst.] hat geklaut ein Buch zum Aufkleben, [...]*

Eu8:   *[...] und Alberto hat der [dem Mädchen] gest- gestohlen die Bilder.*

Eu6:   *Ich kann nicht das sagen.*

Eu6:   *Darum, ich hab alles alle geschlagen.*

Eu7:   *[...] und dann hab ich das gefunden, [...]*

Eu8:   *[...] ich hab von Spanien Bilder genommen.*

Eu8:   *Und da hab ich mit dem gespielt.*

Im 9. KM ist der Erwerb der Verbklammer abgeschlossen, die Distanzstellung wird in der Folgezeit nur noch ganz vereinzelt verletzt. Der 9. KM verzeichnet auch den entscheidenden Sprung nach vorne bei der korrekten Realisierung von Nebensätzen, wie die folgende Tabelle zeigt:

---

[32] Strukturen mit gefülltem Mittelfeld, in denen aber dennoch nach dem infiniten Vollverb oder der Verbpartikel noch ein Komplement folgt und aufgrund der Intonation klar ist, dass es sich nicht um eine Ausklammerung handelt, werden weder als Beleg für korrekt realisierte Verbklammern noch als Beleg für Adjazenzstellung gewertet, z.B.: Eu6: *Ich hab in Russland auch gespielt mit Puppe.*

Tabelle 28 Verbstellung im Nebensatz (ohne Berücksichtigung von *weil*-Verbzweit)
NSL: Nebensatz mit Verbletzt, NS–L: Nebensatz ohne Verbletzt

	Eu5	Eu6	Eu7	Eu8	Eu9	Eu10	Eu13	Eu14
NSL	*2*	*10*	*4*	*8*	*20*	*13*	*30*	*38*
in %		37	40	29	87	87	100	97
NS–L		*17*	*6*	*20*	*3*	*2*	*–*	*1*

Wie bei An gibt es keine Indizien dafür, dass die Verbletztstellung lexemweise gelernt wird; vom 9. KM an sind kaum mehr falsche Verbzweitstellungen belegt; das gilt dann auch in Kombination mit allen neu in seinen Wortschatz aufgenommenen Subjunktionen. Beispielsweise ist die Subjunktion *dass* vom 10. KM an vorhanden, und zwar von vornherein regelmäßig mit Verbletzt; vgl. die folgende Liste der Belege aus Eu10 und Eu13,[33] auch in Eu14 gibt es keinen Beleg für *dass* mit Verbzweit.

I: Was sieht er?
Eu10:   *Dass Fleisch weggegangen ist.*

I: Sind da nur deutsche Kinder?
Eu13:   *Na, ich weiß es ja bis jetzt nicht. Manche neuen Ki - ich kenne nur die Luba und Günter, dass die von ein andere Land kommen.*
I: Ah ja. Andere Kinder auch noch, die von einem anderen Land kommen? Nur die Luba?
Eu13:   *Ja, und den Günter. Der mit mir gegangen ist.*
I: Günter. Woher kommt der, der Günter?
Eu13:   *Wo - wo weiß ich - aber dass der von irgendein andere Land kommt.*

Eu13:   *[...] Ich hab nicht gesagt, dass mir so viel Hausaufgaben haben.*

Eu13:   *Da hat die Frau die Hühner gesehen, dass die am Baum - hängen.*

Eu13:   *Ja, aber da - da - da riechen's, dass da Hühner riechen.*

Eu13:   *[...] die Frau ist hinausgegangen von Keller und seht, dass da gar nix drinnen ist.*

Eu13:   *Die denkt, dass der Hund es gegessen hat.*

Eu13:   *Und dann hat es der Mann gesehn, dass die irgendwas da machen.*

Eu13:   *Dass der warm wird.*

Vor Eu9 weist die Mehrzahl der eingebetteten Sätze Verbzweit auf, vgl. die folgenden Beispiele dafür bzw. für die Variation der Stellungsmuster beim selben Typ Nebensatz (z.B. *wenn*, Eus erste Subjunktion, mit Verbzweit und Verbletzt).

Eu6:   *Ich weiß, was ist das. Mit dem Schnee - das ist Schnee.*

Eu6:   *Er hilft alles, was du möchtest. Er sieht nichts wer ist das.*

---

[33] Die Unterbrechung der monatlichen Aufnahmen ergibt sich aus den großen Ferien.

Eu6:   *Ich versteh versteh nicht, was ist das.*[34]

Eu6:   *[unverst.] abschreiben was hab ich gemacht heute.*

Eu7:   *Nicht jeden Tag. Wenn ich habe Kabel.*

Eu8:   *[...] wenn mir aufstehn von Bett dann muss mer wenn acht Uhr ist schon, da muss mer schon essen gehn.*

Eu9:   *Ich weiß nicht von welchen Land kommen die.*

Eu9:   *Wenn der andre geht nach unten.*

Eu6:   *Ich weiß nicht was das auf Deutsch ist.* [flüstert]

Eu6:   *Ach so, weiß ich schon, wo es ist.*

Eu6:   *Ich muss dir zeigen, was ich noch esse.*

Eu6:   *Hier er - Kleine schießt auf eine Schiff ab als seine Papa noch nicht schießt.*

Eu7:   *Weißt du wieviel Jahre er ist? - 12.*

Eu8:   *Nein, wenn die auf Fernseh schaut und schläft so dann spielt sie auch mit Haaren.*

Eu8:   *Dann geh ich in andere Zimmer, wo mein Mutter schläft.*

Eu9:   *[...] also da war viel schöner, weil da Olga und Adam weg warn.*

I: Wem soll er helfen?

Eu9:   *Dem der in Wasser schwimmt.*

Zusammenfassung:

Die Ergebnisse zeigen, dass Eu mit besseren Werten aufwarten kann als An, sei es, weil seine Interlanguage von Anfang an weniger von zielsprachlichen Regularitäten abweicht oder weil er diese Abweichungen in einem kürzeren Zeitraum überwinden kann. Es zeigt sich aber auch, dass Eu im Prinzip dieselben Schwierigkeiten hat wie An, die darauf zurückgeführt werden können, dass in der Satzstruktur der frühen Interlanguage noch kein Platz für die Endstellung infiniter verbaler Einheiten im Hauptsatz bzw. für das finite Verb im Nebensatz eingerichtet ist. Daraus ergeben sich Verstöße gegen die Verbklammer-Stellung und die Übergeneralisierung der Hauptsatzstellung auf eingebettete Sätze. Außerdem gilt auch für Eu, dass die von Anfang an belegten, zielsprachkonformen bzw. zielsprachkonform wirkenden SVX-Sätze nicht gleichbedeutend damit sind, dass Eus IL von Anfang an eine Verbzweitsprache ist. Sie ist lediglich eine VX-Sprache, denn Eu verletzt zunächst noch die Inversionsregel. Wie für alle anderen 3 Lerner gilt auch für Eu, dass der Erwerb der Verbflexion und der Erwerb der Verbzweiteigenschaft als unabhängig voneinander betrachtet werden müssen.

---

[34] Bei derartigen Belegen wurde natürlich darauf geachtet, dass die Realisierung der Äußerung als eine intonatorische Einheit auf einen intendierten Nebensatz schließen lässt und es sich nicht um einen direkten Fragesatz handelt.

5. Diskussion der Ergebnisse

In diesem Kapitel sollen die wesentlichen Ergebnisse der Datenauswertung im Hinblick darauf diskutiert werden, ob sich generalisierende Hypothesen zur Erklärung der Befunde formulieren lassen. Dabei konzentriert sich der Erklärungsversuch in Abschnitt 5.1 auf das auffällige Resultat der so deutlichen Unterschiede zwischen den türkischen und russischen Lernern. Im Anschluss daran wird in Abschnitt 5.2 und 5.3 diskutiert, inwieweit die Daten derzeit aktuelle Theorien oder Modelle zum L2-Syntaxerwerb stützen oder ihnen widersprechen.

5.1 Königswege und Holzwege

Zu Beginn von Kapitel 4 wurde bereits festgehalten, dass die Inputsituation der Lerner sehr unterschiedlich ist. Bei den türkischen Lernern hat Ne mehr Input als Me, weil sie deutsche Nachbarn hat und ganz bewusst den Kontakt mit deutschen Kindern sucht, was sicherlich ein Grund für ihre im Vergleich zu Me schnelleren Fortschritte in der L2 ist. Bei den russischen Kindern profitiert Eu von besonders guten Lernbedingungen, da er nicht nur in Schule und Hort, sondern auch in der Familie viel und sehr schnell nur noch Deutsch spricht; sein Erwerbstempo ist dann auch höher als das von An. Abgesehen von diesen individuellen Besonderheiten kann man die Inputsituation der russischen Kinder als gut bis sehr gut, die der türkischen als weniger gut bis schlecht bezeichnen (vgl. die Tabelle in Wegener 1998: 159).

Vor diesem Hintergrund wiegt es nun besonders schwer, dass die russischen Kinder, die einerseits „erwartungsgemäß" größere Erfolge beim Erwerb der Nominalflexion haben,[1] gerade diejenigen sind, die beim Erwerb der Verbstellungsregeln die größeren Probleme zeigen: Sie realisieren zwar von Anfang an zielsprachkonforme SVX-Sätze, müssen aber die eigentliche Verbzweiteigenschaft trotzdem noch lernen (vgl. die Tabellen 20 und 26 in Kapitel 4 zu den Verstößen gegen Inversion und Verbanhebung). Vor allem aber scheint es mühsam zu sein, eine Position am Satzende einzurichten, um darin infinite Teile einer analytischen Verbform oder eine Verbpartikel unterzubringen und um korrekte Nebensätze zu produzieren. Im Gegensatz dazu stellen für die türkischen Lerner weder Verbklammer noch Verbletzt im Nebensatz ein Problem dar; sie machen hier so gut wie keine Fehler.[2] Dafür

---

[1] Dies zeigt Wegener (1992, 1994, 1995a) und führt dafür auch die Inputsituation ins Feld, vgl. die abschließende Beurteilung aller ihrer Ergebnisse zum Erwerb von Kasus, Genus und Numerus in Wegener (1992: 547).

[2] In einer Vorstudie zu dieser Arbeit wurden Interviews eines weiteren Lerners mit L1 Türkisch ausgewertet (Mt). Dieser wurde dann von der Betrachtung ausgeschlossen, weil er im Vergleich zu Me und Ne zu Beginn der Datenerhebung viel weiter fortgeschritten war – allerdings nicht so fortgeschritten, dass er schon zahlreiche Nebensätze produziert hätte. Auch Mt realisiert Nebensätze auf Anhieb korrekt, sobald Hypotaxe überhaupt belegt ist, vgl. dazu Haberzettl (1999: 162).

bilden sie zu Beginn ihres Deutscherwerbs nicht-zielsprachliche Äußerungen mit SXV. Diese müssen sie zu Gunsten von SVX aufgeben, wobei auch bei den türkischen Lernern SVX nicht gleichbedeutend ist mit Verbzweit, denn sie verstoßen ebenfalls zunächst noch gegen die Inversion (vgl. die Tabellen 7, 13, und 14 in Kapitel 4).

Wichtig ist außerdem, dass die türkischen Lerner zwar für die Hauptsätze von SXV auf SVX umschwenken müssen, so wie die russischen Lerner graduell immer mehr Nebensätze mit SXV statt SVX produzieren. Aber die Aufgabe der türkischen Lerner scheint leichter zu bewältigen zu sein als die der russischen. Weil die Inputsituation der zwei Lernergruppen so unterschiedlich ist, fällt es wieder besonders ins Gewicht, dass die Erweiterung der IL der türkischen Kinder (mit wenig Input) um die zielsprachliche Abfolge VX weniger Zeit in Anspruch nimmt als die Erweiterung der IL der russischen Kinder (mit viel Input) um die Abfolge XV.

Die folgenden Graphiken verdeutlichen diese wesentlichen Ergebnisse, das gleichsam schlagartige Umschwenken der Kinder mit L1 Türkisch (-T) von SXV zu SVX (Graphik 1) sowie die graduellen Fortschritte der Kinder mit L1 Russisch (-R) bei der zielsprachlichen Realisierung von Verbklammern (Graphik 2) und Nebensätzen (Graphik 3). Der Beginn der von den Graphen erfassten Beobachtungszeiträume entspricht jeweils dem Beginn des produktiven Gebrauchs der entsprechenden Satzstrukturen durch den jeweiligen Lerner; so entspricht der Zeitpunkt t_1 für den in Graphik 3 erfassten Nebensatzerwerb bei Eu dem 6., bei An dem 8., bei Ne dem 18. und bei Me sogar erst dem 28. Kontaktmonat.[3]

Graphik 1

Korrekt realisierte VX-Abfolge in Deklarativsätzen

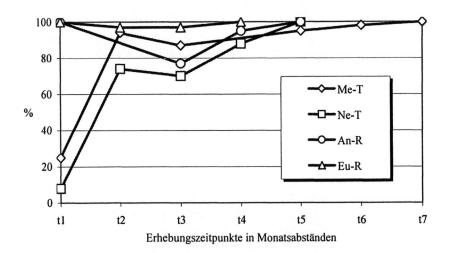

Erhebungszeitpunkte in Monatsabständen

---

[3] Zu den entsprechenden Zahlen vgl. die Tabellen 4, 10, 18, 21, 27 und 28 in Kapitel 4.

Graphik 2

Korrekt realisierte Verbklammer

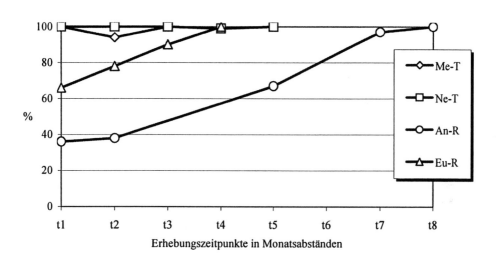

Graphik 3

Korrekt realisierte Verbletztstellung im Nebensatz

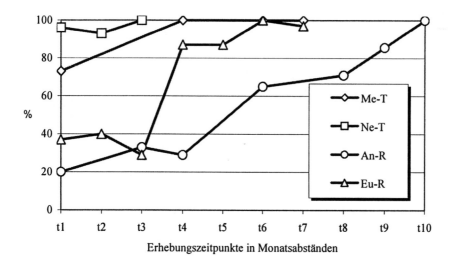

Die neben dem Inputfaktor wesentliche Variable, die sich bei den hier kontrastierten Lernern unterscheidet und die deshalb ein Kandidat für die Erklärung der Unterschiede ist, ist die jeweilige Erstsprache der Lerner, und tatsächlich erlaubt der Bezug auf typologische Eigenschaften der L1 im Vergleich zu den entsprechenden Eigenschaften der L2 Deutsch eine kohärente Argumentation.

Als nicht indoeuropäische Sprache unterscheidet sich das Türkische vom Deutschen in vielerlei Hinsicht, weshalb einige zentrale Eigenschaften seiner Syntax hier kurz erläutert werden sollen.

Das Türkische ist dem Deutschen insofern vergleichbar, als es eine rechtsköpfige VP hat. Es ist eine agglutinierende Verbletztsprache mit Postpositionen, regelmäßiger Kasusmarkierung und ausschließlich linksverzweigenden Phrasen, vgl. z.B. van Schaaik (1996: 18):

eski	*polis*	*şef-i-nin*	*yeni*	*araba-sı*
ehem.	Polizei	Chef-Kompositionsmarker-gen	neu	Auto-3P.sg.

das neue Auto des ehemaligen Polizeichefs

Sätze ohne Verbletztstellung werden zwar produziert, sind aber stark markiert und an ganz bestimmte Bedingungen geknüpft. Allerdings spricht Erguvanlı (1984: 2) abweichend von dieser weit verbreiteten Einschätzung (vgl. z.B. Kornfilt 1987) nur von einer „rather rigid SOV-language", denn:

> „Frequently, however, the sentence structure in the language (both written and spoken), differs from the canonical SOV order. Sentences with such 'marked' orders are not just stylistic variants of some 'unmarked' word order [...], because (a) there are certain syntactic restrictions that operate and pragmatic conditions that govern these restrictions, and (b) children, from the time they start using full sentences, make use of different word-orders in approximately the way adults do" (Erguvanlı 1984: 2).[4]

Aber auch Erguvanlı betont, dass grammatische Information nur morphologisch und ausschließlich in Suffixen kodiert wird, vgl. z.B. (die folgenden Beispiele stammen aus Erguvanlı 1984: 25ff.):

---

[4] Erguvanlı belegt das mit einer Tabelle aus Slobin (1978: 19; *Universal and particular in the acquisition of language. Paper prepared for the workshop-conference on Language Acquisition: State of the Art*, University of Pennsylvania, May, 1978), in der 500 Äußerungen von Erwachsenen und je ca. 100 Äußerungen von 14 Kindern zwischen 2;2 und 3;8 Jahren ausgewertet werden:

Sentence type	Percentage in children	Percentage in adult speech
SOV	46	48
OSV	7	8
SVO	17	25
OVS	20	13
VSO	10	6
VOS	0	0

Aus dieser Tabelle geht hervor, dass nur 53% der Kinder-Äußerungen und 56% der Erwachsenen-Äußerungen Verbletzt aufweisen. – Zu Äußerungen, in denen das Verb nicht in Letztstellung steht, vgl. auch Lewis (1967: 244f.).

čocuk   süt-ü   dök-müş-tü
Kind   Milch-akk   verschütt-neg-prät

Deshalb kann die Wortstellung keine primäre grammatische Funktion haben, wie etwa die der Markierung syntaktischer Relationen oder der Satzart. SXV kann als grundlegende Reihenfolge angenommen werden, da es die einzig mögliche Serialisierung in Äußerungen mit nicht-kasusmarkierten NPs ist, wenn letzteren auch nicht aufgrund prototypischer semantischer Merkmale bestimmte syntaktische Funktionen zugeordnet werden können:

mutluluk   huzur   getir-ir
Glück   Seelenfrieden   bring-aorist
Glück bringt Seelenfrieden.

huzur   mutluluk   getir-ir
Seelenfrieden   Glück   bring-aorist
Seelenfrieden bringt Glück.

Wenn die morphologische Markierung der Konstituenten – und das ist wie gesagt der Normalfall – ihre grammatische Interpretation ermöglicht, hängt ihre Position von ihrem Informationswert ab, wobei es zwei zentrale Strukturpositionen gibt, die satzinitiale für Topik, und diejenige unmittelbar vor dem Verb für Fokus. Letztere ist dann z.B. auch die unmarkierte Position für W-Wörter bzw. für erfragte Konstituenten. Es ist nicht nötig, hier auf die Feinheiten der freien, aber natürlich nicht willkürlichen Wortstellung im Türkischen einzugehen, zumal die türkische Wortstellung offenkundig sehr unterschiedlich eingeschätzt wird.[5] Relevant ist hier aber das schon angesprochene Phänomen, dass Argumente, Adjunkte oder Nebensätze (zu diesen s.u.) auch noch nach dem Verb erscheinen und so ggf. sogar Verberstsätze entstehen können (Beispiele aus van Schaaik 1996: 18ff. und aus Erguvanlı 1984: 6ff.):

Ali,   kardeş-i-ne   kitap   ver-di
Ali   Bruder-3P.sg.dat   Buch   geb-prät
Ali gab seinem Bruder ein Buch/Bücher.

kardeşine kitap verdi, Ali
Ali kitap verdi, kardşine
kardeşine verdi, kitap

Allerdings wird in solchen Fällen allein schon aufgrund der Intonation klar, dass es sich dabei um abgewandelte Serialisierungen handelt, denn das postverbale Material kann nicht betont werden (von diversen Einschränkungen der kategorialen Füllung der postverbalen Position, die sich aus deren pragmatischer Funktion ergibt,[6] ganz abgesehen).

---

[5] Die Meinungen gehen schon bezüglich der unmarkierten Abfolge von direktem und indirektem Objekt auseinander, Lewis (1967) und van Schaaik (1996) plädieren für IO vor DO, Erguvanlı (1984) und Underhill (1990) für DO vor IO.

[6] Erguvanlı (1984: 63): „Post-predicate NPs [...] express various types of backgrounded information in Turkish. Backgrounded NPs can be discourse-predictable, given or recoverable informa-

Die Verwendung einer Kopula wie im deutschen Prädikativ-Satz gibt es im Türkischen nicht, hier heißt es einfach

hasta-yım
krank-1P.sg
Ich bin krank.

Hasan hasta
Hasan krank
Hasan ist krank.

bu   araba   Murat-ın
dies Auto   Murat-gen
Das ist Murats Auto.

biz-im   ev   eski
1P.pl-gen Haus alt
Unser Haus ist alt.

Wenn eine solche Prädikation aber verneint werden soll, geschieht dies mit einer Art Negationsprädikat, das wie ein Verb in Letztstellung steht und mit verbalen Finitheitsmerkmalen versehen wird. Die Bedeutung „da ist X", „es gibt da ein X" wird sowohl in Assertion als auch in Negation mit einem Existenzprädikat in Letztstellung ausgedrückt.

oda-nın   orta-sın-da   bir kedi   var/yok
Raum-gen   Mitte-poss3-loc   eine Katze exist/exist=neg
Da ist (k)eine Katze in der Mitte des Raums.

hasta değil-im
krank neg-1P.sg.
Ich bin nicht krank.

bu   araba   Murat-ın   değil
dies Auto   Murat-gen   neg
Das ist nicht Murats Auto.

biz-im   ev   eski değil
1P.pl-gen Haus alt   neg
Unser Haus ist nicht alt.

ev-de   değil-di-k
Haus-loc neg-pret-1P.pl
Wir waren nicht zuhause.

Ali zengin değil-se
Ali reich   neg-cond
Wenn Ali nicht reich ist.

---

tion, or after-thoughts, or they can be part of the new information but have (or are assigned) a less significant role with respect to the rest of the utterance (for sociolinguistic or other reasons)."

Das letzte Beispiel deutet schon an, dass es Nebensätze in der im Deutschen geläufigen Form, d.h. mit einem Einleiter im wörtlichen Sinn, nicht gibt. Meist handelt es sich bei eingebetteten „Sätzen" eher um nominalisierte Prädikate[7] ohne Finitheitsmerkmale und ohne Einleiter (Beispiele aus Erguvanlı 1984: 72ff.), vgl.:

[biz-im   ev-in   eski   ol-duğ-un-u]   bil-iyor-um
1P.pl-gen Haus-poss3 alt   sein-nom-poss3-acc wissen-prog-1P.sg
Ich weiß, dass unser Haus alt ist.

[oda-nın   orta-sın-da   bir kedi   ol- duğ-un-u]   bil-iyor-um
Raum-gen Mitte-poss3-loc eine Katze sein-nom-poss3-acc wissen-prog-1P.sg
Ich weiß, dass in der Mitte des Raums eine Katze ist.

Dies ist nur ein Beispiel für die Vielzahl der Möglichkeiten der morphologisch markierten Nebensätze im Türkischen, zu denen neben den Nominalisierungen auch diverse Partizipial- und Gerundkonstruktionen gehören, wie hier nur angedeutet werden kann.

[o   ev-e   gir-en]   adam-ı   tanı-yor   mu-sun?
dies Haus-dat reingeh-SP Mann-acc wiss-prog   Frage-2P.sg
Kennst du den Mann, der ins Haus gekommen ist? [SP = Subjektspartizip]

hırsız-lar   cam-ı   kes-ip   içeri   gir-miş-ler
Dieb-pl   Fenster-acc schneid-ger drinnen   reingeh-pret-pl
Indem sie das Fenster zerschnitten, drangen die Diebe in das Haus ein.

Aber es gibt auch syntaktisch markierte Nebensätze mit den Subjunktionen *ki* oder *čünkü* und finiten Verben. Diese Nebensätze müssen als Sonderfall betrachtet werden, zum einen wegen ihrer Form, zum anderen, weil sie leicht durch die geläufigeren morphologisch markierten Einbettungen ersetzt werden können. *Ki* kann diverse Nebensätze einleiten, Objektkomplementsätze und Adverbialsätze. Es gibt noch eine Reihe anderer Partikeln, die auf -*ki* enden, z.B. *meger ki* (‚es sei denn, dass‘), *halbuki* (‚während‘); *čünkü* leitet Kausalsätze ein.

Diese Konstruktionen widersprechen dem Kopfletztprinzip, da der Nebensatz auf den Hauptsatz (und damit auf das „Hauptverb") folgt, und weil der Nebensatzmarker wiederum dem eingebetteten Satz vorangeht.[8] Innerhalb der Einbettung steht das Verb am Ende, wie in Hauptsätzen auch. Die so entstehende Struktur C ___ Vfin entspricht also der der deutschen Nebensätze, abgesehen davon, dass für die anderen Konstituenten verschiedene Abfolgemöglichkeiten gelten.

Nebensätze mit einem finiten Verb gibt es weiterhin auch nach Verba Dicendi; sie sind weder morphologisch noch mit einer Subjunktion markiert. Beispiele aus Erguvanı (1984: 86):

---

[7] Damit die adjektivische Prädikation bzw. die Existenzprädikation der folgenden zwei Beispiele mit dem Nominalisierungssuffix -*dik* (wg. Vokalharmonie hier -*duğ*) versehen werden kann, brauchen sie außerdem mit -*ol* eine Art overtes Hilfsverb *sein*. Die Unterschiede des Verhaltens von türkischen adjektivischen, nominalen oder Existenz-Prädikaten und der deutschen Kopula sind aber wesentlich, da erstere eben zu Recht „nicht-verbale Prädikate" genannt werden. Sie nehmen, von einigen Ausnahmen abgesehen, andere Tempus-, Aspekt- und Modusmarker als Verben.

[8] Man geht davon aus, dass dieser Typ Nebensatz aus dem Persischen entlehnt ist, vgl. Erguvanlı (1984: 85).

emin-im   *ki*   [*Ali*   *sınıf-ın-ı*   *geç-ecek-tir*]
sicher-1P.sg   dass   Ali   Klasse-poss3-acc   durchkomm-fut-pred.m
Ich bin sicher, dass Ali versetzt wird.

dün   *iş-e*   *gid-e-me-di-m*   *çünkü*   [*çok*   *yorgun-du-m*]
gestern   Arbeit-dat   geh-abil-neg-pret-1P.sg   weil   sehr   müde-pret-1P.sg
Ich konnte gestern nicht zur Arbeit gehen, weil ich so müde war.

[*Ali*   *o kız-ı*   *tanı-yor*]   *zannet-ti-m*
Ali   dies Mädchen-acc   kenn-prog   denk-pret-1P.sg
Ich dachte, dass Ali dieses Mädchen kennt.

Wenn man nun von der Annahme ausgeht, dass Lerner beim Erwerb einer L2 ihr L1-Wissen zum Einsatz bringen – und eine solche Annahme ist ökonomischer als die gegenteilige, die erklären müsste, wie Wissen unterdrückt werden kann –, lässt sich die folgende Hypothese aufstellen: Türkische Lerner des Deutschen können von ihrem L1-Wissen in zweierlei Hinsicht profitieren: Einerseits wegen einer typologischen Gemeinsamkeit von L1 und L2, andererseits gerade weil sich L1 und L2 in einem entscheidenden Punkt deutlich unterscheiden.

Zwar ist es von Vorteil, dass beide Sprachen eine rechtsköpfige VP haben. Wenn die türkischen Lerner bei ihrer Analyse des L2-Inputs von einer rechtsköpfigen VP ausgehen, analysieren sie die Zielsprache schon zu einem großen Teil richtig. Sie können das letztgestellte infinite Verb in der Verbklammer und das letztgestellte finite Verb im Nebensatz, auf das sie in ihrem Input stoßen, von Anfang an in einer Position ihrer von der L1 inspirierten IL unterbringen. Aus einer anderen Perspektive ausgedrückt: Der L2-Input, bzw. Teile davon, bestätigt die Einstiegsannahme der Lerner, und das ist übergreifend betrachtet nicht von Nachteil. Denn eine Folge davon ist offenkundig, dass ihnen bei der Produktion von Verbklammern und Nebensätzen, sobald sie analytische Verbformen oder trennbare Verben verwenden und Satzgefüge bilden, so gut wie keine Fehler unterlaufen. Der an ihre Grundannahme gekoppelte Nachteil, dass sie dafür nämlich zunächst nicht-zielsprachkonform Verbletzthauptsätze bilden, ist als vergleichsweise gering einzustufen, denn die falschen SXV-Serialisierungen in einfachen Hauptsätzen sind ja in Kürze überwunden.

Dafür könnte wiederum verantwortlich sein, dass die türkischen Lerner schon bald nicht umhin können, einen wesentlichen Unterschied zwischen ihrer L1 und der Zielsprache wahrzunehmen, und daraufhin ihre SXV-Interimsgrammatik entsprechend zu akkommodieren. Sie tun dies, indem sie neben dem Verbletzt-*Slot* der Satzstruktur, der deshalb nicht aufgegeben wird, eine weitere Strukturposition für Verben einrichten, wenn es sich dabei auch nicht gleich um die echte Verbzweitstelle handelt. Es ist davon auszugehen, dass die hier beobachteten Lerner in ihrem Input früh auf Kopula-Sätze stoßen. Damit müssen sie sich mit einem Phänomen auseinander setzen, das sie aus ihrer L1 nicht kennen, aber schnell imitieren. Die Imitation, im Sinne einer unanalysierten Reproduktion eines festen Patterns, ist freilich nur der erste Schritt. Die vielen Belege für Äußerungen im Stile von *Das ist ein Papagei* oder *Schuhe ist blau* in den ersten Interviews haben durchaus formelhaften Charakter, werden dann aber aufgebrochen. Das gilt natürlich für Formeln im Spracherwerb generell, vgl. z.B. Tracy (1991: 415ff.) zu lokalen Restrukturierungsprozessen beim Aufbrechen ganzheitlich repräsentierter Ausdrücke im L1-Erwerb, sowie Bohn

(1986) und Neumann (1996) zum L2-Erwerb. Allerdings gehen die von mir untersuchten Lerner noch einen Schritt weiter, als nur *Schuhe sind* (statt: *ist*) *blau* zu sagen. Davon abgesehen, dass die Lerner *ist* als Vollverb-Dummy verwenden, wie in den Abschnitten 4.2 und 4.3 anhand einer Vielzahl von Beispielen gezeigt wird, bauen sie auf der N-*ist*-N-Struktur auf, indem sie sie mit einem Vollverb in Letztstellung kombinieren, wie in

Ne9: *[...] das Kind ist _ äh das Kind ist Spiele machen.*
Ne13: *[...] er ist „nicht frei" sagen.*
Me9: *[...] und ein Junge ist die schpuss, sutball spielen, Fußball spielen.*
Me15: *[...] - der Willi sch - ist Schere schneiden.*

Dies ergibt eine Struktur, die es so weder in der L1 noch in der L2 gibt. Auf diese Weise wird aus dem aus den Kopula-Sätzen stammenden *ist* der Platzhalter, der dann in rasch zunehmendem Maße durch ein Vollverb ersetzt wird, das finit oder auch infinit sein kann. Es geht dabei nämlich tatsächlich nur um Slots in einer topologischen Satzstruktur, die die Lerner für verbale Elemente unabhängig von deren morphologischer Markiertheit einrichten – und nicht um die Einrichtung der funktionalen Phrase IP, auch wenn es natürlich sehr verlockend ist, die Erweiterung von XV zu S+*ist*+X+V genau so zu interpretieren. An dieser Stelle soll an die in Abschnitt 2.1.5 diskutierte UG-orientierte Hypothese von Lakshmanan (1998) erinnert werden, dass die Äußerungsstruktur NP+*for*+NP, die eine Zeitlang gehäuft bei den von ihr untersuchten kindlichen L2-Lernern auftritt, auf Folgendes hinweise: „[the learner] know and obey the Case filter requirement [...] 'Every phonetically realized NP must be assigned (abstract) case' [...]" (ibid.: 11).[9] In Analogie dazu könnte man das *ist*-Pattern von Me und Ne als Zeichen dafür deuten, die Lerner wüssten um die Notwendigkeit einer Position I^0, und würden ihrer Realisierung eben zunächst mit einem „Funktionsverb" Genüge tun. In den Abschnitten 4.2 und 4.3 wurde jedoch wiederholt gezeigt, dass der Wechsel von SXV zu SVX nicht bedeutet, dass das Verb in SVX zwangsläufig overte Finitheitsmerkmale trägt, so wie auch das Verb in den frühen SXV-Äußerungen wiederum durchaus in finiter Form auftreten kann.

Natürlich gibt es in der Zielsprache Deutsch ähnliche Strukturen wie S+*ist*+X+V, wie das Perfekt, und in Abschnitt 4.2 wurde auch darauf hingewiesen, dass insbesondere Me in formelhaft wirkenden Äußerungen wiederholt auf das Versatzstück *gemacht* in Letztstellung zurückgreift, auch in Kombination mit *ist* in Zweitstellung, vgl.

Me10: *Ich die so gemacht, [...]*
Me10: *Die Kinder ist so gemacht, [...]*

Dabei wird aber im Allgemeinen keine perfektische Bedeutung intendiert.[10] Dass die Wahrnehmung von Verbklammerkonstruktionen im Input die Lerner darin bestärken kann, auch Verbklammern zu bilden, ändert nichts daran, dass es sich bei der in Kapitel 4 so genannten Pseudoaux-Konstruktion um ein eigenständiges Phänomen handelt. Es widerspricht auch nicht der Annahme, dass der Auslöser für diese „Erfindung" der türkischen Lerner ihre

---

[9] Nach Lakshmanan (1998) verwenden die Lerner die Präposition *for* als Kasuszuweiser, als Ersatz für die in ihrem Wortschatz noch fehlenden Vollverben.

[10] Ausführlich dazu, dass die *ist*-Konstruktion nicht funktional als Aspektmarker interpretiert werden kann, vgl. Haberzettl (2003).

Bemühung ist, eine rechtköpfige VP, von der sie aufgrund ihrer L1 zunächst ausgehen und für die sie im Input verschiedene Evidenzen finden können (vgl. Abschnitt 3.2), mit einem anderen frequenten Muster in einer einzigen Satzstruktur zu kombinieren. Damit haben sie dann tatsächlich wesentliche Eigenschaften der zielsprachlichen Satzstruktur bereits erfasst.

Durch den Start mit OV schlagen die türkischen Lerner beim Erwerb der Verbstellung den Königsweg ein, der stark an den Weg der deutschen L1-Lerner erinnert. Dieser verläuft folgendermaßen:

Stufe 1: Zweiwortäußerungen, die zwischen 1;6 und 2;3 Jahren auftreten (vgl. Szagun 1996: 30), werden variabel serialisiert, doch überwiegt OV (zu 60–70%). Dies wird entweder darauf zurückgeführt, dass es im Input der Kinder in Form von Modalverb-konstruktionen, *tun*-Periphrasen (vgl. Abschnitt 3.2) oder auch Infinitivkonstruktionen in Verboten oder Aufforderungen eben viel und saliente Evidenz für ein infinites Verb in Letztposition gibt (so Mills 1985: 160, ähnlich Kaltenbacher 1990: 88ff., Ingram/ Thompson 1996). Oder es wird damit erklärt, dass die Kinder dank UG sofort den richtigen Parameterwert für die VP setzen (vgl. Clahsen 1988, Poeppel/Wexler 1993, Wexler 1998 u.v.a. – im Prinzip alle diejenigen, die vom UG-Faktor im L1-Erwerb durch *triggering* ausgehen; vgl. Abschnitt 2.1.2).

Stufe 2: In den Dreiwortäußerungen (ab 2;0) werden infinite Verben immer satzfinal, finite bisweilen schon in Zweitstellung realisiert.

Stufe 3: Finite Verben erscheinen konsequent an zweiter Stelle (vgl. z.B. Roeper 1992, Clahsen/Penke/Parodi 1993/94); korrekte Distanzstellung von Vfin und Vinf bzw. korrekte Letztstellung der Verbpartikel, korrekte Inversion.

Stufe 4: Nebensätze werden (ca. ab 3;0) mit „Fehlerlosigkeit in der Position des finiten Verbs vom ersten Nebensatz an" produziert (Rothweiler 1993: 141, vgl. auch Clahsen 1986 u.v.a., allerdings kommen nicht alle Studien zu einem solchen Ergebnis, vgl. z.B. Gawlitzek et al. 1992).

Die Unterschiede bezüglich dieser Erwerbssequenz bestehen zum einen darin, dass die türkischen L2-Lerner auch infinite Verben in Zweitstellung einsetzen, und somit die Korre-lation zwischen Kongruenzmorphologie und Verbbewegung nicht besteht. Eine solche Kor-relation wird für den L1-Erwerb häufig angenommen, weil in der Logik des Prinzipien- und Parameter-Modells nur finite Verben nach C bewegt werden können.[11] Mit Parodi (1998) liegt ein Vorschlag für den bilingualen L1- und den L2-Erwerb des Deutschen vor, „den Aufbau des zielsprachlichen Flexionssystems und seine syntaktischen Auswirkungen" (i-bid.: 170) zu erklären. Parodi interpretiert ihre Daten dahingehend, dass die genannte Kor-relation auch im L2-Erwerb gilt. Dazu ist jedoch anzumerken, dass die Aufenthaltsdauer der von ihr untersuchten L2-Lerner aus dem ZISA- und dem ESF-Korpus zum Zeitpunkt der ersten analysierten Erhebungen bei den ZISA-Lernern zwischen einem und immerhin zwölf Monaten beträgt, bei den ESF-Lernern z.T. noch viel mehr. Diese L2-Lerner produzieren in der von Parodi angesetzten Phase 1 z.T. schon längere Sätze, ja sogar hypotaktische. Vor

---

[11] Vgl. Clahsen (1986), Meisel/Müller (1992), Roeper (1992), Verrips/Weissenborn (1992) u.v.a., wobei die Meinungen auseinander gehen, welche Finitheitsmerkmale im Einzelnen die Verbzweit-position instantiieren.

diesem Hintergrund muss daran gezweifelt werden, ob es sinnvoll ist, diese Daten als Evidenz für die Korrelationshypothese von Flexion und Verbzweitstellung heranzuziehen, denn diese bezieht sich eigentlich auf eine frühe Phase des Erwerbs mit 2- bis 3-Wort-Äußerungen.

Der zweite deutliche Unterschied zwischen L1-Lernern des Deutschen und den in der vorliegenden Arbeit untersuchten türkischen Lernern zeigt sich bei der Inversion: Die türkischen Lerner verstoßen zunächst und über einen gewissen Zeitraum gegen die Inversionsregel. Deckungsgleich sind die Erwerbsverläufe also nicht – ganz abgesehen davon, dass die obige Skizze zum L1-Erwerb auch ein beträchtliches Maß an inter- und intraindividueller Variation der Strukturmuster unterschlägt –, aber wesentliche Parallelen, die auf die rechtsköpfige VP als „Initialzündung" zurückgeführt werden können, sind vorhanden.

Möglicherweise repräsentiert sogar die idiosynkratische S+*ist*+X+Vinf-Konstruktion eine Parallele zwischen dem L2-Erwerb der türkischen Kinder und dem L1-Erwerb des Deutschen, wie ihn Tracy (1991) dokumentiert. Tracy zeigt nämlich, wie bei den von ihr untersuchten Kindern zu einem bestimmten Zeitpunkt ein Strukturformat des Interimssystems, N+Vollverb, zusammen mit „lexemspezifischen Rahmen" (ibid.: 403) wie *[dazə] X, [desə]* *X* und *[wozə] X* (= *da ist ein(e) X, das ist ein(e) X, wo ist ein(e) X*) in einem Prozess der Konvergenz ein neues Strukturformat ergibt. Dies ist möglich, weil durch den Erwerb der Verbflexion, und zwar insbesondere durch den von -*t*, die Kopula *ist* analysierbar wird, analysierbar sowohl im Sinne von ‚aus der Formel herauslösbar', als auch als Vertreter der Kategorie Verb.[12] Auch Tracy stellt fest, dass durch das so eingeleitete Erkennen einer Verbzweitposition (in Bezug auf die türkischen Kinder müsste es wegen der Verstöße gegen Inversion hier heißen: einer Position vor einer XP) die Verbletztposition aus dem bereits bestehendem N-V-Format nicht verloren geht und die Kinder so die deutsche Satzklammer in ihrer Grammatik installiert haben – natürlich ohne, wie die türkischen Kinder, eine in dieser Form im Deutschen nicht existierende Verbklammer zu erfinden. Bei den deutschen Kindern ist es ja nicht so, dass Konstruktionen mit besetztem rechten und besetztem linken Satzklammerteil vor der Struktur SVX belegt wären, auch wenn die Klammer durch den von Tracy so genannten Konvergenzprozess sozusagen virtuell zum Interimssystem der deutschen Kinder gehört, bevor Perfekt und andere Konstruktionen produktiv sind.

Ich habe mehrmals darauf hingewiesen, dass es bei den türkischen Lernern keine Indizien dafür gibt, dass der Erwerb von Verbpositionen und Verbflexion ursächlich zusammenhängt. Diese Aussage zielte aber auf die Hypothese, dass Finitheit die Bewegung des Verbs nach C triggert, also schlagartig auslöst. Ein „vermittelnder Zusammenhang" von Flexion und Position, wie ihn Tracy vorschlägt, ist dagegen durchaus denkbar, da er mehr Spielraum zulässt, was das Zusammenfallen bzw. die Parallelität von zunehmender Verbflexion und zunehmender Verbzweit-(bzw. VX-)Stellung betrifft. Auch die türkischen Lerner könnten durch das Erkennen der Flexionsendung -*t*, die sie zunächst an Vollverben entdecken, das Element *ist* als zur Kategorie Verb zugehörig erkennen. Unbedingt notwendig ist genau diese Annahme aber nicht. In der S+*ist*+X+Vinf-Konstruktion könnte *ist* auch ein nichtverbal interpretierter Platzhalter sein, der an die erste Konstituente der Äußerung gehängt

---

[12] Der Konvergenzprozess hin zur kompletten und komplett ausdifferenzierten Satzstruktur, wie Tracy ihn ansetzt, ist durch die kurze Erläuterung der Schlüsselrolle der Kopula natürlich nicht komplett dargestellt; vgl. dazu Tracy (1991: 408ff.).

wird (eine Art Subjektmarker).[13] Dies könnte ebenso für das *ist* in Sätzen wie *Das ist Schmetterling* oder *Das Schuhe ist blau* gelten, da die türkischen Lerner in ihrer L1 keine Kopula nach deutschem Muster haben, möglicherweise deshalb nicht im L2-Input nach einer Kopula suchen, bzw., wenn sie auf sie stoßen, sie nicht gleich entsprechend interpretieren. Der nächste Schritt könnte sein, dass *ist* zielsprachkonform als Vertreter der Kategorie Verb interpretiert wird, weil die anderen Formen des Paradigmas wie *bin*, *sind* in die IL aufgenommen und in den Zusammenhang eines Paradigmas gebracht werden.

Um diese Hypothese zu überprüfen, wäre es notwendig, Lernerdaten in den Anfangsphasen des Erwerbs in sehr geringen Abständen zu erheben.

Ob der Flexionserwerb in Bezug zum Erwerb der Satzstruktur im L2-Erwerb nun dieselbe bzw. eine genauso große Rolle spielt wie im L1-Erwerb oder nicht – allein der Befund, dass die türkischen Lerner mit dem Ausgangspunkt XV starten, jeweils innerhalb eines Monats das entscheidende Umschwenken auf VX im einfachen Deklarativsatz stattfindet und keine Schwierigkeiten mit Verbklammer und Verbletzt im Nebensatz bestehen, berechtigt natürlich zu der Frage, ob für diese in L1- und L2-Erwerb so ähnlichen Phänomene ein- und dieselbe Ursache verantwortlich ist. Dann läge hier eine Bestätigung der Identitätshypothese vor, wobei L1- und L2-Erwerb mehr oder weniger identisch sein könnten, weil der Zielsprache Deutsch aufgrund ihrer Eigenschaften eine ganz bestimmte Logik ihres Erwerb immanent wäre und diese Logik nicht durch zielsprachexterne Faktoren wesentlich beeinflusst werden könnte, oder weil L1- und L2-Lerner mit ein- und demselben *language acquisition device* ausgerüstet sind. Beide Lernergruppen könnten dasselbe UG-Wissen nutzen, beide könnten auf dieselben Trigger ansprechen, vorausgesetzt natürlich, man geht generell davon aus, dass die L2-Lerner Parameterwerte falls notwendig umsetzen können (vgl. Abschnitt 2.1.2).

Diese Frage erübrigt sich aber insofern, als die anderen hier untersuchten Lerner mit L1 Russisch die Zielsprache Deutsch eben nicht in derselben Entwicklungssequenz erwerben, und es offenkundig kein Zufall ist, wenn sich der Erwerbsverlauf der türkischen Lerner gut damit erklären lässt, dass sie aufgrund ihres L1-Wissens den richtigen Weg einschlagen. Denn mit dem Einfluss von L1-Wissen lässt es sich auch erklären, warum die russischen Lerner einen auf längere Sicht betrachtet weniger günstigen „Holzweg" einschlagen.

Wie die anderen slawischen Sprachen wird auch das Russische als „free SVO language" (Siewierska/Uhlířová 1998: 107) klassifiziert.[14] Die unmarkierte, also mit der größten Anzahl an Kontexten kompatible Serialisierung SVX kann abgewandelt werden, wenn die Informationsstruktur es erfordert; vgl. das Beispiel aus Comrie (1987b: 345):

Viktor poceloval Lenu.	Viktor küsste die Lena.
A Mašu, kto poceloval eë?	Und wer küsste die Mascha?
Mašu poceloval Robert.	Die Mascha küsste der Robert.

---

[13] Dies hätte dann freilich die Konsequenz, dass die Analyse von *ist* als Dummy-Vollverb in Äußerungen wie *Die Junge ist die Boot* [= macht etwas mit dem Boot, vgl. Abschnitt 4.2] wieder fallen gelassen werden müsste.

[14] Insgesamt gilt das Russische als linksköpfige Sprache, es gibt z.B. viel mehr Präpositionen als Postpositionen und das Genitivattribut steht rechts vom Bezugsnomen.

Die einzelnen Konstituenten sind mit einer reichen morphologischen Markierung versehen und erfahren ihre syntaktische Interpretation nicht in einer bestimmten Konfiguration. Auch Verberstsätze sind ohne weiteres möglich (vgl. Comrie 1987b: 344).

Im Hinblick auf die Interpretation der Lernerproduktionen ist es entscheidend, dass die diversen Wortstellungsvarianten aber doch auf eine grundlegende Stellung SVX bezogen werden können, die sich aus der linksköpfigen VP ergibt:

pit   vodu
trinken   Wasser$_{AKK}$
Wasser trinken

Die Zweitstellung in SVX wie in

rebënok   pët   vodu
Kind$_{NOM}$ trinkt   Wasser$_{AKK}$
Das Kind trinkt Wasser.

ist keine echte Verbzweitstellung wie im Deutschen; das folgende Beispiel illustriert, dass Konstituenten zwischen S und V treten können, so wie auch eine topikalisierte XP keine Inversion bewirkt:

(utrom)   rebënok   (utrom)   pët   (utrom)   vodu   (utrom)
am Morgen   Kind$_{NOM}$ trinkt   Wasser$_{AKK}$
Am Morgen trinkt das Kind Wasser.

Analytische Verbformen werden adjazent realisiert:

rebënok   chočet   pit   vodu
Kind$_{NOM}$ will   trinken   Wasser$_{AKK}$
Das Kind will Wasser trinken.

Die Serialisierung im Nebensatz ist dieselbe wie im Hauptsatz:

ja   wischu   čto   rebënok   pët   vodu
ich sehe   dass Kind$_{NOM}$ trinkt   Wasser$_{AKK}$
Ich sehe, dass das Kind Wasser trinkt.

Das folgende Beispiel zeigt weiterhin, dass auch das Russische sich vom Deutschen bezüglich des Gebrauchs einer Kopula unterscheidet:

voda   cholodnaja
Wasser$_{NOM, FEM}$ kalt$_{NOM, FEM}$
Das Wasser ist kalt.

Vgl. außerdem:

rebënok   v   škole
Kind$_{NOM}$ in   Schule$_{LOK}$
Das Kind ist in der Schule.

Die Schlüsselrolle, die dem Kontrast zwischen der Abwesenheit einer Kopula in der L1 und der Existenz einer solchen in der L2 für den Erwerbsverlauf der türkischen Lerner zugeschrieben wurde, kann es beim Kontrast Deutsch-Russisch so nicht geben, da die russischen Lerner die Abfolge VX im Gegensatz zu den türkischen Lernern ja schon kennen und ihnen eine Kopula zwischen zwei NPs keinen Hinweis auf einen solchen Slot NP__NP für verbale Elemente in der Satzstruktur geben muss.

Aus dem Kontrast zwischen L1 Russisch und L2 Deutsch kann hier kein wesentlicher Profit geschlagen werden und aus der Analogie zwischen Russisch und Deutsch hinsichtlich der einfachen SVX-Äußerung auch nicht, ganz im Gegenteil. Denn die Analogie ist nur eine oberflächliche, wird von den Lernern aber vermutlich als fundamentale interpretiert, womit sie dann auf dem „Holzweg" sind. Indem den russischen Lerner eine linksköpfige VP geläufig ist, „buchen" sie SVX-Sätze im L2-Input entsprechend ihrer L1-Grammatik als Evidenz für VO. Sie übergeneralisieren dies auf komplexere Verbalkonstruktionen in den frühen Erwerbsphasen und später auf die Nebensätze, und sie installieren in ihrer L2-Satzstruktur nur mit Mühe einen Platz für infinite Verben bzw. Verbteile in Form der rechten Satzklammer. Die russischen Lerner haben nicht das Glück der türkischen Lerner, von dem tatsächlichen strukturellen Ausgangspunkt des deutschen Satzes auszugehen, der rechtsköpfigen VP. Indem sie fälschlicherweise im L2-Input die ihnen aus der L1 bekannte linksköpfige VP erkennen, begehen sie einen fundamentalen Irrtum, der sich auf den gesamten folgenden Erwerbsprozess auswirkt.

5.2   Die Ergebnisse im Lichte UG-orientierter Modelle

Im Folgenden sollen exemplarisch zwei viel diskutierte aktuelle Hypothesen zum Erwerb der deutschen Satzstruktur und damit auch zur Verbstellung erläutert und in Bezug zu den oben zusammengefassten Ergebnissen gesetzt werden. Dabei gibt es auch Gelegenheit, einige der in Abschnitt 2.1 schon diskutierten problematischen Aspekte der Erwerbsmodelle, die auf dem Prinzipien- und Parameter-Modell basieren, zu konkretisieren.

5.2.1   Die *Minimal Trees Hypothesis*

Vainikka/Young-Scholten (1991) analysieren die von ihnen in einer Querschnittstudie beobachtete Sequenz beim Erwerb der deutschen Verbstellungsmuster durch erwachsene Lerner (11 mit L1 Türkisch und 6 mit L1 Koreanisch) so, dass deren Interimsgrammatik zunächst nur eine VP aufweist, in einem nächsten Schritt die IP dazukommt (Anstieg flektierter Formen, Realisierung von Subjekten), schließlich dann auch die CP (erkennbar z.B. an Bewegungen in W-Fragen). Aus dieser Analyse entwickeln sie die *Minimal Trees Hypothesis* (Vainikka/Young-Scholten 1994, 1996a, 1998), die sie auch an Daten romanischsprachiger Lerner überprüfen (Vainikka/Young-Scholten 1996b).

Vainikka/Young-Scholten stellen fundamentale Analogien von L1- und L2-Erwerb fest, denn ihre erwachsenen Lerner „acquire functional projections in a manner similar to what has been proposed for children [im L1-Erwerb; S.H.], whereby they apply X'-theory in a gradual fashion" (Vainikka/Young-Scholten 1994: 265). Einen Reifungsfaktor schließen sie natürlich aus.[15] Stattdessen schlagen sie die *Weak Continuity Hypothesis* als Erwerbsmodell vor, die sich folgendermaßen zusammenfassen lässt: Sie setzen bei ihren Modellierungen der Lerneräußerungen Ockhams Rasiermesser an, konzipieren „minimal trees", d.h. „as few positions as are needed to analyze the data, and no more" (ibid.: 267) und postulieren deren psychische Realität. Das X'-Schema ist als Schablone vorhanden, da angeboren, dazu kommt als weiterer UG-Beitrag das sog. *Full House Principle*: „a syntactic position needs to be licensed by the occurrence of an element in it" (ibid.: 293). Im Laufe der aufeinander aufbauenden Input-Analysen werden zunächst die Kopf-, Komplement- und Spezifizierer-Positionen einer X'-„Keimzelle" konkret besetzt, dann weitere funktionale Projektionen bis hin zur voll ausdifferenzierten Satzstruktur[16] eingerichtet, wobei im Hinblick auf die Ver-zweigungsrichtung der Funktionalen Phrasen *parameter resetting* möglich ist.

Bei den von ihnen untersuchten Lernern läuft der Erwerb der Verbstellung in den folgen-den drei Phasen ab:

1. VP-Phase:

Oya Zigarette trinken.	[Oya raucht eine Zigarette.]
Ja alle hier kaufen.	[Ja, ich kaufe alles hier.]
Hier Jacke ausmachen.	[Hier kannst du deine Jacke auszuziehen.]

Die Interlanguage besteht nur aus einer linksverzweigenden VP. Der Parameter-Wert wird aus den L1 transferiert (Türkisch und Koreanisch haben strikt rechtsköpfige VPs und IPs bzw. AGRPs). Alle Verben erscheinen ohne Finitheitsmerkmale, auch bei den Lernern mit L1 Türkisch, obwohl im Türkischen (im Gegensatz zum Koreanischen) Subjekt-Verb-Kongruenz gilt. Hilfs- und Modalverben sind nicht belegt, was insofern ins System passt, als diese in I^0 basisgeneriert werden. Eine IP aber gibt es in diesem Stadium noch nicht, ebenso wenig eine CP, so dass auch weder W-Fragen noch Nebensätze produziert werden. Subjekte können, müssen aber nicht auftreten.

2. FP-Phase:

Und dann hier Wohnungsamt anrufen.	[Und dann rief ich … an.]
Jetzt brau Wohnungsamt fragen.	[Jetzt muss ich …]
Immer jeden Tag fünfhundert Stück machen.	[Ich mache …]
Mir machen nichts mehr.	[Sie machen mir nichts mehr.]

Die Lerner erweitern die VP um eine weitere Funktionale Phrase, in die das Verb hineinbe-wegt werden kann (*verb raising*), was allerdings nur in etwa der Hälfte der Fälle auch ge-schieht. Da das Verb außerdem nur sporadisch (und oft inkorrekt) flektiert wird und die Lerner nur über einzelne Flexive, nicht über das gesamte Flexionsparadigma verfügen, setzen Vainikka/Young-Scholten hier eine Art Zwischenstufe an und sprechen noch nicht von einer AGRP, sondern von einer „functional projection without agreement features […]

---

[15] Übrigens auch für den L1-Erwerb. Ihr Erklärungsmuster innerhalb des *Weak Continuity Approach* sei auch mit den in der Literatur referierten Sequenzen aus dem L1-Erwerb kompatibel und der Annahme des *Strong Continuity Approach* (vgl. die Definitionen in Abschnitt 2.1.2) vorzuziehen.

[16] Die von Vainikka/Young-Scholten untersuchten Lerner erreichen dieses Stadium nicht.

an underspecified, head-initial functional projection" (ibid.: 289), die sie *Finite Phrase* (FP) nennen und die, wie aus dem zweiten und dem vierten Beispiel oben ersichtlich ist, linksköpfig ist.

3. AGRP-Phase:
Ich kaufe dich Eis.
Der kleine geht Kindergarten.
Trinkst du Cola?

Die FP ist nun in eine „echte" AGRP umgewandelt. Die Äußerungen der Lerner entsprechen meist den Kriterien 1. Subjekt-Verb-Kongruenz, 2. Verbzweit und 3. konsequent realisierte Subjekte. Im Vergleich dazu sind in Phase 1 sog. *overt subjects* nur zum Teil belegt, der Pro-drop-Paramter ist noch nicht festgelegt. Hinzu kommen als Indizien für die Einrichtung einer CP die ersten W-Fragen. Nebensätze (mit Verbletzt) sind aber noch nicht belegt, so dass beide Funktionalen Phrasen der Interimsgrammatik, AGRP und CP, linksköpfig sind[17] und vom Zielsystem, aber auch von der L1 abweichen (Vainikka/Young-Scholten 1994 gehen für das Deutsche von der in Abschnitt 3.3 als Baum dargestellten Struktur mit einer rechtsköpfigen IP aus). Im Gegensatz zur „transferred lexical projection" (ibid.: 293) der VP-Phase findet jetzt kein Transfer aus der L1 statt.

Der Erwerbsverlauf lässt sich in folgender Formel zusammenfassen (vgl. ibid.: 295):

Head-final VP $\rightarrow$ Optional V-Raising / Filled Spec-FP $\rightarrow$ Agreement / Obligatory V-Raising / Non-pro-drop[18]

Vainikka/Young-Scholten (1994) finden in ihren Befunden

„[…] evidence against the position that adults have no access to the parameters of UG, or that they only have indirect access through the parameter settings of their first language" (ibid.: 295)

und begründen dies mit dem zum L1-Erwerb parallelen Erwerbsverlauf (ibid.):

„[…] in both first and second language acquisition, the learner posits minimal trees based on the input, using principles of UG as a guideline. In addition, for both groups of learners, the acquisition of agreement, non-pro-drop and obligatory verb raising coincide".

Die Argumentation wirkt allerdings etwas zirkulär. Vainikka/Young-Scholten stellen (fast nebenbei und vor Darlegung ihrer empirischen Daten) fest, dass man den L1-Erwerb, statt auf eine *strong continuity hypothesis* zurückzugreifen, genauso mit *minimal trees* erfassen

---

[17] Vainikka/Young-Scholten (1994) betonen, dass hier eine entscheidende Abweichung vom L1-Erwerb besteht. „At a comparable stage for children, a head-final projection [AGRP] is found" (ibid.: 287). Sie berufen sich u.a. auf Rothweiler (1990; im Literaturverzeichnis hier 1993), die festgestellt hat, dass Nebensätze im L1-Erwerb von Anfang an korrekt produziert werden. Diese Beobachtung machen auch Clahsen (1982), Weissenborn (1990, 1994) und Mills (1985). Im Gegensatz dazu berichten Gawlitzek-Maiwald/Tracy/Fritzenschaft (1992) von Kindern, die über Monate hinweg in Nebensätzen (mit Nebensatzeinleitern) zwischen Verbletzt- und Verbzweitstellung variieren.

[18] Wie schon erwähnt, kommen die Lerner im Beobachtungszeitraum nicht soweit, auch Nebensätze zu produzieren. Für diese müsste dann der Parameterwert für die Verzweigungsrichtung der IP umgesetzt werden.

könne wie den L2-Erwerb. Aber haben wir nicht gerade durch UG-orientierte Spracherwerbsstudien gelernt, dass etwas, was „gleich aussieht", wenn man es mit dem gleichen
Analyse-Instrument untersucht und mit den gleichen Begriffen darstellt, nicht wirklich
gleich sein muss? Wenn es dabei außerdem im Wesentlichen nur um den strukturellen
Grundbaustein, das X'-Schema, geht, dann ist der gemeinsame Nenner nicht überwältigend,
zumal dem ja wesentliche Unterschiede gegenüberstehen, wie Transfer, der Nebensatzerwerb, die Zeitpunkte des Auftretens von flektierten Formen und *verb raising* sowie die
Notwendigkeit, eine Zwischenstufe *FP* vor dem AGRP-Erwerb einzuführen.

Abgesehen von diesen grundsätzlichen Einwänden gibt es Probleme, den Erwerb des
Deutschen durch An und Eu, Me und Ne mit der *Minimal Trees Hypothesis* befriedigend zu
erklären.

Vainikka/Young-Scholten gehen davon aus, dass der *initial state* beim Zweitspracherwerb aus den lexikalischen Phrasen – und nur aus diesen – der L1 besteht. Sie analysieren
die frühen Äußerungen der Lerner als VPs mit der L1-Verzweigungsrichtung, und von einem Transfer der L1-VP wurde bei Me, Ne, An und Eu auch gesprochen (vgl. Abschnitt
5.1). Allerdings produzieren die türkischen Lerner Me und Ne ihre (S)XV-Äußerungen
teilweise mit finiten Verben. Dies könnte dafür sprechen, dass sie sich schon auf Stufe 2 der
obigen von Vainikka/Young-Scholten (1994) postulierten Hierarchie befinden, in einer
Phase also, in der die Lerner teils flektieren, teils nicht, und das Verb teils anheben, teils
nicht. Dessenthalben wollen Vainikka/Young-Scholten auch noch keine IP ansetzen, sondern postulieren eine Zwischenstufe, die sie etwas irreführend *Finite Phrase* (FP) nennen.
Das Problem ist nun, dass der FP-Baum nur zu einem Teil der Äußerungen passt. Die türkischen Kinder Me und Ne variieren schließlich nicht nur bezüglich der Finitheitsmarkierung,
sondern auch bezüglich der Verbposition. Es kommen sowohl in der XV- als auch in der
VX-Serialisierung finite Verben vor. Eine doppelköpfige FP für diese IL anzusetzen ist aber
sicher nicht im Sinne des Erfinders des X'-Schemas.

Es gibt außerdem keine Veranlassung, davon auszugehen, dass die türkischen Kinder mit
einer linksköpfigen FP eine ebensolche IP vorbereiten, denn das würde bedeuten, dass sie
später bei den Nebensätzen SVX übergeneralisierten, was aber nicht der Fall ist.

Die *Minimal Trees Hypothesis* schließt nun nicht aus, dass die türkischen Kinder dann
eben eine rechtsköpfige FP und spätere IP installieren. Transfer gibt es nach Vainik-
ka/Young-Scholten zwar nur innerhalb lexikalischer Phrasen. Aber die rechtsköpfige IP der
türkischen Kinder müsste ja nicht zwangsläufig auf Transfer zurückgeführt werden. Schließlich können sie damit auch die Gegebenheiten der Zielsprache Deutsch erfasst haben.

Das würde dann aber bedeuten, dass für die SVX-Strukturen eine CP angesetzt werden
muss, mit dem finiten Verb in C. Hier gälte es dann auch das sogenannte Pseudo-Auxiliar
ist der idiosynkratischen Klammerkonstruktion unterzubringen, das dann auch zwangsläufig
als finit gelten muss. Auch dies ist nicht attraktiv. Nur wenn man das Pseudo-Auxiliar im
Kopf einer FP ansiedeln würde (wobei der Kopf gleichzeitig auch am Satzende vorhanden
sein müsste, was unmöglich ist), könnte sie im Hinblick auf Finitheit unspezifiziert sein.

Fazit daraus ist, dass man auch für diese frühe Erwerbsphase der türkischen Kinder nicht
umhin kommt, eine Satzstruktur mit allen funktionalen Projektionen anzusetzen, was aber
sicher nicht im Sinne der *Minimal Trees Hypothesis* ist.

Abgesehen davon, dass auch bei den russischen Kindern von Anfang an flektierte neben
den noch nicht flektierten Verben vorhanden sind, gibt es weniger Probleme, ihren Erwerbsverlauf im Sinne der *Minimal Trees Hypothesis* zu erklären. Auf eine L1-induzierte

linksköpfige VP wird eine linksköpfige FP aufgesetzt und dann in die IP umgewandelt. Das heißt, dass dann später der Parameterwert wieder umgesetzt werden muss, um Nebensätze mit Verbletzt zu ermöglichen. Tatsächlich werden die Nebensätze ja zunächst mit Verbzweit gebildet.

Aber auch wenn das Modell auf die Daten der russischen Lerner anwendbar ist – zwei Einwände gelten generell:

Erstens stellen Vainikka/Young-Scholten es als Automatismus dar, dass in den lexikalischen Phrasen L1-Transfer stattfindet. In Abschnitt 5.1 habe ich die Hypothese aufgestellt, dass nur transferiert wird, wenn die Lerner vom Input dazu autorisiert werden. Dafür möchte ich im Folgenden noch Evidenz unabhängig vom Phänomen Verbstellung liefern, die dann gleichzeitig einen Einwand gegenüber Vainikka/Young-Scholtens darstellt. Nach deren Transfer-Hypothese müsste auch in den lexikalischen NPs und PPs transferiert werden. Dies ist aber nicht kategorisch der Fall:

Die Verzweigungsrichtung des Türkischen (strikt links) gilt im Prinzip auch für die deutsche NP, allerdings sind in einem nicht übermäßig gepflegten Standardregister pränominale Genitivattribute (*meines Vaters Haus*) eher selten, mit Ausnahme von Eigennamen vor dem Bezugswort wie in *Mamas Auto*[19]). Im Vergleich dazu produzieren die türkischen Lerner auffällig viele Phrasen mit pränominalem Possessor. Vgl. die Beispiele von Mt und Mm, zwei weiteren türkischen Kindern aus dem Augsburger Korpus:

Mt20:   *Schwimmer schlagt jetzt den Kind- Kindesvater, schlagt ihn.*
Mt31:   *In die zweite – eh – eh - die Schulensnamen weiß ich nicht.*
Mt39:   *Ich weiß seines Vaters Name nicht.*

Mm26:   *Die Mama hat die eh – Eier in die kleine Kind Teller gelegt.*

I: Er schneidet nicht seine Haare. Schau mal. Er schneidet –.
Mm33:   *Ihre Haare.*
I: Ja, man kann auch sagen, er schneidet die Haare von dem Kind.
Mm33:   *Er schneidet eh – die Kind Haare -.*

I: Mit der Pinzette –.
Mm39:   *Pinzette – zieht das Stackel raus von Hände –.*
I: zieht -. Der Junge zieht den Stachel -.
Mm39:   *aus Hund Hand.*

I: Ja, der Hund, was macht der Hund. Der Hund -.
Mm39:   *leck sein Gesicht.*
I: Sein eigenes?
Mm39:   *Ja. __ Neihn! Die Junge Gesicht.*

I: Mhm. Und hier gibt der Vater /.
Mm42:   *ein Schlag auf dieser Mann Gesicht.*

I: Wem fliegt der Hug weg?
Mm42:   *Von der Manns von sein Kopf.*

---

[19] Hier ist jedoch zusätzlich zu bedenken, dass im Süddeutschen auch der pränominale Dativ hochfrequent ist (*dem Papa sein Auto*).

Dass die Lerner diese NPs auffällig frequent produzieren, liegt an ihrer L1, dass sie sie überhaupt produzieren, daran, dass sie im Input Evidenz für eine solche Struktur finden, er sie also zum Transfer autorisiert.

Im Gegensatz dazu werden rechtsköpfige PPs, für die es im L2-Input keine Evidenz gibt, auch nicht transferiert.

Der zweite generelle Einwand, der aber alle im Prinzipien- und Parameter-Modell angesiedelten Theorien betrifft, zielt auf den Begriff des Parameter-Setzens.

In Abschnitt 2.1.4 wurde argumentiert, dass dieser Begriff nur dann seine Berechtigung hat, wenn sich ein Interimssystem wirklich schlagartig im Hinblick auf einen bestimmten Parameterwert wandelt. Wenn mit diesem Begriff jedwede Akkommodation einer IL erfasst werden soll, ist er schlicht überflüssig. Diesbezüglich muss angesichts der in Abschnitt 5.1 kommentierten Ergebnisse festgestellt werden, dass es zwar an einem Punkt zu einem Phänomen kommt, das wie ein solcher Umbruch aussieht, und zwar beim schnellen Umschwenken der türkischen Lerner von SXV zu SVX. Auch die Integration von auf Anhieb korrekten Nebensätzen in ihre Lernergrammatik erinnert an das entsprechende Phänomen im L1-Erwerb, das oft als Evidenz für das Setzen eines Parameters angeführt wird.

Es wäre nun aber unsinnig, daraus zu schließen, dass die türkischen Lerner via *parameter setting* lernen können, die russischen aber nicht.

Der Sprung von SXV zu SVX der türkischen Kinder konnte dadurch erklärt werden, dass sie durch die wegen des L1-L2-Kontrasts so saliente Kopula auf die Verbzweitposition deutlich hingewiesen werden. Es handelt sich daher einfach um einen besonders schnell ablaufenden Prozess des inferierenden Lernens und nicht um Evidenz für einen eigenen Vorgang des Parameter-Setzens. Auch dass die Nebensätze bei den türkischen Lernern sofort zielsprachkonform realisiert werden, kann anders erklärt werden als damit, dass die Wahrnehmung eines bestimmten *triggers* im Input korrekte Nebensätze auslöst. Die korrekten Nebensätze sind Folge der L1-induzierten und vom Input bestätigten günstigen OV-Ausgangshypothese.

Bei den russischen Lernern dagegen werden die Verbklammer und die Nebensatzstellung graduell erworben; von einem plötzlichen Umbruch im System ist also ohnehin nichts festzustellen. Dass bei ihnen von Anfang an die zielsprachkonform wirkende Abfolge SVX vorhanden ist, wird auch besser durch Transfer erklärt als damit, dass ein bestimmter *trigger,* ein bestimmtes Verbflexiv z.B., die Verbzweitstellung auslöst, zumal ja auch infinite Verben in diesen frühen SVX-Sätzen belegt sind.

Davon abgesehen, bieten auch die Daten von Vainikka/Young-Scholten selbst keine überzeugende Evidenz für *parameter setting.* Durch das Artefakt der FP wird in gewisser Hinsicht getarnt, dass die Lerner eine Zeitlang zwischen alter Verbletzt- und neuer Verbzweitstellung schwanken, und die oben unter der FP-Phase aufgelisteten Beispiele lassen den Verdacht aufkommen, dass auch hier die Stellung nichts mit der Finitheitsmarkierung des Verbs zu tun hat: *brau* ist eher ein infiniter Verbstamm denn eine 1. Person Sg., *machen* im letzten Satz könnte auch ein Infinitiv sein.

Nach dieser datenbasierten Kritik an dem Konzept eines automatistischen Transfers in der *Minimal Trees Hypothesis* und am Konzept des *parameter setting* möchte ich noch einmal darauf zurückkommen, dass sich der Erwerbsverlauf der von mir untersuchten türkischen Kinder so gar nicht mit *minimal trees* erfassen lässt. Stattdessen ist es in Anbetracht ihrer frühen Äußerungen mit SXV, ersten Belegen von SVX und mit der Pseudo-Verbklammer nötig, gleich eine komplette Satzstruktur mit IP und CP anzunehmen, was natürlich auch wegen des dadurch vorliegenden Verstoßes gegen das *full house principle* (vgl. Zitat oben) dem Ansatz von Vainikka/Young-Scholten widerspricht. Denn damit einher ginge schließlich, eine CP in der Satzstruktur der Lerner zu akzeptieren, obwohl noch keine W-Phrasen und auch keine *complementizer* belegt sind.

Dies wäre nun kein Problem für einen anderen Versuch, den L2-Erwerb im Rahmen des Prinzipien- und-Parameter-Modells zu erfassen, das *Full Transfer/Full Access Model* (Schwartz/Sprouse 1994, 1996, Schwartz 1998).

5.2.2 Das *Full Transfer/Full Access*-Modell

Während Vainikka/Young-Scholten sich in ihrer Analyse mit einer Art X'-Keimzelle, die dann vom Lerner Input-gesteuert ausgebaut wird, als UG-bedingten Ausgangspunkt begnügen, setzen Schwartz/Sprouse (1994) schon zur Beschreibung der frühen Interlanguage des Lerners Cevdet (L1 Türkisch[20]) hochkomplexe Strukturbäume an (vgl. Schwartz/Sprouse 1994: 341, 344, 345, 347). Das Wissen zur Annahme der verschiedenen Funktionalen Phrasen bezieht der Lerner aus der L1, über den Zugang zur UG verfügt er also indirekt. Jede IL, die durch die schrittweise, immer mehr L2-Strukturen erfassende Akkommodation der L1-Parameter-Werte entsteht, kann als eine UG-konforme Sprache beschrieben werden.[21]

Die Tatsache, dass Cevdet zunächst noch keine Komplementierer (überhaupt noch keine eingebetteten Sätze) verwendet, hätte Vainikka/Young-Scholten hier bei einer von ihnen vorgeschlagenen IL-Analyse auf das Postulieren einer CP verzichten lassen. Nicht so Schwartz/Sprouse, die man wohl als Vertreter einer *Strong Continuity Hypothesis* des L2-Erwerbs bezeichnen könnte: Ihre Modellierung der ersten (nebensatzlosen) Erwerbsphase Cevdets z.B. beinhaltet bereits eine CP. Der Lerner „benützt" C[0], um das finite Verb aus seiner satzfinalen Basisposition dort hinein zu bewegen, angeregt durch die V2-Stellungen aus dem Input. Diese veranlassen den Lerner zur Akkommodation seiner L1-basierten Ausgangsstruktur, in der das Verb in Endstellung steht. Das Subjekt wiederum wird aus der VP-Specifier-Position in die CP-Specifier-Position bewegt, was „UG-gezwungenermaßen" stattfindet. Schwartz/Sprouse sprechen in einer Passage zu ihrem theoretischen Rahmen von möglichen „repercussions", „changes that arise for purely grammar-internal reasons" (ibid.: 349). Um ein solches automatisches Wenn-dann-Verhältnis handelt es sich dabei.[22]

Pointiert formuliert werden also im Fortschreiten des L2-Erwerbs, im Gegensatz zu den Annahmen von Vainikka/Young-Scholten, keine Strukturen auf- und ausgebaut, sondern die

---

[20] Die von Schwartz/Sprouse (1994) verwendeten Daten stammen aus dem in Abschnitt 2.2 vorgestellten ESF-Projekt *Second Language Acquisition by Adult Immigrants* (vgl. Perdue 1993).

[21] In Schwartz/Sprouse (1996) wird dargelegt, dass auch andere Spracherwerbsdaten die FTFA-Hypothese, die basierend auf nur einem Lerner entwickelt wurde, stützen.

[22] Warum diese Bewegungen stattfinden müssen, kann hier nicht ausführlich referiert werden. Es geht kurz gesagt darum, dass das Subjekt (das als in der VP basisgeneriert angenommen wird) in Bezug zum Verb in einer bestimmten strukturellen Beziehung stehen muss, damit der Kasus gecheckt werden kann. Eine der drei in der UG möglichen Beziehungen (neben Government und Incorporation) sei das „Spec-head agreement: The checker is the head (H) of a phrase (HP) and the NP whose Case feature it checks is in the specifier of that phrase". (Vgl. die Ausführungen zu den „Mechanisms for Nominative Case Checking" in Schwartz/Sprouse 1994: 325–332.)

diversen Kopf- und die Spezifizierer-Positionen einer existierenden Struktur Schritt für Schritt Input-gerechter besetzt. Dabei werden ggf. die Parameterwerte für die Verzweigungsrichtungen der Funktionalen Phrasen geändert.

„FT/FA hypothesizes that the initial state of L2 acquisition is the final state of L1 acquisition (Full Transfer) and that failure to assign a representation to input data will force subsequent restructurings, drawing from options of UG (Full Access)." (Schwartz/Sprouse 1996: 40)

Für Cevdet ergeben sich dabei die folgenden sukzessiven Akkommodationen der Ausgangsbasis:

Phase 1:
Der Mann seine Frau geküsst
falsches Wagen eingesteige
der ist aussteigen[23]
Jetzt er hat Gesicht

Ein bestimmter Typ von Äußerungen, die neben nominalen Konstituenten nur Infinitive, Partizipien oder Verbpartikeln aufweisen, belegt das L1-bedingte zugrundeliegende SOV-Muster (vgl. die Erläuterungen zum Türkischen in Abschnitt 5.1). Finite Verben aber erscheinen niemals satzfinal. Da das Muster „S V+fin X (V-fin) [...] by far the most frequent main-clause order in the input" (Schwartz/Sprouse 1994: 350)[24] und außerdem für den Lerner aufgrund des Kontrasts zu seiner L1 besonders salient ist, besteht nämlich sofortiger Akkommodationsbedarf zugunsten der folgenden, oben bereits als Beispiel für die Logik der Schwartz/Sprouse'schen Analyse erläuterten Abwandlung der Ausgangsstruktur:

„The minimal change that can be effected to accommodate a significant proportion of the data is to move the finite verb to C^0 position that the L1 grammar makes available" (ibid.: 350).

Konsequenz daraus ist die Bewegung des Subjekts in die Specifier-Position von CP, damit der Nominativ „gecheckt" werden kann. Dass der Lerner Cevdet in seiner IL Spec-Head Agreement realisiert (vgl. FN 22) und nicht die Government-Variante des *case checking*, obwohl er mit letzterer einer größeren Zahl von Strukturen aus dem Input gerecht werden könnte, liegt nach Schwartz/Sprouse daran, dass im Türkischen die Government-Bedingung nicht gilt. Cevdet „[is] making use of a pre-existing mechanism" (ibid.: 351), er transferiert also auch das Kasus-Checking via Spec-Head-Agreement aus der L1. Die Richtigkeit ihrer Analyse sehen Schwartz/Sprouse darin bestätigt, dass (in dieser Erwerbsphase) die Subjekte immer direkt vor dem Verb stehen, belegt sind allenfalls XSV-, niemals XVS-Strukturen. Topikalisierte Nicht-Subjekte werden also einfach an die CP adjungiert.

---

[23] An diesem Beispiel ist für Schwartz/Sprouse nur relevant, dass die Verbpartikel vor ihrem Kopf steht; das Element *ist* wird nicht weiter beachtet.

[24] Im Hinblick auf diese ja doch entscheidende Grundannahme drängen sich folgende Bemerkungen auf: Es versteht sich, dass es sich hierbei um Hauptsätze handelt. Wichtig und interessant wäre es, wie es im Input mit den Nebensätzen steht. Ebenso relevant wäre der Anteil satzfinaler infiniter Verbteile (in der Formel oben eingeklammert, ohne weitere Angaben). Vgl. außerdem die Überlegungen in Abschnitt 3.2 zu salienten Verben in Letztstellung im Input für Deutschlerner.

Phase 2:

wenn du so wie ein Holz gefunden hast
hier gibt es nicht viel (?) der Bäume
dann trinken wir bis neun Uhr

Zwei neue Strukturen treten auf: XVS, allerdings nur mit pronominal realisierten Subjekten (ansonsten gilt weiter (X)SV), und eingebettete Sätze mit Komplementierer (*wenn, dass, ob*) und SXVfin.

Da C^0 in der IL nun mit den erworbenen Subjunktionen besetzt wird,[25] kann das Verb im Nebensatz nicht dort hinein bewegt werden. Das (finite) Verb wird jetzt aus der VP nach AGR^0 bewegt, die AGRP ist linksverzweigend, das finite Verb steht also am Ende des Satzes. Der Nominativ wird nach wie vor durch Spec-Head-Agreement gecheckt, jetzt eben nicht mehr in der CP, sondern in der AGRP. Das Subjekt steht jetzt folglich in der Spezifizierer-Position von AGRP.

Dass nach wie vor für das Case-Checking die Government-Option in der IL nicht zugelassen wird, ist auch der Grund dafür, warum nur unbetonte pronominale post-verbale Subjekte belegt sind. Ein postverbales Subjekt ist eigentlich nur mit der Government-, nicht mit der Agreement-Variante vereinbar. In Spec-CP steht eine andere Konstituente als das Subjekt, das Verb befindet sich weiter in C^0, d.h. die Spec-Head-Agreement-Konfiguration zwischen Subjekt und Verb, in der der Nominativ gecheckt wird (in Cevdets IL, die in dieser Hinsicht immer noch mit der L1 konform geht), existiert weder auf der CP- noch auf der AGRP-Ebene. Schwartz/Sprouse schlagen nun vor, dass die pronominalen Subjekte hier den Status von Klitika haben. Damit kann die Inkorporationsvariante[26] greifen. Das pronominale klitische Subjekt befindet sich zusammen mit dem Verb, seinem „Case-Checker", in C^0.[27]

Phase 3:

das hat eine andere Frau gesehen
draußen hatte die Polizei eine Wagen brauchen solle

Jetzt wird die aus der L1 importierte Agreement-Option von der zielsprachlichen Government-Bedingung[28] abgelöst. Damit sind postverbale nicht-pronominale (und damit nicht mehr als Klitika interpretierbare) Subjekte möglich, die vom Verb von C^0 aus regiert werden. (In Sätzen, in denen nicht eine andere Konstituente in der Spezifizierer-Position von CP steht, sondern das Subjekt selbst, weil es aus Spec-AGRP dorthin bewegt wurde, wird die in Spec-AGRP zurückgelassene Spur des Subjekts regiert und damit „case-gecheckt".)

---

[25] Schwartz/Sprouse gehen m.E. davon aus, dass der Lerner aus seiner L1 weiß, dass Komplementierer hier ihren Platz haben. Explizit sagen sie es an der entsprechenden Stelle nicht.

[26] Wie sie aus romanischen Sprachen bekannt ist: Vgl. *Où est-il allé?* vs. **Où est Jean allé?*

[27] Auf eine vollständige Widergabe der Erläuterung und Legitimation dieser Modellierung, die nach Schwartz/Sprouse sogar für ein Wirken des *Subset Principle* auch im L2-Erwerb sprechen könnte, verzichte ich.

[28] ... die nur in Hauptsätzen funktioniert. Was Case-Checking in deutschen Nebensätzen betrifft, gehen Schwartz/Sprouse davon aus, dass hier die Spec-Head-Agreement-Bedingung gilt. Sie berufen sich dabei auf Vikner (1991): *Verb Movement and the Licensing of NP-positions in the Germanic Languages*. Ms., Universität Stuttgart.

Da neben XVS immer noch XSV-Strukturen belegt sind, kann die zielsprachliche Verb-zweitregel aber immer noch nicht als erworben gelten. Dies zeigt sich auch in Cevdets zahl-reichen deklarativen V1-Sätzen, die nicht als Topik-Ellipsen gelten können. Die Tatsache, dass Cevdets IL XVS-, XSV- und VSX-Strukturen zulässt, kann damit erklärt werden, dass Adjunktion an CP nach wie vor erlaubt ist, so dass sich mehrere Interpretationsmöglichkei-ten ergeben. Wenn für XSV gilt, dass X = Adjunkt an CP und S = Spezifizierer von CP (bei V in C^0), dann kann für das „oberflächlich" zielprachenkonforme XVS gelten, dass X = Adjunkt an CP, Spec-CP = leer, S = Spec-AGRP. Wenn leere Spec-CPs erlaubt sind und Adjunktion immer stattfinden kann, aber niemals stattfinden muss, dann sind auch V1-Sätze in Cevdets IL wohlgeformt ... und jeder Satz aus dem Input kann von ihm mit dieser Struk-tur interpretiert werden.

Damit kommt man aber zu dem unattraktiven Ergebnis, dass der Input hier als positive Evidenz für im Input nicht-existierende Strukturen gewertet werden kann.

Schwartz/Sprouse (1994: 358) fassen den Erwerbsverlauf in der folgenden Tabelle zu-sammen:

Parametric Values for Turkish and German; Cevdet's Three Interlanguage Stages (S1–S3)

	Tur	S1	S2	S3	Ger
SOV	+	+	+	+	+
VP-AGR	+	+	+	+	+
C-AGRP as possible order	+	+	+	+	+
Nominative checked under agreement	+	+	+	+	+
Obligatory movement of finite verb to empty COMP	–	+	+	+	+
Left-Adjunction to CP possible	–	+	+	+	–
Spec-CP as landing site for topics	–	–	+	+	+
Nominative clitics	–	–	+	+	+
Nominative checked under incorporation	–	–	+	?	?
Nominative checked under government	–	–	–	+	+

Als oberflächenorientierte Liste der IL-Strukturen ergibt sich:

Phase 1: S X V-fin; S V+fin X; X S V+fin; keine Nebensätze
Phase 2: S V+fin X; X S V+fin; X V S+pron; Nebensätze mit Verbletzt
Phase 3: S V+fin X; X S V+fin; X V S+pron; X V S; V S X; Nebensätze mit Verbletzt

Dieser Sequenz ist der Erwerbsverlauf bei den von mir untersuchten türkischen Kindern sehr ähnlich, bis auf einige Details, die aber im Rahmen des FTFA-Modells nicht irrelevant sind. Dazu gehört etwa die Frage nach der Finitheit der Verben, die an bestimmte Positio-nen geknüpft sein sollte, wonach sich die türkischen Kinder Me und Ne wie in Abschnitt 5.1 schon erläutert nicht halten. Ich möchte auf diesen Aspekt nicht nochmals zurückkommen, und auch den Aspekt des *case checking* ausklammern. Letzteres vor allem deswegen, als die für Cevdet dokumentierte Distribution von nominalen und pronominalen Subjekten etc. bei Me und Ne ohnehin nicht wiederzufinden ist.

Dass das FTFA-Modell davon ausgeht, dass der *initial state* der L2-Lerner ihrem voll ausgebauten L1-Baum entspricht, der von den Lernern bei Bedarf dann abgewandelt werden muss, kommt insofern gelegen, als in der ausdifferenzierten Satzstruktur z.B. die Pseudo-aux-Konstruktionen leicht unterzubringen sind. Das funktioniert ja tatsächlich nur, wenn man schon in einem frühen Stadium noch ohne belegte Komplementierer eine CP ansetzt, wie in Abschnitt 5.2.1 gezeigt wurde.

Interessant ist hier jedoch insbesondere die Frage, was für eine CP Schwartz/Sprouse ansetzen. Die L1-basierte Satzstruktur, mit der sie den Lerner Cevdet in den L2-Erwerb schicken, sieht nämlich aus wie eine deutsche Standardstruktur (vgl. Abschnitt 3.3) und hat einen linken CP-Kopf (vgl. oben in der tabellarischen Darstellung der Parameterwerte: C-AGRP).

Das trifft sich zwar gut, da Cevdet so schon in Phase 1 sein finites Verb dort hineinbewegen kann, und Me und Ne ihr Pseudo-Auxiliar *ist* womöglich hier unterbringen. Es bedeutet aber, dass Schwartz/Sprouse einen Sonderfall des Türkischen als Modell für die aus der Muttersprache transferierte Satzstruktur heranziehen. In Abschnitt 5.1 wurde erläutert, dass es im Türkischen bis auf ganz spezielle Ausnahmen keine Nebensätze mit einem nebensatzinitialen Einleiter und einem finiten Verb gibt, abgesehen von Nebensätzen, die mit den aus dem Persischen entlehnten Wörtern *ki* und *çünkü* eingeleitet werden. Eben diese müssen hier also herangezogen werden, damit FT/FA aufgehen kann!

Offenkundig war Schwartz/Sprouse auch nicht wohl dabei, denn später (1996) geben sie die auf L1-Transfer begründete Erklärung der linksköpfigen CP auf und schlagen stattdessen vor, mit Kayne (1994) von einer universalen linksperipheren C-Position auszugehen.

Ich möchte nicht weiter diskutieren, ob sich damit die Daten – auch meine – besser erklären lassen. In Kapitel 2 wurde kritisch angemerkt, dass die auf dem Prinzipien- und Parameter-Modell (oder neuerdings auf der Anti-Symmetrie-Hypothese Kaynes oder auf dem *Minimalist Program*) basierenden Erwerbsmodelle zwar präzise Vorhersagen und falsifizierbare Erklärungen erlauben, dass diese aber in erster Linie vom Stand der Syntaxtheorie abhängen und sich somit extrem rasch wandeln. Diese enge Bindung sollte mit der Darstellung, wie der Erwerb der Satzstruktur im FTFA-Modell analysiert wird, illustriert werden.

Unabhängig von generellen Vorbehalten gehe ich mit Schwartz/Sprouse insofern konform, als die *Full Transfer* Hypothese eleganter ist als die *Minimal Trees*, zumal sich die empirische Evidenz für *Full Transfer* häuft (vgl. dazu die Ergebnisse von Sauter 2002). Warum sollten nur die lexikalischen Phrasen zum Transfer taugen, warum sollte der Lerner, wenn er schon auf sein L1-Wissen zurückgreift, nur auf einen Teil davon zurückgreifen? Mit welchen kognitiven Prinzipien sollte man das erklären können? Eine solche Frage stellt sich natürlich insbesondere dann, wenn man a priori nicht geneigt ist, angeborene konkrete Regeln anzunehmen.

Das Transfer-Konzept des FTFA-Modells als solches würde ich dagegen so nicht übernehmen wollen, denn wie Vainikka/Young-Scholten gehen ja auch Schwartz/Sprouse davon aus, dass zunächst die L1 transferiert werden muss, nicht etwa kann. Genau so definieren beide den UG-Faktor im L2-Erwerb, und gegen den angeborenen UG-Faktor kann sich ein Sprecher per definitionem „nicht wehren".

5.3 Die Ergebnisse im Lichte der *Processability Theory*

Pienemann selbst unternimmt den Versuch, den L2-Erwerb der Verbstellung im Deutschen innerhalb der *Processability Theory* zu erklären, genauer gesagt die Erwerbssequenzen, wie sie aus der ZISA-Studie[29] hervorgehen (vgl. Pienemann 1998a: 9):

Stage x   =   Canonical Order SVO
die kinder spieln mim Ball

Stage x+1   =   Adverb Preposing (ADV)   [ergibt XSV]
da kinder spielen

Stage x+2   =   Verb Separation (SEP)   [ergibt korrekte Verbklammer]
alle kinder muss die pause machen

Stage x+3   =   Inversion (INV)
dann hat sie wieder die knoch gebringt

Stage x+4   =   Verb Final (V-END)   [ergibt korrekte Nebensätze]
er sagt, dass er nach hause kommt

Diese Sequenz kann mit den in der vorliegenden Arbeit untersuchten türkischen Lernern nicht bestätigt werden, denn sie müssen die *canonical order* auf der Basis einer ersten Phase mit SOV entwickeln und haben ansonsten nur mit INV Probleme. Die russischen Lerner dagegen verhalten sich im Wesentlichen analog zu den ZISA-Lernern, allerdings erwerben sie INV nicht nach SEP, sondern gleichzeitig oder sogar INV vor SEP. SEP und INV werden nämlich in An 10, V-END in An17, INV in Eu8, SEP in EU9, V-END in Eu13 quasi fehlerfrei realisiert. Zieht man nicht den abgeschlossenen Erwerb heran, sondern überprüft, wann erste Belege für SEP und wann erste für INV auftauchen und wie steil die Werte für korrekte Realisierung ansteigen, spricht auch das für INV vor SEP (vgl. Tabelle 18, 20 und 21 für An in Abschnitt 4.4, Tabelle 26, 27 und 28 für Eu in Abschnitt 4.5).

Die Tatsache, dass die Erwerbssequenz der türkischen Lerner eine andere ist, spielt insofern keine Rolle, als die *Processability Theory* (künftig: PT) keine festen Erwerbsabfolgen vorhersagen, sondern gerade offen für die Erklärung von Variation sein will. Sie bestimmt auf ihrer LFG-Basis verschiedene Grade von Unifikationskomplexität und damit von Prozessierbarkeit, wie in Abschnitt 2.3 schon ausführlich erläutert wurde. Strukturen, die ein- und demselben abstrakten Komplexitätsgrad entsprechen, können sehr verschieden aussehen. Bevor geprüft werden soll, ob die Produktionsdaten der türkischen Lerner auch mit PT kompatibel sind, soll gezeigt werden, wie die PT das Verhalten der russischen Kinder erklären würde:

Die *c-structure*

(R1)   S $\rightarrow$ NP_{subj} V (NP_{obj1}) (NP_{obj2})

---

[29] Erwachsene Deutschlerner mit L1 Italienisch, Spanisch und Portugiesisch; vgl. u.a. Clahsen/Meisel/Pienemann (1983).

erfasst Stufe x sowie Äußerungen mit Auxiliar und Partizip. In diesen Äußerungen kann die Kombination aus Auxiliar und Partizip aber nicht als eine solche betrachtet werden, sondern muss als ein Verb gelten, so dass eine Klammerstellung gar nicht erst in Frage kommt. Da der Subjekt- bzw. Objekt-Status in *c-structure* zugewiesen werden, erfordert die *canonical order* keine Merkmalsunifizierung[30] und korrespondiert so mit Level 2 der *processability-*Hierarchie (vgl. die Übersicht aus Pienemann 1998b: 79, wiedergegeben in Abschnitt 2.3). Ebenso einfach wäre Subjekts- und Objektmarkierung durch Affigierung, denn auch hier müssten keine Merkmale unifiziert werden, um den Komplexitätsgrad durch ein weiteres Beispiel zu illustrieren.

Stufe x+1, aus dem Sätze ohne Inversion hervorgehen, wird in folgender Regel darge-stellt, die zu (R1) hinzutritt:

(R2)[31] S' → (XP)   S   erfasst ADV
              wh = $_c$ +
              adv = $_c$ +
              NP = $_c$ +
              PP = $_c$ +
              (später: SENT MOOD = INV als weitere Annotation für die XP)

Der Lerner nutzt die saliente Position vor dem Satz, wobei es zwischen dieser Position und dem Satz keinen Austausch grammatischer Informationen gibt. Das entspricht Phase 3 der Processability-Hierarchie. Als Begründung für die Differenz zu Phase 2 von *Processability* heißt es:

> „From a processing point of view, the difference between SVO and ADV is the following: while SVO is a completely linear structure with the NPsubj in a predictable and invariable position, there is a degree of non-linearity in ADV where the sequence of conceptualisation may deviate somewhat from a strictly canonical sequence. In the latter case, the canonical sequence starts after the topicalised phrase. However, in contrast to structures which are acquired later, with ADV grammatical functions can be read directly off x-structure and no cross-constituent unification is required." (Pienemann 1998b: 110)

Der Unterschied ist nicht wirklich nachvollziehbar. Was spräche dagegen, die Stufen x und x+1 zusammenzufassen, wenn die vorangestellte XP doch syntaktisch nichts mit S zu tun hat? Die Antwort ist, dass die Daten dagegen sprechen, wenn Stufe x und Stufe x+1 deutlich voneinander entfernt sind, was auch bei An der Fall ist: SVX ist bei ihr vom ersten Kon-taktmonat an belegt, XSV(X) ab dem vierten. Die Erklärung im PT-Rahmen ist hier aber nicht überzeugend.

---

[30] „A strict canonical order does not involve any feature unification" (Pienemann 1998b: 110). Es stellt sich allerdings die Frage, wie die in dieser Phase schon belegte Subjekt-Verb-Kongruenz oh-ne (interphrasale) Merkmalsunifikation erfasst werden soll, abgesehen von phraseninternen Unifi-zierungen (z.B. Plural am Artikel und am Nomen der Subjekts-NP).

[31] Erläuterung: Ein Interrogativpronomen, ein Adverb, eine NP oder eine PP können einfach voran-gestellt werden, und nur diese, wie in den Kontrollgleichungen festgehalten wird. Im Standard-deutschen können auch Verben in der Topikposition auftreten, dies ist jedoch im L2-Erwerb erst sehr viel später belegt. Später (Stufe x+3) bewirkt die XP dann durch ihre Annotation mit *Sen-tence Mood = Inv* die Inversion in Satz S.

SEP in Stufe x+2 wird in der folgenden Abwandlung der bisherigen *c-structure* erfasst:

(R3) S →   NP$_{subj}$ VP   erfasst SEP

                   (NP$_{obj1}$) (NP$_{obj2}$)

      VP →   V

               V-COMP

      V-COMP →   (NP$_{obj1}$) (NP$_{obj2}$) V

Damit geht einher, dass die VP als Konstituente eingeführt wird, und diese alternativ expandiert, sei es in der aus (R1) bekannten Weise, sei es in V V-COMP, wobei V-COMP in (NP$_{obj1}$) (NP$_{obj2}$) V expandiert.

Verben erscheinen nur in Zweitposition, es sei denn, ein Verb wird lizensiert durch ein anderes, das V-COMP nimmt. Der Lerner re-analysiert schrittweise die Verben seiner IL, indem er AUX und V als zwei separate Einheiten analysiert und das Merkmal AUX zu den lexikalischen Merkmalen von V hinzufügt. Verben mit diesem lexikalischen Merkmal erfordern dann V-COMP, ein verbales Komplement. Damit kann VP in V$_{AUX=+}$ V-COMP expandieren und die Satzklammer in die IL der Lerner aufgenommen werden.

Dabei muss zwischen V$_{AUX=+}$ und dem V in V-COMP unifiziert werden, z.B. bezüglich des Merkmals PAST, mit dem sowohl das Auxiliar, als auch das Partizip versehen ist (sehr vereinfacht dargestellt; vgl. die kompletten lexikalischen Einträge der Verben in einem Perfektsatz in Pienemann 1998b: 101). Da dieser Unifizierungsvorgang die Phrasengrenzen zwischen V und V-COMP überschreitet, wird er dann auch auf Level 4 der *processability hierarchy* angesiedelt.

INV in Stufe x+3 wird durch weitere Abwandlungen der *c-structure* möglich, die schon zu Illustrationszwecken in Abschnitt 2.3 genutzt und erläutert wurde: Aus

(R4) S' → (V)   S
            ROOT =$_c$ +
            SENT MOOD =$_c$ INV

in Kombination mit

S'' → (XP)   S'
       wh =$_c$+
       adv =$_c$INV
       SENT MOOD =$_c$INV

ergibt sich die Inversion, wenn das Merkmal SENT MOOD über die Grenze zwischen XP und V unifiziert wird. Dies entspricht Level 5 der *processability hierarchy*, weil im Gegensatz zu SEP hier keine der beteiligten Einheiten in einer perzeptuell begünstigen Position steht; bei SEP ist das wegen der Letztposition von V in V-COMP der Fall.

Hier ist in Anbetracht meiner Daten anzumerken, dass INV offenkundig nicht immer später als SEP erworben wird (s.o.), sondern auch zeitgleich mit SEP oder sogar noch davor produktiv und korrekt realisiert wird. Das ist aber kein Problem für die PT, ganz im Gegenteil ist es nur plausibel, da es im Prinzip um dieselbe Unifizierungskomplexität geht. Eher ist es so, dass das oben genannte Salienz-Argument für Stufe x+1 ein wenig wie eine Adhoc-Erklärung wirkt, um den ZISA-Ergebnissen gerecht zu werden.

Damit die IL der Lerner in Stufe x+4 Nebensätze mit V-END generieren kann, muss eine weitere *c-structure* integriert werden[32] und auch das Merkmal ROOT, das – je nach dem Wert für dieses Attribut – Hauptsätze und Nebensätze als solche markiert. Genau genommen dürfte ROOT also in (R4) oben erst aufgenommen werden, wenn die Lerner auch über (R5) verfügen.

(R5)   S → (COMP)$_{ROOT=}$ NP$_{subj}$ (NP$_{obj1}$) (NP$_{obj2}$) (ADJ) (V)$_{INF=}$ (V)$_{INF=+}$

(R5) wird auf Level 5 der *processability hierarchy* angesiedelt, was aber nicht innerhalb des Konzepts der Unifizierung erklärt wird, denn es wird ja lediglich eine neue *c-structure* angenommen.

Eine andere Möglichkeit bestünde m.E. darin, zwei verschiedene *c-structures* für VPs anzunehmen, etwa VP „blau" und VP „grün",[33] was innerhalb einer Phrasenstrukturgrammatik wie LFG kein Problem darstellen würde:

VP „blau" → V$_{Root=+}$(NP$_{obj1}$) (NP$_{obj2}$)
VP „grün"→ (NP$_{obj1}$) (NP$_{obj2}$) V$_{Root=}$

Daraus ergäbe sich dann für Hauptsatz bzw. Nebensatz:

S → NP$_{subj}$ VP$_{Root=+}$
S'→ Complementizer S $_{Root=C}$ zu kombinieren mit S → NP$_{subj}$ VP$_{Root=}$

Durch die Unifikation zwischen S $_{Root= C}$ und VP$_{Root=}$ wird Übergenerierung verhindert, d.h. es wird verhindert, dass die falsche VP in S' eingesetzt wird.

Mit diesem Vorschlag wird zwar das Problem nicht gelöst, die Tatsache, dass Nebensätze spät erworben werden und die *Subordinate Clause Procedure* auf einem Level 5 anzusiedeln ist, mit Unifikationskomplexität zu erklären und nicht einfach nur festzustellen. Schließlich bleibt es ja bei der Unifikation über Phrasengrenzen wie schon auf Level 4. Für die Annahme verschiedener *c-structures* für VPs, oder einer weiteren eigenen *c-structure* für Nebensätze wie im Vorschlag Pienemanns, ist die PT insofern blind, als ihr Erklärungspotential nur für Unifikationsprozesse gilt. Wie die *c-structures* als solche in die Lernergrammatik kommen, darüber macht die PT keine Aussage (vgl. Abschnitt 2.3).

Der Vorteil der Annahme von zwei verschiedenen VPs besteht darin, dass so die Ergebnisse der vorliegenden Studie für die PT überhaupt erst handhabbar werden. Da es in den von Pienemann vorgeschlagenen *c-structures* (R1–5) keine rechtsköpfige VP gibt, kann die Erwerbssequenz der türkischen Lerner, die sich ja ganz anders verhalten als die russischen Kinder und die ZISA-Lerner, gar nicht erfasst werden. Mit Hilfe von zwei Expansionen für VP kann angenommen werden, dass die türkischen Lerner mit einer anderen *c-structure* für VPs in den L2-Erwerb einsteigen als die russischen. Wenn sie zu Beginn des Erwerbs noch nicht über Phrasengrenzen unifizieren können und/oder das Merkmal ROOT in der Lernergrammatik noch gar nicht vorhanden ist, dann werden sie in diesem IL-Stadium nicht vor der Übergenerierung bewahrt, die VP „grün" in die falsche Struktur einzusetzen und damit

---

[32] Vgl. Pienemanns Argumentation (1998b: 107f.), warum es nicht möglich ist, die Verbletzstellung lexikalisch herzuleiten.

[33] Diese VPs sollten nicht mit 1 und 2 beziffert oder auf eine andere Art etikettiert werden, die eine Hierarchie suggerieren könnte.

die bei ihnen belegten SXV-Hauptsätze zu bilden. Dass sie mit VP „grün" beginnen, ist auf ihre L1-gestützte L2-Inputanalyse zurückzuführen.

In einem nächsten Schritt wird die *c-structure* für VP „blau" in ihre IL übernommen. Bei den russischen Lernern ist es umgekehrt, sie beginnen L1-gestützt mit der VP „blau" und integrieren erst später die *c-structure* der VP „grün". Solange es noch kein Merkmal ROOT gibt, muss sich die Distribution von „blau" und „grün" nicht unterscheiden. Genau das ist auch der Fall, die türkischen Lerner bilden sowohl „grüne" SXV- als auch „blaue" SVX-Hauptsätze, die russischen sowohl „grüne" SXV- als auch „blaue" SVX-Nebensätze.

Ein Problem stellt das S+*ist*+X+Vinf-Pattern dar, denn dieses wurde ja in den Abschnitten 4.2, 4.3 und 5.1 chronologisch und logisch als Vorreiter für SVX identifiziert. Wenn man diese Klammerstrukturen so behandeln will wie die zielsprachlichen Klammerstrukturen, die die Lerner auf dem SEP-Level erworben haben, also (in Wiederholung von R3 oben) folgendermaßen,

$$\text{S} \rightarrow \qquad \text{NP}_{subj} \text{ VP}$$
$$\text{VP} \rightarrow \qquad \text{V V-COMP}$$

$$\text{V-COMP} \rightarrow \quad (\text{NP}_{obj1}) \ (\text{NP}_{obj2}) \ \text{V}$$

dann trüge *ist* in V ein Merkmal AUX und lizensierte deshalb ein V-COMP (in Analogie zur Beschreibung von SEP oben), und wie im Falle des Perfekts das Merkmal PAST zwischen AUX und V unifiziert wird, müsste bei den Pseudoaux-Konstruktionen der türkischen Lerner ein Merkmal INFINITIV unifiziert werden, und zwar über die Grenze zwischen V und V-COMP. Das aber macht diese Struktur zu komplex für den Zeitpunkt, an dem sie im Erwerbsverlauf der türkischen Lerner auftaucht.

Als Ausweg bietet es sich an, auch hier eine eigene, unabhängige *c-structure* anzusetzen, so wie Pienemann mit (R5) der Lernergrammatik eine neue *c-structure* (für Nebensätze) zuschreibt.

Wenn jedoch das Argument aufrechterhalten werden soll, dass die Lerner mit ihrer idiosynkratischen Verbklammer metaphorisch ausgedrückt für den Ernstfall üben können, das Aufeinanderbeziehen distanter Elemente schon automatisiert wird und eben deshalb die zielsprachlichen Verbklammern bei Perfekt- und Modalverbkonstruktionen für die türkischen Lerner dann gar kein Problem darstellen, dann verbietet sich auch der Ausweg darüber, einfach eine eigene *c-structure* anzunehmen, wo keine Unifizierung zwischen den Positionen stattfindet, denn so könnte das Unifizieren ja nicht „geübt" werden.

Fazit der Überlegungen: Unter Pienemanns Erklärungsversuch des Verbstellungserwerbs in den ZISA-Daten lassen sich auch die Erwerbsverläufe der russischen Lerner subsumieren, mit den angemerkten Vorbehalten zu SEP und INV. Die im Anschluss daran skizzierte Abwandlung der LFG-Formate, die weder gegen die LFG selber, noch gegen die PT verstößt, zeigt Wege auf, wie auch der Erwerb bei den türkischen Lernern im PT-Rahmen erfasst werden könnte. Allerdings schwächt jedes Erklärungsproblem, das nur mit zusätzlichen *c-structure*-Annahmen gelöst oder besser: umschifft werden kann, das Erklärungspotential der PT, da diese keine Aussagen darüber macht, wie welche *c-structures* in die Lernergrammatik gelangen. Dieser Erklärungsbedarf muss durch andere Theorien abgedeckt werden.

5.4   Abschließende Bemerkungen

Aus den Daten geht hervor, dass das L1-Wissen beim L2-Erwerb eine entscheidenden Rolle spielt. Bei den beobachteten Transfer-Phänomenen muss es sich aber nicht um Automatismen handeln. Die Lerner produzieren keine *calques* (vgl. Odlin 1989: 37), keine direkten Übertragungen von L1-Strukturen ungeachtet der Verhältnisse in ihrem L2-Input, sondern sie versuchen, den Input mit den Mitteln ihrer L1-Grammatik zu analysieren. Für alle in der vorliegenden Arbeit dokumentierten, auf L1-Strukturen beziehbaren IL-Strukturen können die Lerner im L2-Input Evidenzen finden, die sie in ihrer Hypothese, die L2-Grammatik funktioniere ebenso wie ihre L1-Grammatik, bestärken. Den Lernern kann also beim Transfer ein aktiver Part zugewiesen werden. Die Lerner sind dem Transfer nicht als einem Automatismus unterworfen.

Theorien zum L2-Erwerb müssen dem Rechnung tragen. Die in diesem Abschnitt vorgestellten Ansätze im Rahmen des Prinzipien- und Parameter-Modells tun dies nicht, weil sie festlegen, dass die UG den L2-Erwerb über den Umweg der L1 steuert. Da sich ein Lerner der UG per definitionem nicht „widersetzen" kann – die UG ist ein kognitives Modul, auf das der Zentralprozessor keinen Zugriff hat (vgl. Abschnitt 2.1) –, müssen die vorgestellten Modelle von automatischem Transfer ausgehen.

Die *Processability Theory* dagegen ist mit den Ergebnissen der Untersuchung im Hinblick auf die Transfer-Effekte kompatibel. Das versteht sich allerdings insofern von selbst, als die PT keine Aussagen darüber macht, wie Konstituentenstrukturen erworben werden, sondern darüber, ab wann welche Konstituentenstrukturen produziert werden können, in Abhängigkeit von der Komplexität der in ihnen notwendigen Merkmalsunifizierung. Für das Ergebnis, dass Analogien zwischen L1 und L2, aber auch deutlicher Kontrast zwischen beiden den Lernern dabei helfen, die Konstituentenstrukturen der Zielgrammatik zu erkennen, ist die PT selbst zwar blind, aber offen, im Gegensatz zu Theorien, in welchen Transfer mit Determination assoziiert werden kann.

Literatur

Altmann, Gerry T. M. (1990): Cognitive models of speech processing: An introduction. In: ders. (ed.): *Cognitive models of speech processing. Psycholinguistic and computational perspectives.* Cambridge, MA: MIT Press.

Altmann, Hans (1981): *Formen der ‚Herausstellung' im Deutschen.* Tübingen: Niemeyer.

Anderson, John R. (⁴1995): *Cognitive Psychology and its Implications.* New York: Freeman.

Auer, Peter (1991): Vom Ende deutscher Sätze. In: *Zeitschrift für Germanistische Linguistik* 19, 159–157.

Baddeley, Alan (1990): *Human memory: theory and practice.* Boston u.a.: Allyn and Bacon.

– (1999): *Essentials of human memory.* Hove: Psychology Press.

Bader, Markus/Bayer, Josef (1996): *Parsing German Verb-Final (and Verb-Second) Clauses.* Vortrag am Einstein-Forum, Potsdam, 7.–9. November 1996.

– / – /Hopf, Jens-Max/Meng, Michael (1996): Case Assignment in Processing German Verb-Final-Clauses. In: *Proceedings of the NELS* 26 Sentence Processing Workshop. MIT Occasional Papers in Linguistics 9.

– /Meng, Michael (1996): *Subject-object ambiguities in German embedded clause. An across-the-board comparison.* Ms., Universität Jena, 10. Dezember 1996.

Bartning, Inge (1999): *Grammaticalisation du genre et de l'accord adjectival dans la production orale: Apprenants avancés et apprenants pré-avancés.* Vortrag bei EUROSLA 9, 10.–12. Juni, Lund.

Bates, Elisabeth/MacWhinney, Brian (1979): A functionalist approach to the acquisition of grammar. In: Ochs, E./Schieffelin, B. (eds.): *Developmental Pragmatics.* New York: Academic, Press, 167–211.

– / – (1981): Second language acquisition from a functional perspective: Pragmatic, semantic, and perceptual strategies. In: Winitz, H. (ed.): *Native language and foreign language acquisition.* New York: New York Academy of Science, 190–214.

– / – (1982): Functional approaches to grammar. In: Gleitman, Lila R./Wanner, Eric (eds.): *Language acquisition – the state of the art.* Cambridge, MA: Cambridge University Press, 173–218.

– / – (1987): Competition, variation and language learning, In: MacWhinney, Brian (ed.): *Mechanisms of language acquisition.* Hillsdale, NJ: Erlbaum, 157–193.

– / – /Smith, S. (1983): Pragmatics and syntax in psycholinguistic research. In: Felix, Sascha/Wode, Henning (eds.): *Language development at the crossroads.* Tübingen: Narr, 11–30.

Bech, Gunnar (1983): *Studien über das deutsche Verbum infinitum.* 2., unveränd. Auflage. Tübingen: Niemeyer. [1. Aufl. 1955/57]

Becker, Angelika/Carroll, Mary (1997): *The Acquisition of Spatial Relations in a Second Language.* Amsterdam/Philadelphia: Benjamins.

Berman, Ruth/Slobin, Dan I. (1994): *Relating events in narrative: a crosslinguistic developmental study.* Hillsdale,NJ/London: Erlbaum.

den Besten, Hans (1983): On the Interaction of Root Transformations and Lexical Deletive Rules. In: Abraham, Werner (ed.): *On the Formal Syntax of the Westgermania.* Amsterdam/Philadelphia: Benjamins, 47–131.

Bever, Thomas G. (1970): The cognitive basis for linguistic structures. In: Hayes, J. (ed.): *Cognition and the development of language.* New York: Wiley.

Bierwisch, Manfred (1990): Verb Cluster Formation as a Morphological Process. In: *Yearbook of morphology* 3, 173–199.

166

- (1992): Probleme der biologischen Erklärung natürlicher Sprache. In: Suchsland, Peter (ed.), 7–45.
- (1997): Universal Grammar and the Basic Variety. In: *Second Language Research* 13, 348–366.
- (1998): *Basic Variety und Universalgrammatik.* Handout zu einem Vortrag am ZAS, Humboldt-Universität zu Berlin, 18. März 1998.
- /Schreuder, Rob (1992): From concepts to lexical items. In: *Cognition* 42, 23–60.
Birdsong, David (1992): Ultimate attainment in second language acquisition. In: *Language* 68, 706–755.
- (1999): *Second language acquisition and the critical period hypothesis.* Hillsdale, NJ: Erlbaum.
Bley-Vroman, Robert (1989): The logical problem of second language learning. In: Gass, Susan M./Schachter, J. (eds.): *Linguistic perspectives on second language acquisition.* Cambridge: Cambridge University Press, 41–68.
Bohannon, J./Stanowicz, L. (1988): The issue of negative evidence: Adult responses to childrens' language errors. In: *Developmental Psychology* 24, 684–689.
Bohn, Ocke-Schwen (1986): Formulas, frame-structures, and stereotypes in early syntactic development: some new evidence from L2 acquisition. In: *Linguistics* 24, 185–202.
Bolinger, Dwight L. (1978): Intonation across languages. In: Greenberg, Joseph H. (ed.): *Universals of Human Language.* Vol. 2. Stanford, CA: Stanford University Press, 471–525.
Borer, Hagit/Wexler, Kenneth (1987): The maturation of syntax. In: Roeper, Tom/Williams, Edwin: *Parameter Setting.* Dordrecht: Reidel, 123–172.
de Bot, Kees (1992): A bilingual production model: Levelt's 'Speaking' model adapted. In: *Applied Linguistics* 13, 1–24.
Bowerman, Melissa (1990): Mapping thematic roles onto syntactic functions: are children helped by innate linking rules? In: *Linguistics* 28, 1253–1289.
Brandt, Margareta/Reis, Marga/Rosengren, Inger/Zimmermann, Ilse (1992): Satz, Satztyp und Illokution. In: Rosengren, Inger (ed.): *Satz und Illokution.* Band 1. Tübingen: Niemeyer, 1–90.
Brown, Keith/Miller, Jim (eds.): *Concise Encyclopedia of Syntactic Theories.* Oxford: Elsevier Science.
Bußmann, Hadumod (²1990): *Lexikon der Sprachwissenschaft.* Stuttgart: Kröner.
Calvin, William H. (1992): Evolving mixed-media messages as grammatical language: Secondary uses of the neural sequencing machinery needed for ballistic movements. In: Wind, Jan et al. (eds.), 163–179.
Carr, Thomas H./Curran, Tim (1994): Cognitive Factors in Learning about Structured Sequences. Applications to Syntax. In: *Studies in Second Language Acquisition* 16, 205–230.
Carroll, Mary (1997): Changing place in English and German: language-specific preferences in the conceptualizations of spatial relations. In: Nuyts, J./Pederson, E. (eds.): *Language and conceptualization.* Cambridge: Cambridge University Press, 137–161.
Carroll, Susanne E. (1998): The Language Acquisition Device and Linguistic Competence: What's in, what's not. In: *Linguistics in Potsdam* 4, 38–71.
- /Swain, Michael (1993): Explicit and implicit negative feedback. In: *Studies in Second Language Acquisition* 15, 357–386.
Carstairs-McCarthy, Andrew (1999): *The origins of complex language.* Oxford: Oxford University Press.
- (2000): *The evolution of the language faculty: morphological and nonmorphological evidence.* Plenarvortrag auf der Jahrestagung der DGfS in Marburg, 3. März 2000.
Chomsky, Noam (1965): *Aspects of the Theory of Syntax.* Cambridge, MA: MIT Press.
- (1981): *Lectures on Government and Binding.* Dordrecht: Foris.
- (1986): *Knowledge of Language. Its Nature, Origin and Use.* New York/Westport, CN/London: Praeger.

- (1989): Some Notes on Economy of Derivation and Representation. In: *MIT Working Papers in Linguistics* 10, 43–74.
- (1995): *The Minimalist Program*. Cambridge, MA: MIT Press.
Clahsen, Harald (1982): *Spracherwerb in der Kindheit*. Tübingen: Narr.
- (1984): The acquisition of German word order: a test case for cognitive approaches. In: Anderson, R. (ed.): *Second languages*. Rowley, MA: Newbury House.
- (1986): Verb inflections in German child language: acquisition of agreement markings and the functions they encode. In: *Linguistics* 24, 79–121.
- (1988): Parameterized grammatical theory and language acquisition. A study of the acquisition of verb placement and inflection by children and adults. In: Flynn, Suzanne/O'Neil, Wayne (eds.), 47–75.
- (1990): The comparative study of first and second language development. In: *Studies in Second Language Acquisition* 12, 135–153.
- /Hong, Upjong (1995): Agreement and null subjects in German L2 development: new evidence from reaction-time experiments. In: *Second Language Research* 11, 57–97.
- /Meisel, Jürgen/Pienemann, Manfred (1983): *Deutsch als Zweitsprache. Der Spracherwerb ausländischer Arbeiter*. Tübingen: Narr.
- /Muysken, Pieter (1986): The availability of universal grammar to adult and child learners – a study of the acquisition of German word order. In: *Second Language Research* 2, 93–119.
- / – (1989): The UG paradox in L2 acquisition. In: *Second Language Research* 5, 1–29.
- /Penke, Martina (1992): The Acquisition of Agreement Morphology and its Syntactic Consequences. New Evidende on German Child Language from the Simone-Corpus. In: Meisel, Jürgen (ed.): *The acquisition of verb placement: Functional categories and V2 phenomena in language acquisition*. Kluwer: Dordrecht, 181–223.
- / – /Parodi, Teresa (1993/94): Functional categories in early child German. In: *Language Acquisition* 4, 395–429.
Comrie, Bernard (1987a): *The World's Major Languages*. London/Sydney: Croom Helm.
- (1987b): Russian. In: ders. (1987a), 329–347.
- (1997): On the origin of the Basic Variety. In: *Second Language Research* 14, 367–373.
Cook, Vivian (1990): Timed comprehension of binding in advanced L2 learners of English. In: *Language Learning* 40, 557–599.
- (1993): *Linguistics and Second Language Acquisition*. Chatham: MacMillan.
Cooreman, Ann/Kilborn, Kerry (1991): Functional linguistics: discourse structure and language processing in second language acquisition. In: Huebner, Thom/Fergueson, Charles A. (eds.), 195–224.
Coppieters, R. (1987): Competence differences between native and near-native speakers. In: *Language* 63, 544–573.
Crain, Stephen (1991): Language acquisition in the absence of experience. In: *Behavioral and Brain Sciences* 14, 597–650.
Dalrymple, Mary/Kaplan, Ronald M./Maxwell, John T. III/Zaenen, Annie (1995)(eds.): *Formal Issues in Lexical-Functional Grammar*. Stanford, CA: CSLI Publications.
Deacon, Terrence W. (1997): *The symbolic species: the co-evolution of language and the brain*. New York: Norton.
Deutsch, Werner (ed.)(1981): *The Child's Construction of Language*. London.
de Villiers, Jill/Roeper, Tom/Vainikka, Anne (1990): The acquisition of long distance rules. In: Frazier, Lynn/de Villiers, Jill (eds.): *Language Processing and Language Acquisition*. Dordrecht: Kluwer, 257–297.
DeWaele, Jean-Marc/Véronique, Daniel (1999): *Gender agreement in advanced French interlanguage*. Vortrag bei EUROSLA 9, 10.–12. Juni, Lund.

168

Di Biase, Bruno (1999): *The role of phonology in the acquisition of Italian L2 morphology*. Vortrag bei EUROSLA 9, 10.–12. Juni, Lund.

Diehl, Erika/Christen, Helen/Leuenberger, Sandra/Pelvat, Isabella/Studer, Thérèse (2000): *Grammatikunterricht: Alles für der Katz? Untersuchungen zum Zweitspracherwerb Deutsch*. Tübingen: Niemeyer.

Dienes, Zoltán/Berry, Dianne (1993): Sequence Learning. In: Berry, Dianne/Dienes, Zoltán: *Implicit Learning. Theoretical and Empirical Studies*. Hove/Hillsdale, NJ: Erlbaum, 63–80.

Dietrich, Rainer (1998): *Universalgrammatik und Basic Variety*. Vortrag am ZAS, Humboldt-Universität zu Berlin, 18. März 1998.

– /Noyau, Colette/Klein, Wolfgang (1995): *The Acquisition of Temporality in a Second Language*. Amsterdam/Philadelphia: Benjamins.

Diesing, Molly (1990): Verb Movement and the Subject Position in Yiddish. In: *Natural Language and Linguistic Theory* 8, 41–79.

Dik, Simon C. (1992): Zur Entwicklung einer funktionalen Computergrammatik des Deutschen. In: Hoffmann, Ludger (ed.): *Deutsche Syntax. Ansichten und Aussichten*. Berlin/New York: de Gruyter, 74–93.

Dittmar, Norbert et al. (1988): Die Erlernung modaler Konzepte des Deutschen durch erwachsene polnische Migranten. Eine empirische Längsschnittstudie. *Linguistische Arbeiten und Berichte* 23. Berlin: Freie Universität Berlin.

– /Ahrenholz, Bernt (1995): The Acquisition of Modal Expressions and Related Grammatical Means by an Italian Learner of German in the Course of 3 Years of Longitudinal Observation. In: Ramat, Anna G./Galèas, G. C. (eds.): *From Pragmatics to Syntax. Modality in Second Language Acquisition*. Tübingen: Narr, 197–232.

– /Terborg, Heiner (1991): Modality and second language learning: a challenge for linguistic theory. In: Huebner, Thom/Fergueson, Charles A. (eds.), 347–384.

Drach, Erich ([4]1963): *Grundgedanken der deutschen Satzlehre*. 4., unveränderte Auflage. Darmstadt: Wissenschaftliche Buchgesellschaft. [1. Auflage 1937]

Dulay, Heidi/Burt, Martina (1974): Natural sequences in child second language acquisition. In: k 24, 37–53.

– / – /Krashen, Stephen (1982): *Language Two*. New York.

duPlessis, J./Solin, D./Travis, L./White, L. (1987): UG or not UG, That is the Question: a Reply to Clahsen and Muysken. In: *Second Language Research* 3, 56–75.

Eckman, Fred D. (1996): On evaluating arguments for special nativism in second language acquisition theory. In: *Second Language Research* 12, 398–419.

– /Highland, D./Lee, P. W./Micham, J./Weber, R. R. (eds.)(1995): *Second language theory and pedagogy*. Mahwah, NJ: Erlbaum.

Eisenberg, Peter (1992): Platos Problem und die Lernbarkeit der Syntax. In: Suchsland, Peter (ed.), 371–378.

– (1994): German. In: König, Ekkehard/van der Auwera, Johan (eds.): *The Germanic Languages*. London/New York: Routledge. 349–387.

Ellis, Nick (ed.)(1994): *Implicit and explicit language learning*. London: Academic Press.

Ellis, Rod (1994): *The Study of Second Language Acquisition*. Oxford: Oxford University Press.

Elman, Jeffrey/Bates, E./Johnson, M./Karmiloff-Smith, A./Plunkett, K. (1996): *Rethinking Innateness: A connectionist pespective on development*. Cambridge, MA: MIT Press.

Engelkamp, Johannes/Pechmann, Thomas/Uszkoreit, Hans/Zerbst, Dieter (1994): Word Order in the German Middle Field. Linguistic Theory and Psycholinguistic Evidence. In: *Computational Linguistics at the University of the Saarland*, Report Nr. 43.

Epstein, Samuel/Flynn, Suzanne/Martohardjono, Gita (1998): The Strong Continuity Hypothesis: Some Evidence concerning Functional Categories in Adult L2 Acquisition. In: Flynn, Suzanne/Martohardjono, Gita/O'Neil, Wayne (eds.), 61–78.

Erb, Marie Christine (1995): *Zur Theorie expletiver Verben. Die tun-Periphrase im Deutschen.* Magisterarbeit, Johann Wolfang von Goethe Universität, Frankfurt a. M.

– (1996): *Die tun-Periphrase im Deutschen.* Vortrag auf der GGS-Tagung, ZAS Berlin, 17.–19. Mai 1996.

Erguvanlı, Eser Emine (1984): *The Function of Word Order in Turkish Grammar.* Berkeley/Los Angeles: University of California Press.

Eubank, Lynn (1993): Sentence matching and processing in L2 development. In: *Second Language Research* 9, 253–280.

– (1993/94): On the transfer of parametric values in L2 development. In: *Language Acquisition* 3, 183–208.

Fanselow, Gisbert (1987): *Konfigurationalität. Untersuchungen zur Universalgrammatik am Beispiel des Deutschen.* Tübingen: Narr.

– (1992): Zur biologischen Autonomie der Grammatik. In: Suchsland, Peter (ed.), 335–356.

– (1993): Instead of a Preface: Some Reflections on Parameters. In: ders. (ed.): *The Parametrization of Universal Grammar.* Amsterdam/Philadelphia: Benjamins, VII-XVII.

– /Felix, Sascha W. (1987): *Sprachtheorie. Eine Einführung in die generative Grammatik.* Band 1: *Grundlagen und Zielsetzungen.* Tübingen: Francke.

Farrar, Michael (1992): Negative evidence and grammatical morpheme acquisition. In: *Developmental Psychology* 28, 91–99.

Fathman, A. (1975): The relationship between age and second language productive ability. In: *Language Learning* 25, 245–253.

Felix, Sascha W. (1984): Das Heranreifen der Universalgrammatik im Spracherwerb. *Linguistische Berichte* 94, 1–26.

– (1987): *Cognition and Language Growth.* Dordrecht: Foris.

– (1988): UG-generated knowdedge in adult second language acquisition. In: Flynn, Suzanne/ O'Neil, Wayne (eds.), 277–294.

– (1991): The Accessibility of Universal Grammar in Second Language Acquisition. In: Eubank, Lynn (ed.): *Point Counterpoint. Universal Grammar in the Second Language.* Amsterdam/Philadelphia: Benjamins, 89–104.

– (1992): Biologische Faktoren des Spracherwerbs. In: Suchsland, Peter (ed.), 143–159.

– (1996): Mental biology in second-language acquisition. In: *Linguistics* 34, 1139–1158.

– /Weigl, Wilfried (1991): Universal grammar in the classroom: The effects of formal instruction on second language acquisition. In: *Second Language Research* 7, 162–180.

Flynn, Suzanne (1987): *A parameter-setting model of L2 acquisition: Experimental Studies in Anaphora.* Dordrecht: Reidel.

– (1989): The role of the head-initial/head-final parameter in the acquisition of English relative clauses by adult Spanish and Japanese speakers. In: Gass, Susan M./Schachter, J. (eds.): *Linguistic perspectives on second language acquisition.* Cambridge: Cambridge University Press, 89–108.

– /O'Neil, Wayne (eds.)(1988): *Linguistic theory in second language acquisition.* Dordrecht: Kluwer, 47–75.

– /Martohardjono, Gita/O'Neil, Wayne (eds.)(1998): *The Generative Study of Second Language Acquisition.* Mahwah, NJ: Erlbaum.

Fodor, Jerry A. (1983): *The Modularity of Mind.* Cambridge, MA: MIT Press.

– (1985): Précis of The Modularity of Mind. In: *Behavioral and Brain Sciences* 8, 1–42.

Fodor, Janet D. (1990): Parameters and Parameter-Setting in a Phrase Structure Grammar. In: Frazier, Lynn/de Villiers, Jill (eds.): *Language Processing and Language Acquisition.* Dordrecht: Kluwer, 225–255.

Friederici, Angela D./Wessels, J. M. I. (1993): Phonotactic knowledge of word boundaries and its use in infant speech perception. In: *Perception and Psychophysics* 54, 287–295.

Furrow, David/Nelson, Katherine/Benedict, Helen (1979): Mother's speech to children and syntactic development: some simple relationships. In: *Journal of Child Language* 6, 423–442.

Gass, Susan M. (1988): Second Language Acquisition and Linguistic Theory: The Role of Language Transfer. In: Flynn, Suzanne/O'Neill, Wayne (eds.), 384–403.

– (1989): How do learners resolve linguistic conflicts? In: Gass, Susan M./Schachter, Jacquelyn (eds.): *Linguistic Perspectives on Second Language Acquisition*. Cambridge u.a.: Cambridge University Press, 183–199.

– /Selinker, Larry (eds.) (1992): *Language Transfer in Language Learning*. Amsterdam/Philadelphia: Benjamins.

– /Selinker, Larry (2001): *Second language acquisition: an introductory course*. Mahaw, NJ: Erlbaum.

Gawlitzek-Maiwald, Ira/Tracy, Rosemarie/Fritzenschaft, Agnes (1992): Language acquisition and competing linguistic representations: The child as arbiter. In: Meisel, Jürgen (ed.): *The Acquisition of Verb Placement: Functional Categories and V2 Phenomena in Language Development*. Dordrecht: Kluwer, 139–179.

GDS (1997) = Zifonun, Gisela/Hoffmann, Ludger/Strecker, Bruno et al. (1997): *Grammatik der deutschen Sprache*. 3 Bände. Berlin/New York: de Gruyter.

Givón, Talmy (1979): *On Understanding Grammar*. New York: Academic Press.

– (1984): Universals of Discourse Structure and Second Language Acquisition. In: Rutherford, W. E. (ed.): *Language Universals and Second Language Acquisition*. Amsterdam: Benjamins.

Greenfield, Patricia M. (1991): Language, tools and brain: The ontogeny and phylogeny of hierarchically organized sequential behavior. In: *Behavioral and Brain Sciences* 14, 531–595.

Gregg, Kevin (1996): The logical and the developmental problems of second language acquisition. In: Ritche, William C. (ed.): *Handbook of second language acquisition*. San Diego: Academic Press, 49–81.

– (1999): Review of M. Pienemann: Language Processing and Second Language Development: Processing (sic!) Theory. In: *The Clarion* 5, 10–17.

Grewendorf, Günter (1988): *Aspekte der deutschen Syntax*. Tübingen: Narr.

– (1992): Parameterisierung der Syntax. In: Hoffmann, Ludger (ed.): *Deutsche Syntax. Ansichten und Aussichten*. Berlin/New York: de Gruyter, 11–73.

– /Hamm, Fritz/Sternefeld, Wolfgang (1993): *Sprachliches Wissen*. Frankfurt: Suhrkamp.

Haberzettl, Stefanie (1998): FHG in der Lernersprache, oder: Gibt es ein diskursfunktionales Strukturierungsprinzip im L2-Syntaxerwerb? In: Wegener, Heide (ed.): *Eine zweite Sprache lernen*. Tübingen: Narr, 117–141.

– (1999): Katze Maus essen vs. Katze essen Maus. In: Spillmann, Otto/Warnke, Ingo (eds.): *Internationale Tendenzen in der Syntaktik, Semantik und Pragmatik*. Akten des 32. Linguistischen Kolloquiums. Frankfurt a.M.: Lang, 157–166.

– (2003): 'Tinkering' with chunks: Form-oriented strategies and idiosyncratic utterance patterns without functional implications in the IL of Turkish speaking children learning German. In: Dimroth, Christine/Starren, Marianne (eds.): *Information structure, linguistic structure and the dynamics of language acquisition*. Amsterdam/Philadelphia: Benjamins.

Haftka, Brigitta (1996): Deutsch ist eine V/2-Sprache mit Verbendstellung und freier Wortfolge. In: Lang, Ewald/Zifonun, Gisela (eds.), 121–141.

Haider, Hubert (1991): Die menschliche Sprachfähigkeit – exaptiv und kognitiv opak. In: *Kognitionswissenschaft* 2, 1–29.

– (1993a): Parametrization without Parameter Fixing. In: Fanselow, Gisbert (ed.): *The Parametrization of Universal Grammar*. Amsterdam/Philadelphia: Benjamins, 1–16.

– (1993b): Deutsche Syntax – generativ. Vorstudien zur Theorie einer projektiven Grammatik. Tübingen: Narr.

Hakuta, K. (1976): A case study of a Japanese child learning English as a second language. In: *Language Learning* 26, 321–351.

Harrington, M. (1987): Proceeding Transfer: Language Specific Processing Strategies as a Source of Interlanguage Variation. In: *Applied Psycholinguistics* 8, 351–377.

Haverkort, Marco (1993): Universalgrammatik, Parameter und Agrammatismus. In: *Linguistische Berichte* 143, 60–80.

Hawkins, John (1986): *A Comparative Typology of English and German: Unifying the Contrasts.* London: Croom Helm.

– (1987): German. In: Comrie, Bernard (ed.), 110–138.

Henke, Silke (1993): *Formen der Satzakzentuierung und ihr Beitrag zur Satzbedeutung in deutschen Aussagesätzen.* Trier: Wissenschaftlicher Verlag Trier.

Hirsh-Pasek, Kathy/Golinkoff, Roberta (1996): *The origins of grammar: Evidence from comprehension.* Cambridge, MA: MIT Press.

– /Tucker, M./Golinkoff, R. (1996): Dynamical systems theory: Reinterpreting "prosodic bootstrapping" and its role in language acquisition. In: Morgan, J./Demuth, K. (eds.): *Signal to syntax: Bootstrapping from speech to grammar in early acquisition.* Hillsdale, NJ: Erlbaum.

Hoberg, Ursula (1981): *Die Wortstellung in der geschriebenen deutschen Gegenwartssprache.* München: Hueber.

Höhle, Barbara/Weissenborn, Jürgen (1998): Sensitivity to Closed-Class Elements in Preverbal Children. In: Greenhill, A./Hughes, M./Littlefield, H./Walsh, H. (eds.): *Proceedings of the 22nd Annual Bosten University Conference on Language Development.* Somerville, MA: Cascadilla Press.

– / – (1999): Discovering Grammar: Prosodic and Morpho-Syntactic Aspects of Rule Formation in First Language Acquisition. In: Friederici, Angela D./Menzel, R. (eds.): *Learning: Rule Extraction and Representation.* Berlin: de Gruyter, 37–69.

– / – (2000): The Origins of Syntactic Knowledge: Recognition of determiners in one year old German children. In: Howell, Catherine/Fish, Sarah A./Keith-Lucas, Thea (eds.): *Proceedings of 24th Annual Boston University Conference on Language Development.* Somerville, MA: Cascadilla Press.

– / – (2003): German-learning infants' ability to detect unstressed closed-class elements in continuous speech. In: *Developmental Science* 6, 122–127

– / – /Schmitz, Michaela/Ischebeck, A. (1999): *Discovering Word-Order Regularities: The Role of Prosodic Information for Early Parameter Setting.* Ms.

Höhle, Tilman N. (1982): Explikation für ,normale Betonung' und ,normale Wortstellung'. In: Abraham, Werner (ed.): *Satzglieder im Deutschen. Vorschläge zur syntaktischen, semantischen und pragmatischen Fundierung.* Tübingen: Narr, 75–165.

– (1986): Der Begriff „Mittelfeld". Anmerkungen über die Theorie der topologischen Felder. In: Schöne, Albrecht (ed.): *Kontroversen, alte und neue. Akten des VII. Internationalen Germanisten-Kongresses Göttingen 1985. Band 3. Textlinguistik contra Stilistik? – Wortschatz und Wörterbuch – Grammatische oder pragmatische Organisation von Rede?* Tübingen: Niemeyer, 329–340.

– (1988): VERUM-Fokus. In: *Sprache und Pragmatik* 5, 1–7.

– (1991): On Reconstruction and Coordination. In: Haider, Hubert/Netter Klaus (eds.): *Derivation and Representation in Grammar.* Dordrecht: Kluwer.

Hong, Upjong (1995): *Null-Subjekte im Erst- und Zweitspracherwerb des Deutschen. Eine vergleichende Untersuchung im Rahmen des Prinzipien- und Parametermodells.* Tübingen: Narr.

Huebner, Thom (1989): Establishing point of view: the development of coding mechanisms in a second language for the expression of cognitive and perceptual organization. In: *Linguistics* 27, 111–143.

Huebner, Thom/Fergueson, Charles A. (eds.)(1991): *Crosscurrents in Second Language Acquisition Theories.* Amsterdam/Philadelphia: Benjamins.

Hulstijn, Jan (1990): A comparison between information processing and the analysis/control approaches to language learning. In: *Applied Linguistics* 11, 30–45.

Hyams, Nina (1983): *Acquisition of parameterized grammar*. Ph.D. dissertation, CUNY.

– (1986): *Language acquisition and the theory of parameters*. Dordrecht: Reidel.

– (1992): The genesis of clausal structure. In: Meisel, Jürgen (ed.): *The acquisition of verb placement. Functional categories and V2 phenomena in language acquisition*. Dordrecht: Kluwer, 371–400.

Ingram, David/Thomson, William (1996): Early syntactic acquisition in German: Evidence for the modal hypothesis. In: *Language* 72, 97–120.

Ioup, G./Boustagui, E./El Tigi, M./Moselle, M. (1994): Reexamining the critical period hypothesis: a case study of successful adult SLA in a naturalistic environment. In: *Studies in Second Language Acquisition* 16, 73–98.

Jacobs, Joachim (1982): Neutraler und nicht-neutraler Satzakzent im Deutschen. In: Vennemann, Theo (ed.): *Silben, Segmente, Akzente*. Tübingen: Niemeyer, 141–169.

– (1992): Neutral Stress and the Position of Heads. In: Jacobs, Joachim (ed.): *Informationsstruktur und Grammatik*. Opladen: Westdeutscher Verlag, 220–244.

Jin, Friederike (1990): *Intonation in Gesprächen*. Tübingen: Niemeyer.

Johnson, Jacqueline S./Newport, Elissa (1989): Critical period effects in second language learning: the influence of maturational state on the acquisition of English as a second language. In: *Cognitive Psychology* 21, 60–99.

– / – (1991): Critical period effects on universal properties of language: the status of subjacency in the acquisition of a second language. In: *Cognition* 39, 215–258.

Jordens, Peter (1988): The acquisition of word order in L2 Dutch and German. In: Jordens, Peter/Lalleman, Josine: *Language Development*. Dordrecht: Foris, 149–180.

– (1997): Introducing the Basic Variety. In: *Second Language Research* 13, 289–300.

Jusczyk, Peter W./Luce, P.A./Charles-Luce, J. (1994): Infants' sensitivity to phonotactic patterns in the native language. In: *Journal of Memory and Language* 33, 630–645.

Kaltenbacher, Erika (1990): *Strategien beim frühkindlichen Syntaxerwerb*. Tübingen: Narr.

– (1995): Syntaktische Aspekte der Wortstellung im Sprachvergleich. In: Handwerker, Brigitte (ed.): *Fremde Sprache Deutsch*. Tübingen: Narr, 177–202.

Kaplan, Ronald M./Bresnan, Joan (1982): Lexical-Functional Grammar: a formal system for grammatical representation. In: Dalrymple et al. (eds.)(1995), 29–130.

Kawaguchi, Satomi (1999): *Acquisition of the Japanese verbal morpheme – applying Processability Theory to Japanese*. Vortrag bei EUROSLA 9, 10.–12. Juni, Lund.

Kayne, Richard S. (1994): *The Antisymmetry of Syntax*. Cambridge, MA/London: MIT Press.

Keller, Jörg/Leuninger, Helen (1993): *Grammatische Strukturen – kognitive Prozesse. Ein Arbeitsbuch*. Tübingen: Narr.

Kempen, Gerard/Hoenkamp, E. (1987): An incremental procedural grammar for sentence formulation. In: *Cognitive Science* 11, 201–258.

Kilborn, Kerry/Cooreman, Ann (1987): Sentence Interpretation Strategies in Adult Dutch-English Bilinguals. In: *Applied Psycholinguistics* 8, 415–431.

– /Ito (1989): Sentence Processing Strategies in Adult Bilinguals: Mechanisms of Second Language Acquisition. In: MacWhinney, Brian/Bates; Elisabeth (eds.): *Cross Linguistic Studies of Sentence Processing*. New York: Cambridge University Press.

Kintsch, Walter (1974): *The representation of meaning in memory*. Hillsdale: Erlbaum.

Kiparsky, Paul (1966): Über den deutschen Akzent. In: *Untersuchungen über Akzent und Intonation im Deutschen*. Berlin: Akademie Verlag.

Klann-Delius, Gisela (1997): Sprache, Sprechen und Subjektivität in der Ontogenese. *Zeitschrift für Literaturwissenschaft und Linguistik* 101, 114–140.

Klein, Ulrich F.G. (1992): *Fokus und Akzent. Bemerkungen zum Verhältnis von inhaltlicher und grammatischer Hervorhebung.* Hürth-Efferen: Gabel.

Klein, Wolfgang (1984): *Zweitspracherwerb. Eine Einführung.* Königstein/Ts.: Athenäum.

- (1991a): Seven Trivia of Language Acquisition. In: Eubank, Lynn (ed.): *Point Counterpoint. Universal Grammar in the Second Language.* Amsterdam/Philadelphia: Benjamins, 49–69.

- (1991b): SLA theory: prolegomena to a theory of language acquisition and implications for theoretical linguistics. In: Huebner, Thom/Fergueson, Charles A. (eds.), 169–194.

- (1999a): Assertion and Finiteness. In: Dittmar, Nobert/Penner, Zvi (eds.): *Issues in the Theory of Language Acquisition. Essays in Honor of Jürgen Weissenborn.* Bern: Lang, 225–245.

- /Dimroth, Christine (1995): Fokuspartikeln in Lernervarietäten. In: *Zeitschrift für Literaturwissenschaft und Linguistik* 104, 73–114.

- /Perdue, Clive (1992): *Utterance Structure.* Amsterdam/Philadelphia: Benjamins.

- / – (1995): *The basic variety.* Ms., MPI Nijmegen.

- /– (1997): The basic variety. (or: Couldn't natural language be much simpler? In: *Second Language Research* 13, 301–347.

Köhler, Katharina (1998): *Finitheit und Verbposition. Eine Fallstudie zum Erstspracherwerb des Deutschen.* Unveröffentliche Magisterarbeit, Universität Wien.

- (1999): *Topicalization in Root Infinitives.* Vortrag auf der GALA 99, Potsdam, 12. September 1999.

- /Bruyère, Sabine (1996): Finiteness and Verb Placement in the L1 Acquisition of German. *Wiener linguistische Gazette* 53–54, 63–86.

Koopman, Hilda/Sportiche, Dominique (1991): The Position of Subjects. In: *Lingua* 85, 211–258.

Kornfilt, Jaklin (1987): Turkish and the Turkic Languages. In: Comrie, Bernard (1987a), 619–644.

Krashen, Steven (1973): Lateralization, language learning, and the critical period: Some new evidence. In: *Language Learning* 23, 63–74.

- /Scarcella, R. (1978): On routines and patterns in second language acquisition and performance. In: *Language Learning* 28, 283–300.

Kratzer, Angelika (1984): *On Deriving Syntactic Differences between German and English.* Ms. Technische Universität Berlin.

Lado, Robert (1957): *Linguistics Across Cultures.* Ann Arbor.

Lakshmanan, Usha (1994): *Universal Grammar in Child Second Language Acquisition.* Amsterdam/Philadelphia: Benjamims.

- (1995): Child Second Language Acquisition of Syntax. In: *Studies in Second Language Acquisition* 17, 301–329.

- (1998): Functional Categories and Related Mechanisms in Child Second Language Acquisition. In: Flynn, Suzanne/Martohardjono, Gita/O'Neil, Wayne (eds.), 3–16.

- /Selinker, Larry (1994): The status of CP and the tensed complementizer *that* in the developing L2 grammars of English. In: *Second Language Research* 10, 28–45.

Lamendella, J. (1977): General principles of neuro-functional organization and their manifestation in primary and non-primary language acquisition. In: *Language Learning* 27, 155–196.

Lang, Ewald/Zifonun, Gisela (eds.)(1996): *Deutsch-typologisch.* Berlin/New York: de Gruyter.

Lenneberg, Eric H. (1967): *Biological foundations of language.* New York: Wiley.

Levelt, Willem J. M. (1989): *Speaking. From intention to articulation.* Cambridge, MA: MIT Press.

Levinson, Stephen C. (1996): Introduction to Part II: Universals and variation in language and culture & relativity in spatial conception and description. In: Gumperz, John J./Levinson, Stephen C. (eds.): *Rethinking Linguistic Relativity.* Cambridge: Cambridge University Press, 133–144, 177–202.

Lewis, G. L. (1967): *Turkish Grammar.* Oxford: Oxford University Press.

Li, Xiaoli (1998): Adult L2 Accessibility to UG: An Issue Revisited. In: Flynn, Suzanne/Martohardjono, Gita/O'Neil, Wayne (eds.), 89–110.

Liceras, Juana M. (1988): L2 learnability: delimiting the domain of core grammar as distinct from the marked periphery. In: Flynn, Suzanne/O'Neil, Wayne (eds.), 199–224.
- (1989): On some properties of the "pro-drop" parameter: looking for missing subjects in non-native Spanish. In: Gass, Susan M./Schachter, J. (eds.): *Linguistic perspectives on second language acquisition*. Cambridge: Cambridge University Press, 109–133.
Lieberman, Philip (1992): On the evolutionary biology of speech and syntax. In: Wind, Jan et al. (eds.), 409–429.
Lightfoot, David (1991): *How to Set Parameters. Arguments from Language Change*. Cambridge, MA: MIT Press.
Lötscher, Andreas (1983): *Satzakzent und funktionale Satzperspektive im Deutschen*. Tübingen: Niemeyer.
Long, Michael (1988): Second language acquisition as a function of age: research findings and methodological issues. In: Hyltenstam, Ken/Viberg, Åke (eds.): *Progression and Regression in Language*. Cambridge: Cambridge University Press, 196–221.
- (1990): Maturational constraints on language development. In: *Studies in Second Language Acquisition* 12, 251–285.
Lust, Barbara (1994): Functional projection of CP and phrase structure parametrization: An argument for the strong continuity hypothesis. In: Lust, Barbara/Suñer, Margarita/Whitman, John (eds.), 85–118.
- /Suñer, Margarita/Whitman, John (eds.)(1994): *Syntactic theory and first language acquisition: cross-linguistic perspectives*. Vol. 1: *Heads, projections and learnability*. Hillsdale, NJ: Erlbaum.
MacWhinney, Brian (1987): Applying the Competition Model to bilingualism. In: *Applied Psycholinguistics* 8, 315–128.
Mansouri, Fethi (1999): *A Processability approach to the acquisition of agreement morphology in Arabic SLA*. Vortrag bei EUROSLA 9, 10.–12. Juni, Lund.
Marcus, Gary (1993): Negative evidence in language acquisition. In: *Cognition* 46, 53–85.
Markowitsch, Hans J. (2000): Strukturelle und funktionelle Neuroanatomie. In: Sturm, Walter/Herrmann, Manfred/Wallesch, Claus-W. (eds.): *Lehrbuch der Klinischen Neuropsychologie*. Lisse, NL: Swets & Zeilinger Publishers, 25–50.
McLaughlin, Brian (1987): *Theories of second language learning*. London: Arnold.
- /Rossman, T./McLeod, B. (1983): Second language learning: an information-processing perspective. In: *Language Learning* 33, 135–157.
Meisel, Jürgen (1991): Principles of Universal Grammar and strategies of language use: On some similarities and differences between first and second language acquisition. In: Eubank, Lynn (ed.): *Point Counterpoint. Universal Grammar in the Second Language*. Amsterdam/Philadelphia: Benjamins, 231–276.
- (1992): Introduction: Functional categories and verb placement in language development. In: ders. (ed.), 1–21.
- (1995): Parameters in Acquisition. In: Fletcher, P./MacWhinney, B. (eds.): *The Handbook of Child Language*. Cambridge: Blackwell, 10–35.
- (1997a): The acquisition of the syntax of negation in French and German: contrasting first and second language development. In: *Second Language Research* 13, 227–263.
- (1997b): The L2 Basic Variety as an I-language. In: *Second Language Research* 13, 374–385.
- (ed.)(1992): *The acquisition of verb placement: Functional categories and V2 phenomena in language acquisition*. Kluwer: Dordrecht.
- /Müller, Natascha (1992): Finiteness and Verb Placement in Early Child Grammar: Evidence from Simultanesous Acquisition of French and German in Bilinguals. In: Meisel, Jürgen (ed.), 109–138.
Mills, Ann (1985): The Acquisition of German. In: Slobin, Dan I. (ed.), 141–254.
Möbius, Bernd (1993): *Ein quantitatives Modell der deutschen Intonation*. Tübingen: Niemeyer.
Moerk, Ernst L. (1991): Positive evidence for negative evidence. In: *FirstLanguage* 11, 219–251.

Müller, Gereon/Sternefeld, Wolfgang (1993): Improper Movement and Unambigious Binding. In: *Linguistic Inquiry* 24, 461–507.

Müller, Natascha (1994): Parameters cannot be reset: Evidence from the development of COMP. In: Meisel, Jürgen (ed.): *Bilingual First Language Acquisition. French and German Grammatical Development.* Amsterdam/Philadelphia, 53–88.

– (1998): Die Abfolge OV/VO und Nebensätze im Zweit- und Erstspracherwerb. In: Wegener, Heide (ed.): *Eine zweite Sprache lernen.* Tübingen: Narr, 89–116.

Murdock, Bennet B. Jr. (1962): The serial position effect in free recall. In: *Journal of Experimental Psychology* 62, 618–625.

Neidle, Carol (1996): Lexical Functional Grammar. In: Brown, Keith/Miller, Jim (eds.), 223–231.

Neumann, Gabriele (1996): *Formulaic structures in speech production. A comparison of mother tongue and second language.* Diss. Universität Marburg. Edition Wissenschaft: Reihe Anglistik 14.

Newport, Elissa (1991): Contrasting conceptions of the critical period for language. In: Carey, S. /Gelman, R. (eds.): *Epigenesis of the mind: Essays in biology and cognition.* Hillsdale, NJ: Erlbaum, 111–130.

Nishimura, Yoshiki (1993): Agentivity in cognitive grammar. In: Geiger, Richard A./Rudzka-Ostyn, Brygida (eds.): *Conceptualizations and Mental Processing in Language,* Berlin/New York: de Gruyter, 487–530.

Nöth, Elmar (1991): *Prosodische Information in der automatischen Spracherkennung.* Tübingen: Niemeyer.

Obler, Loraine K./Hannigan, Sharon (1996): Neurolinguistics of second language acquisition and use. In: Ritchie, William C./Bhatia, Tej K. (eds.), 509–523.

Odlin, Terence (1989) *Language Transfer.* Cambridge: Cambridge University Press.

O'Grady, William (1996): Language Acquisition without Universal Grammar: a general nativist proposal for L2 learning. In: *Second Language Research* 12, 374–397.

– (1997): *Syntactic Development.* Chicago: University of Chicago Press.

– (1999): Toward a New Nativism. In: *Studies in Second Language Acquisition* 21, 621–633.

Ouhalla, Jamal (1993): Functional Categories, Agrammatism and Language Acquisition. In: *Linguistische Berichte* 143, 3–36.

– (^{2}1999): *Introducing Transformational Grammar. From Principles and Parameters to Minimalism.* London: Arnold.

Parodi, Teresa (1998): *Der Erwerb funktionaler Kategorien im Deutschen. Eine Untersuchung zum bilingualen Erstspracherwerb und zum Zweitspracherwerb.* Tübingen: Narr.

Penfield, Wilder/Roberts, Lamar (1959): *Speech and brain-mechanisms.* Princeton, NJ: Princeton University Press.

Penner, Zvi (1993): W-Morphology in the COMP System of Bernese Swiss German and the Licensing of Empty Operators in the Prefield Position. In: Abraham, Werner/Bayer, Josef (eds.): *Dialektsyntax.* Opladen: Westdeutscher Verlag, 201–212.

Perdue, Clive (1990): Complexification of the simple clause in the narrative discourse of adult language learners. In: *Linguistics* 28, 983–1009.

– (1991): Cross-linguistic comparisons: organizational principles in learner languages. In: Huebner, Thom/Fergueson, Charles A. (eds.), 405–422.

– (1993): *Adult language acquisition: Cross-linguistic perspectives.* Vol I: *Field Methods.* Vol II: *The Results.* Cambridge: Cambridge University Press.

– (1996): Pre-basic varieties: the first stages of second language acquisition. In: Kellermann, E./Weltens, B./Bongaerts, Theo (eds.): *Eurosla 6: a selection of papers.* Amsterdam: VU Uitgeverij, 135–149.

Peters, Ann M. (1985): Language Segmentation: Operating Principles for the Perception and Analysis of Language. In: Slobin, Dan I. (ed.): *The Crosslinguistic Study of Language Acquisition*. Vol. 2: *Theoretical Issues*. Hillsdale, NJ: Erlbaum, 1029–1067.

Pfaff, Carol W. (1987): Functional Approaches to Interlanguage. In: dies. (ed.): *First and second language acquisition processes*. Cambridge, MA: Newbury House, 81–102.

Pienemann, Manfred (1984): Psychological constraints on the teachability of language. In: *Studies in Second Language Acquisition* 6, 186–214.

– (1989): Is language teachable? Psycholinguistic experiments and hypothesis. In: *Applied Linguistics* 1, 52–79.

– (1997): *A unified framework for the study of dynamics in language development – applied to L1, L2, 2L1 and SLI*. Ms., Australian National University.

– (1998a): Developmental dynamics in L1 and L2 acquisition: Processability Theory and generative entrenchment. In: *Bilingualism: Language and Cognition* 1, 1–20.

– (1998b): *Language Processing and Second Language Development: Processability Theory*. Amsterdam/Philadelphia: Benjamins.

– (1999): Response to Gregg. In: *The Clarion* 5 (1), 18–23.

– (2003): Language processing capacity. In: Doughty, D. J./Long, M. H. (eds.): *The Handbook of Second Language Acquisition*. Oxford: Blackwell, 679–714.

– /Johnston, M. (1996): A brief history of processing approaches to SLA: reply to Mellow. In: *Second Language Research* 12, 319–334.

– /Håkansson, G. (1999): A unified approach toward the development of Swedish as L2. In: *Studies in Second Language Acquisition* 21, 283–420.

Pinker, Steven (1984): *Language Learnability and Language Development*. Cambridge, MA: Harvard University Press.

– /Bloom, P. (1990): Natural language and natural selection. In: *Behavioral and Brain Sciences* 13, 707–784.

Platzack, Christer (1994): The initial hypothesis of syntax: a minimalist perspective on language acquisition and attrition. In: *Working Papers in Scandinavian Syntax* 43, 51–76. Auch erschienen in: Clahsen, Harald (ed.)(1996): *Generative Perspectives on Language Acquisition*. Amsterdam/Philadelphia: Benjamins, 369–414.

– (1996): Germanic Verb Second Languages. In: Lang, Ewald/Zifonun, Gisela (eds.), 92–120.

Poeppel, D./Wexler, Kenneth (1993): The Full Competence Hypothesis of clause structure in early German. In: *Language* 6, 1–33.

Pollock, Jean-Yves (1989): Verb Movement, Universal Grammar, and the Structure of IP. In: *Linguistic Inquiry* 20, 365–424.

Powers, S. (2001): A Minimalist Account of Phrase Structure Acquisition. In: Alexandrova, G./Arnaudova, O. (eds.): *The Minimalist Parameter: Selected Papers from the Open Linguistics Forum, Ottawa, 21–23 March 1997*. Amsterdam/Philadelphia: Benjamins.

Queller, K. (2000): *Conceptualizing to formula: How limited-scope formulae influence what a child chooses to say (and think)*. Vortrag auf der DGfS-Tagung, Marburg, 1. März 2000.

Radford, Andrew (1990): *Syntactic Theory and the Acquisition of English Syntax: The Nature of Early Grammars in English*. Oxford: Blackwell.

Rescorla, L./Okuda, S. (1987): Modular patterns in second language acquisition. In: *Applied Psycholinguistics* 8, 281–308.

Richards, Brian (1994): Child-directed speech and influences on language acquisition: methodology and interpretations. In: Gallaway, C./Richards, Brian J. (eds.): *Input and Interaction in Language Acquisition*. Cambridge: Cambridge University Press, 74–106.

Ritchie, William C./Bhatia, Tej K. (1996)(eds.): *Handbook of Second Language Acquisition*. San Diego u.a.: Academic Press.

Roeper, Thomas (1992): From the initial state to V2: acquisition principles in action. In: Meisel, Jürgen (ed.): *The acquisition of verb placement: Functional categories and V2 phenomena in language acquisition.* Kluwer: Dordrecht, 333–370.

– (1996): The Role of Merger Theory and Formal Features in Acquisition. In: Clahsen, Harald (ed.): *Generative Perspectives on Language Acquisition.* Amsterdam/Philadelphia: Benjamins, 415–449.

– /Weissenborn, Jürgen (1990): How to Make Parameters Work: Comments on Valian. In: Frazier, Lynn/de Villiers, Jill: *Language Processing and Language Acquisition.* Dordrecht: Kluver, 147–162.

Rogers, Margaret (1995): Interpreting interlanguage data: the example of German word order. In: *Linguistische Berichte* 157, 186–215.

Rothweiler, Monika (1993): *Der Erwerb von Nebensätzen im Deutschen.* Tübingen: Niemeyer.

Sadler, Louisa (1996): New Developments in Lexical Functional Grammar. In: Brown, Keith/Miller, Jim (eds.), 259–265.

Santelmann, L./Jusczyk, P.W. (1997): What Discontinuous Dependencies Reveal about the Size of the Learner's Processing Window. In: Hughes, E., Hughes, M. & Greenhill, A. (eds). *Proceedings of the 21st Annual Boston University Conference on Language Development.* Somerville, MA.: Cascadilla Press, 506–514.

– / – (1998): 18-Month-Olds' Sensitivity to Relationships between Morphemes. In A. Greenhill, M. Hughes, H. Littlefield, & H. Walsh (eds.): *Proceedings of the 22nd Annual Boston University Conference on Language Development.* Vol. 2. Somerville, MA: Cascadilla Press, 663–674.

Sauter, Kim (2002). *Transfer and access to universal grammar in adult second language acquisition.* Proefschrift, Rijksuniversiteit Groningen.

Savage-Rumbaugh, Sue E. (1986): *Ape language: from conditioned response to symbol.* New York: Columbia University Press.

Schachter, Jacquelyn (1988a): *On the issue of completeness in second language acquisition.* Paper presented at th Boston University Conference on Language Development, Boston, October 1988.

– (1988b): Second language acquisition and its relationship to Universal Grammar. In: *Applied Linguistics* 9, 219–235.

– (1989): Testing a proposed universal. In: Gass, Susan M./Schachter, J. (eds.): *Linguistic perspectives on second language acquisition.* Cambridge: Cambridge University Press, 73–88.

– (1992): A New Account of Language Transfer. In: Gass, Susan M./Selinker, Larry (eds.): *Language Transfer in Language Learning.* Amsterdam/Philadelphia, 32–46.

– (1996): Maturation and the issue of Universal Grammar in L2 acquisition. In: Ritchie, William C./Bhatia, Tej K. (eds.), 159–193.

van Schaaik, Gerjan (1996): *Studies in Turkish Grammar.* Wiesbaden: Harrasowitz.

Schaner-Wolles, Chris (1996): The Acquisition of Negation in a Verb Second Language. From „Anything Goes" to „Rien ne va plus". *Wiener linguistische Gazette* 53–54, 87–119.

Schlesinger, Izchak M. (1981): Semantic assimilation in the development of relational categories. In: Deutsch, Werner (ed.), 223–243.

Schlobinski, Peter (1997): Zur Analyse syntaktischer Strukturen in der gesprochenen Sprache. In: ders. (ed.): *Syntax des gesprochenen Deutsch.* Opladen: Westdeutscher Verlag, 9–26.

Schmidt, Claudia M. (1995): *Satzstruktur und Verbbewegung. Eine minimalistische Analyse zur internen Syntax der IP (INFLection-Phrase) im Deutschen.* Tübingen: Niemeyer.

Schmidt, R. (1992): Psychological mechanisms underlying second language fluency. In: *Studies in Second Language Acquisition* 14, 357–385.

Schmitz, Michaela (2000): *Worterkennung im frühkindlichen Spracherwerb.* Ms. zum Vortrag am 27. Januar 2000 an der Universität Potsdam.

Schnelle, Helmut (1996): *Die Natur der Sprache: die Dynamik der Prozesse des Sprechens und Verstehens.* Berlin u.a.: de Gruyter.

Schwartz, Bonnie D. (1987): *The modular basis of second language acquisition*. Unpublished doctoral dissertation, USC, Los Angeles.

– (1993): On Explicit and Negative Data Effecting and Affecting Competence and Linguistic Behavior. In: *Studies in Second Language Acquisition* 15, 147–163.

– (1997): On the basis of the Basic Variety. In: *Second Language Research* 13, 386–402.

– (1998): On Two Hypothesis for 'Transfer' in L2A: Minimal Trees and Absolute L1 Influence. In: Flynn, Suzanne/Martohardjono, Gita/O'Neil, Wayne (eds.), 35–60.

– (1999): Let's Make Up Your Mind. "Special Nativist" Perspectives on Language, Modularity of Mind, and Nonnative Language Acquisition. In: *Studies in Second Language Acquisition* 21, 635–655.

– /Sprouse, Rex A. (1994): Word Order and Nominative Case in Non-Native Language Acquisition. In: Hoekstra, Teun/Schwartz, Bonnie D. (eds.): *Language Acquisition Studies in Generative Grammar*. Amsterdam/Philadelphia: Benjamins, 317–368.

– / – (1996): L2 cognitive states and the Full Transfer/Full Acces model. In: *Second Language Research* 12, 40–72.

– /Vikner, Sten (1996): The Verb Always Leaves IP in V2 Clauses. In: Belletti, A./Rizzi, Luigi (eds.): *Parameters and Functional Heads: Essays in Comparative Syntax*. Oxford: Oxford University Press, 11–62.

Segal, Gabriel (1996): The Modularity of Theory of Mind. In: Carruthers, Peter/Smith, P. (eds.): *Theories of Theories of Mind*. New York: Cambridge University Press, 141–157.

Seliger, Herbert W. (1978): Implications of a multiple critical period hypothesis for second language learning. In: Ritchie, William (ed.): *Second language acquisition research*. New York: Academic Press, 11–19.

Selinker, Larry (1972): Interlanguage. In: *International Review of Applied Linguistics* 10, 209–231.

Sells, Peter (1985): *Lectures on contemporary syntactic theories*. Stanford: CSLI.

Siewierska, Anna/Ludmila Uhlířová (1998): An overview of word order in Slavic languages. In: Siewierska, Anna (ed.): *Constituent Order in the Languages of Europe*. Berlin/New York: de Gruyter, 105–149.

Slavoff, Georgina R./Johnson, Jacqueline S. (1995): The effects of age on the rate of learning a second language. In: *Studies in Second Language Acquisition* 17, 1–16.

Slobin, Dan I. (1973): Cognitive Prerequisites for the Development of Grammar. In: Fergueson, Charles A./Slobin, Dan I. (eds.): *Studies of Child Language Development*. New York: Holt, Rinehart & Winston, 175–211.

– (1977): Language Change in Childhood and History. In: Macnamara, J. T. (ed.): *Language Learning and Thought*. New York: Academic Press, 185–214.

– (1981): The Origin of Grammatical Encoding of Events. In: Deutsch, Werner (ed.), 185–199.

– (1985a): Introduction: Why Study Acquisition Crosslinguistically? In: ders. (ed.)(1985a), 3–24.

– (1985b): Crosslinguistic Evidence for the Language-Making Capacity. In: ders. (ed.)(1985b), 1157–1249.

– (1987): Thinking for speaking. In: *Proceedings of the annual meeting of the Berkeley Linguistics Society* 5. Berkeley, CA, 435–445.

– (1997): The Origins of Grammaticizable Notions: Beyond the Individual Mind. In: ders. (ed.): *The Crosslinguistic Study of Language Acquisition*. Vol. 5: *Expanding the Contexts*. Mahaw, NJ: Erlbaum, 267–323.

– (ed.)(1985a): *The Crosslinguistic Study of Language Acquisition*. Vol 1: *The Data*. Hillsdale, NJ: Erlbaum.

– (ed.)(1985b): *The Crosslinguistic Study of Language Acquisition*. Vol 2: *Theoretical Issues*. Hillsdale, NJ: Erlbaum.

Smith, Michael B. (1993): Cases as conceptual categories: Evidence from German. In: Geiger, Richard A./Rudzka-Ostyn, Brygida (eds.): *Conceptualizations and Mental Processing in Language*, Berlin/New York: de Gruyter, 531–565.

Snow, Catherine (1986): Conversation with children. In: Fletcher, Paul/Garman, M. (ed.): *Language Acquisition*. Cambridge: Cambridge University Press, 69–89.

– /Fergueson, Charles A. (eds.)(1977): *Talking to children: language input and acquisition*. Cambridge: Cambridge University Press.

– /Hoefnagel-Hohle, M. (1978): The critical period for language acquisition: Evidence from second language learing. In: *Child Development* 49, 1114–1128.

Sokolow, Jeffrey L./Snow, Catherine E. (1994): The changing role of negative evidence in theories of language development. In: Gallaway, Clare/Richards, Brian J. (eds.): *Input and Interaction in Language Acquisition*. Cambridge: Cambridge University Press, 38–44.

Spieckermann, Helmuth (1997): ‚Syntaxfehler‘ von Chinesen in der gesprochenen Fremdsprache Deutsch. In: Schlobinski, Peter (ed.): *Syntax des gesprochenen Deutsch*. Opladen: Westdeutscher Verlag, 263–280.

Sridhar, S. N. (1988): *Cognition and sentence production*. New York: Springer.

von Stechow, Armin/Sternefeld Wolfgang (1988): *Bausteine syntaktischen Wissens*. Opladen: Westdeutscher Verlag.

Stern, Daniel (⁶1998): *Die Lebenserfahrung des Säuglings*. Stuttgart: Klett-Cotta.

Stowe, Laurie (1989): Thematic Structures and Sentence Comprehension. In: Carlson, Greg N./Tanenhaus, Michael K. (eds.): *Linguistic structure in language processing*. Dordrecht: Kluwer, 319–359.

von Stutterheim, Christiane (1986): *Temporalität in der Zweitsprache. Eine Untersuchung zum Erwerb des Deutschen durch türkische Gastarbeiter*. Berlin: de Gruyter.

– (1991): Narrative and description: temporal reference in second language acquisition. In: Huebner, Thom/Fergueson, Charles A. (eds.), 385–403.

– /Klein, Wolfgang, (1989): Referential Movement in Descriptive and Narrative Discourse. In: Dietrich, Rainer/Graumann, Carl F. (eds.): *Language Processing in Social Context*. Amsterdam: North-Holland, 39–76.

– /Nüse, Ralf (2003): Processes of conceptualization in language production: language-specific perspectives and event construal. In: *Linguistics* 41, 851–881.

Suchsland, Peter (ed.)(1992): *Biologische und soziale Grundlagen der Sprache*. Tübingen: Niemeyer.

Szagun, Gisela (⁶1996): *Sprachentwicklung beim Kind*. Weinheim: Beltz.

Tesak, Jürgen (1992): Zur Autonomie-Hypothese der generativen Grammatik. In: Suchsland, Peter (ed.), 379–384.

Thiersch, Craig (1978): *Topics in German Syntax*. PhD dissertation, MIT.

Tomlin, Russell S. (1984): The treatment of foreground-bachground information in the on-line descriptive discourse of second language learners. In: *Studies in Second Language Acquisition* 6, 115–142.

– (1990): Functionalism in Second Language Acquisition. In: *Studies in Second Language Acquisition* 12, 155–177.

Tracy, Rosemarie (1991): *Sprachliche Strukturentwicklung: linguistische und kognitionspsychologische Aspekte einer Theorie des Erstspracherwerbs*. Tübingen: Narr.

– (1994): Linguistische Grundlagen der Sprachtherapie. In: Grimm, H./Weinert, S (eds.): *Intervention bei sprachgestörten Kindern*. Stuttgart/Jena: Gustav Fischer, 181–197.

Travis, Lisa (1984): *Parameters and Effects of Word Order Variation*. Cambridge, MA: MIT Press.

– (1991): Parameters of Phrase Structure and Verb Second Phenomena. In: Freidin, Robert (ed.): *Principles and Parameters in Comparative Grammar*. Cambridge, MA: MIT Press, 339–364.

Tschirner, Erwin (1995): Theorie und Praxis des Natural Approach in den 90er Jahren. Eine Methode wird volljährig. In: *Deutsch als Fremdsprache* 23, 3–11.

Underhill, Robert (1990): *Turkish grammar*. Cambridge, MA: MIT Press.

Vainikka, Anne/Young-Scholten, Martha (1991): *Verb Raising in Second Language Acquisition: the Early Stages*. Arbeiten des Sonderforschungsbereichs 282 – Theorie des Lexikons Nr. 4. Universität Düsseldorf.

– / – (1994): Direct access to X'-theory: evidence from Korean and Turkish adults learning German. In: Hoekstra, Teun/Schwartz, Bonnie D. (eds.): *Language Acquisition Studies in Generative Grammar*. Amsterdam/Philadelphia: Benjamins, 265–316.

– /Young-Scholten, Martha (1996a): Gradual development of L2 phrase structure. In: *Second Language Research* 12, 7–39.

– /Young-Scholten, Martha (1996b): The early stages in adult L2 syntax: additional evidence from Romance speakers. In: *Second Language Research* 12, 140–176.

– /Young-Scholten, Martha (1998): The Initial State in L2 Acquisition of Phrase Structure. In: Flynn, Suzanne/Martohardjono, Gita/O'Neil, Wayne (eds.), 17–34.

Valian, Virginia (1990): Logical and Psychological Constraints on the Acquisition of Syntax. In: Frazier, L./de Villiers, J. (eds.): *Language Processing and Language Acquisition*. Dordrecht: Kluwer, 119–145.

Verfaille, Klaas/Daems, Anja (1996): The priority of the agent in visual event perception: On the cognitive basis of grammatical agent-patient asymmetries. In: *Cognitive Linguistics* 7, 131–147.

Verrips, Maike/Weissenborn, Jürgen (1992): Routes to verb placement in early German and French: the independence of finiteness and agreement. In: Meisel, Jürgen (ed.), 283–332.

Wanner, Eric/Gleitman, Lila R. (1982): Language acquisition: the state of the art. In: Gleitman, Lila R./Wanner, Eric (eds.): *Language acquisition – the state of the art*. Cambridge, MA: Cambridge University Press, 3–48.

Wegener, Heide (1992): *Kindlicher Zweitspracherwerb. Untersuchungen zur Morphologie des Deutschen und ihrem Erwerb durch Kinder mit polnischer, russischer und türkischer Erstsprache. Eine Längsschnittuntersuchung*. Habilitationsschrift, Universität Augsburg, teilweise veröffentlicht als Wegener (1995b).

– (1993): *weil – das hat schon seinen Grund*. Zur Verbstellung in Kausalsätzen mit *weil* im gegenwärtigen Deutsch. In: *Deutsche Sprache* 21, 289–305.

– (1994): Variation in the Acquisition of German Plural Morphology by Second Language Learners. In: Tracy, R./Lattey, E. (eds.): *How Tolerant is Universal Grammar? Problems of Learnability and Variation in Language Acquisition*. Tübingen: Niemeyer, 267–294.

– (1995a): Das Genus im DaZ-Erwerb – Beobachtungen an Kindern aus Polen, Russland und der Türkei. In: Handwerker, Brigitte (Hg.): *Fremde Sprache Deutsch*. Tübingen: Narr. 1–24.

– (1995b): *Die Nominalflexion der Deutschen – verstanden als Lerngegenstand*. Tübingen: Niemeyer.

– (1998): Das Passiv im DaZ-Erwerb von Grundschulkindern. In: dies. (ed.), 143–172.

– (2000a): Koordination und Subordination – semantische und pragmatische Unterschiede. In: Lefèvre, Michael (ed.): *Subordination in Syntax, Semantik und Textlinguistik*. Tübingen: Stauffenburg, 33–44.

– (2000b): *Da, denn* und *weil* – der Kampf der Konjunktionen. Zur Grammatikalisierung im kausalen Bereich. In: Thieroff, Rolf/Tamrat, Matthias/Fuhrhop, Nanna/Teuber, Oliver (eds.): *Deutsche Grammatik in Theorie und Praxis*. Tübingen: Niemeyer, 69–81.

– (ed.)(1998): *Eine zweite Sprache lernen*. Tübingen: Narr.

Weissenborn, Jürgen (1990): Functional categories and Verb Movement: The acquisition of German syntax reconsidered. In: Rothweiler, Monika (ed.): *Spracherwerb und Grammatik*. Opladen: Westdeutscher Verlag, 190–224.

– (1992): Null Subjects in Early Grammars: Implications for Parameter-setting Theories. In: Weissenborn, J./Goodluck, H./Roeper, T.: *Theoretical Issues in Language Acquisition. Continuity and Change in Development*. Hillsdale: Erlbaum, 269–299.

– (1994): Constraining the Child's Grammar: Local Well-Formedness in the Development of the Verb Movement in German and French. In: Lust, Barbara/Suñer, Margarita/Whitman, John (eds.), 215–247.

Wenzel, Regina (1998): *Spracherwerb und Spracherfahrung. Eine Untersuchung der Rolle des Inputs unter besonderer Berücksichtigung der Verbstellung beim Erstspracherwerb des Deutschen.* Unveröffentlichte Magisterarbeit, Freie Universität Berlin.

Wexler, Kenneth (1994): Finiteness and Head Movement in Early Child Grammars. In: Lightfoot David/Hornstein, N. (eds.): *Verb Movement.* Cambridge: Cambridge University Press, 305–350.

– (1998): Very early parameter setting and the unique checking constraint. A new explanation of the optional infinitive stage. In: *Lingua* 106. 23–79.

White, Lydia (1985): The pro-drop parameter in adult second language acquisition. In: *Language Learning* 35, 47–62.

– (1989): *Universal Grammar and Second Language Acquisition.* Amsterdam/Philadelphia: Benjamins.

– (1991): Second language competence versus second language performance: UG or processing strategies. In: Eubank, Lynn (ed.): *Point Counterpoint. Universal Grammar in the Second Language.* Amsterdam: Benjamins, 167–189.

– (1992): Subjacency violation and empty categories in L2 acquisition. In: Goodluck, Helen/Rochemont, M. (eds.): *Island constraints.* Dordrecht: Kluwer, 445–464.

– (1996): Universal Grammar and Second Language Acquisition: Current Trends and New Directions. In: Ritchie, William C./Bhatia, Tej K. (eds.), 85–120.

– (2003): *Second Language Acquisition and Universal Grammar.* Cambridge: Cambridge University Press.

– /Genesee, Fred (1996): How native is near-native? The issue of ultimate attainment in adult second language acquisition. In: *Second Language Research* 12, 233–265.

– /Juffs, Alan (1998): Constraints on Wh-Movement in Two Different Contexts of Nonnative Language Acquisition: Competence and Processing. In: Flynn, Suzanne/Martohardjono, Gita/O'Neil, Wayne (eds.), 111–129.

Whitman, John (1994): In Defence of the Strong Continuity Account of the Acquisition of Verb-Second. In: Lust, Barbara/Suñer, Margarita/Whitman, John (eds.), 273–287.

Wilder, Chris (1996): V2-Effekte: Wortstellung und Ellipsen. In: Lang, Ewald/Zifonun, Gisela (eds.), 142–180.

Wilkins, Wendy K./Wakefield, Jennie (1995): Brain evolution and neurolinguistic preconditions. In: *Behavioral and Brain Sciences* 18, 161–226.

Williams, John N. (1999): Memory, Attention, and Inductive Learning. In: *Studies in Second Language Acquisition* 21, 1–48.

Wind, Jan/Chiarelli, Brunetto/Bichakjian, Bernard/Nocentini, Alberto (eds.)(1992): *Language Origin: A Multidisciplinary Approach.* Dordrecht: Kluwer.

Wode, Henning (1993): *Psycholinguistik. Eine Einführung in die Lehr- und Lernbarkeit von Sprachen.* Ismaning: Hueber.

Wolfe-Quintero, Kate (1996): Nativism does not equal Universal Grammar. In: *Studies in Second Language Acquisition* 12, 335–373.

Wöllstein-Leisten, Angelika/Heilmann, Axel/Stepan, Peter/Vikner, Sten (1997): *Deutsche Satzstruktur. Grundlagen der syntaktischen Analyse.* Tübingen: Stauffenburg.

Wong-Fillmore, Lilly (1979): Individual differences in second language acquisition. In: Fillmore/Kempler/Wang (eds.): *Individual Differences in Language Ability and Language Behavior.* New York: Academic Press, 203–228.

Zwart, Jan-Wouter C. (1991): Clitics in Dutch: Evidence for the Position of Infl. In: *Groninger Arbeiten zur Germanistischen Linguistik* 33, 71–92.

No list of abbrev.

functionelist approach does not
come back in discussion